Die Geschichte der Null

Robert Kaplan

Die Geschichte der Null

Aus dem Englischen von Andreas Simon

Campus Verlag
Frankfurt/New York

Die englische Originalausgabe erschien erstmals 1999 unter dem Titel »The Nothing That Is: A Natural History of Zero« bei Allen Lane/The Penguin Press, London

Illustrationen von Ellen Kaplan

Redaktion:
Klaus-Peter Hühne, Frankfurt
Dr. Bernd Korthues, Frankfurt

Die Deutsche Bibliothek – CIP-Einheitsaufnahme

Ein Titeldatensatz für diese Publikation ist bei
Der Deutschen Bibliothek erhältlich
ISBN 3-593-36427-1

2. Auflage, 2001

Umschlaggestaltung: RGB, Hamburg
Satz: Leingärtner, Nabburg
Druck und Bindung: Druckhaus Beltz, Hemsbach
Gedruckt auf säurefreiem und chlorfrei gebleichtem Papier.
Printed in Germany

Für Frank Brimsek:

3 Stunden 51 Minuten und 54 Sekunden

»Wie nahe an null ist null?«

John Prescott,
Stellvertretender Premierminister Großbritanniens

Inhalt

Danksagung

Zuallererst die beiden »Leuchttürme«, die mir Orientierung und Halt geben: Ellen, die dieses Buch mit ihren Zeichnungen geschmückt und mit ihrem Geist bereichert hat; und Barry Mazur, dessen Elan und Einfallsreichtum unerschöpflich sind. Aus diesem Buch über »das Nichts« wäre nichts geworden, wenn Christopher Doyle, Eric Simonoff und Dick Teresi nicht gewesen wären. Immensen Gewinn hat es aus Peter Ginnas Sinn für Humor und seiner inspirierten Redaktionsarbeit gezogen. Mein Dank geht auch an Stefan McGrath.

Vielen Wissenschaftlerkollegen möchte ich dafür danken, dass sie mir so großzügig ihre Zeit und ihren kompetenten Rat gewidmet haben. Sachverstand und Anregung in verschwenderischer Fülle fand ich bei Jon Tannenhauser, ebenso bei Mira Bernstein. Von unschätzbarem Wert war die Unterstützung von Peter Renz, dessen »Wissensspeicher« noch größer ist als seine Privatbibliothek. Sehr zu Dank verpflichtet bin ich Gary Adelman, Johannes Bronkhorst, Thomas Burke, Henry Cohn, Paul Dundas, Matthew Emerton, Harry Falk, Martin Gardner, Nina Goldmakher, Susan Goldstine, James Gunn, Raqeeb Haque, Takao Hayashi, Michele Jaffe, James Rex Knowlson, Takeshi Kukobo, Richard Landes, Boris Lietsky, Rhea MacDonald, Georg Moser, Charles Napier, Lena Nekludova, David Nelson, Katsumi Nomizu, Yori Oda, Larry Pfaff, Donald Rance, Andrew Ranicki, Aamir Rehman, Abdulhamid Sabra, Brian A. Sullivan, Daniel Tenney III, Alf van der Poorten, Jared Wunsch, Michio Yano und Don Zagier.

Und schließlich kann ich denen nicht genug danken, die mir stets zur Seite standen, wenn es am meisten darauf ankam: den Kaplans in Schottland; Tomás Guillermo; den Gilligans und den Klubocks in Cambridge; den Harrison-Mahdavis in Paris; den Franklins in Wiltshire; den Nuzzos von Chestnut Hill; den Zelevinskys in Sharon – und meinen Studenten überall.

0
Die Linse

Betrachtet man eine Null, sieht man nichts; blickt man aber durch sie hindurch, so sieht man die Welt. Denn die Null rückt das große organische Geflecht der Mathematik ins Blickfeld und die Mathematik ihrerseits die komplexe Natur der Dinge. Vom Zählen zum Rechnen, vom Schätzen zum exakten Wissen, wann die Gezeiten der Dinge ihren Höhepunkt erreichen, erlauben uns die glänzenden Werkzeuge der Mathematik, dem schlingernden Kurs zu folgen, den alles durch alles andere hindurch nimmt. Und all ihre Teile schwingen um den kleinsten Dreh- und Angelpunkt: die Null.

Mit diesen geistigen Werkzeugen machen wir die verborgenen Gesetze sichtbar, denen die Objekte um uns herum in ihren Zyklen und Abweichungen folgen. Selbst unser Geist spiegelt sich in der Mathematik, wenn er mit seinen endlosen Reflexionen die Einsicht bald vernebelt, bald erhellt.

Der Weg der Null durch die Zeit und das Denken war so voller Rätsel, Maskerade und falscher Identitäten wie die Lebenswege jener Reisenden, die sie zuerst in den Westen brachten. In diesem Buch werden wir sehen, wie sie – beinahe ein Nachgedanke – zuerst in sumerischer Zeit auftaucht, wie sie sich dann in den kommenden Jahrhunderten beiläufig verändert und beinahe ebenso beiläufig verschwindet, um verwandelt wieder aufzuerstehen. Ihre Macht wird manchen göttlich, anderen diabolisch erscheinen. Sie wird die Griechen nur im Vorbeihuschen necken, in sorgloser Behaglichkeit in Indien überdauern, unsere westlichen Identitätskrisen durchleiden und nach Newton mit all der Subtilität und Komplexität unserer Zeit zurückkehren.

Zum Teil werde ich mich hier den abenteuerlichen Geschicken der Null aus der Perspektive eines Naturforschers nähern, indem ich die wundervolle Formenvielfalt der Null zusammentrage – nicht nur als Zahl, sondern als Metapher der Verzweiflung und Freude; als ein Nichts, das ein wirkliches Etwas ist; als unser aller Vorfahre und Rätsel aller Rätsel. Doch wir wollen diese Vielfalt nicht nur zusammentragen, sondern auch versuchen, die geschichtlichen Zusammenhänge zu verstehen. Deshalb will ich von Anfang an die »Naturforschung« mit der Historie verbinden, auch um die Geschichten jener auszukosten, die mit gigantischen Zahlen jonglierten, als wären es Tennisbälle, oder die ihr Leben am seidenen Faden einer Kalkulation hängen sahen. Und so soll auch die Geschichte der unaufhaltsamen Bewegung von Osten nach Westen ins Blickfeld rücken, welche die Null mit sich trug, eine Bewegung, die von machtvollen Persönlichkeiten beeinflusst wurde, zum Beispiel einem kleinen Kaufmann aus Pisa oder jenem exzentrischen Schotten, der sich selbst für einen Hexenmeister hielt.

Auf der verschlungenen Spur der Symbole und Bedeutungen der Null werden wir zugleich die Entstehung und das Wirken der Mathematik entdecken – ein Werk von Menschen für Menschen. Kein Gott gab sie uns. Ihre Muse spricht nur zu jenen, die ihr leidenschaftlich nachgehen. Und was ist das eigentlich für eine Beschäftigung, die Mathematik? Eine Mischung aus Herumprobieren und Inspiration; eine Idee, auf die jemand stößt und die dann vielleicht Jahrhunderte schläft, nur um plötzlich hier und dort in einem veränderten geistigen Klima wieder hervorzukommen; eine fortlaufende Unterhaltung zwischen Raten und Rechtfertigen, zwischen Phantasie und Logik.

Warum sollte die Null, dieses O ohne Ziffer, wie Shakespeare es nannte, so eine entscheidende Rolle bei der Formung des gewaltigen Gebäudes von Ausdrücken spielen, das wir Mathematik nennen? Warum messen ihr die meisten Mathematiker in jeder Liste der wichtigsten Zahlen einen so hohen Stellenwert zu? Warum konnte jemand behaupten, weil $0 \cdot 0 = 0$ ist, deshalb seien Zahlen real? Wir werden die Antworten auf diese Fragen erhalten, wenn wir der Entwicklung der Null folgen.

Und während wir beobachten, wie die Null und die Mathematik gemeinsam heranreifen, wird unser Augenmerk auf tiefere geistige Impulse und Bedürfnisse fallen, etwa auf unser seltsames Bedürfnis, den

Dingen, die wir schaffen, Namen zu geben – um uns dann wiederum zu fragen, ob die Dinge auch unabhängig von ihren Bezeichnungen existieren; wir werden auf unser ebenso zwanghaftes, entgegengesetztes Bedürfnis stoßen, uns noch weiter von Individuen und Einzelfällen zu entfernen, um uns auf Generalisierungen zu stürzen und die Singularität der Dinge zu einem »Gedankenbild« à la Maurits Cornelis Escher zu verkürzen – ein Obstgarten aus der Luft betrachtet, statt dieses oder jenes knorrigen Baumes.

So werden wir uns der Reihe nach noch an tiefere, langsamere Bewegungen des Geistes herantasten, die uns einerseits dazu bringen, unseren Blick auf die Welt zu richten, andererseits, über sie hinauszusehen. Die beunruhigende Frage, ob die Null irgendwo »da draußen« ist oder nur unsere Kopfgeburt, wird uns zu dem ewigen Rätsel führen, ob wir das Wesen der Dinge erfinden oder entdecken, und somit zu der tieferen Frage, wo wir in der Hierarchie stehen. Sind wir Geschöpfe oder Schöpfer, stehen wir in unserer Erkenntnisfähigkeit unter – oder nur etwas unter – den Engeln?

Mathematik ist eine Tätigkeit, die von Tätigkeit handelt. Sie ist nicht an ihr Ende gelangt – ja, sie hat noch kaum begonnen, auch wenn ihre Werke den Glanz von Monumenten haben mögen und eine Geschichte der Null den Anschein der Abgeschlossenheit erwecken mag. Aber die Null bedeutet nicht, dass sich ein Kreis schließt: Sie ist eher wie ein Tor. Einer der visionärsten Mathematiker unserer Zeit, Alexander Grothendieck, dessen Arbeiten die Art, wie wir die Mathematik sehen, verändert haben, arbeitete jahrelang an seinem *magnum opus*, überarbeitete, erweiterte es – und mit ihm zusammen das Vorwort und den Überblick, sein Kapitel null. Aber nichts davon wird nun abgeschlossen werden. Immer lockend, immer fast, aber niemals ganz erreicht: Vielleicht kommt das dem Wesen der Null am nächsten.

1

Der Geist prägt der Materie seinen Stempel auf

Die Null begann ihre Karriere in Form von zwei Keilen, die in einen feuchten Tonklumpen gedrückt wurden, in jenen Tagen, als uns ein intellektuelles Bravourstück die Kunst des Zählens bescherte. Denn wir zählen schließlich, indem wir verschieden großen Mengen von Dingen unterschiedliche Zahlenbezeichnungen und Symbole geben: eins, zwei, drei … Versteift man sich darauf, jeder neuen Menge einen ganz neuen Namen und ein ganz neues Symbol zu geben, stößt man am Ende an die Grenzen des Erfindungsreichtums und ebenso des Gedächtnisses. Man versuche nur einmal, sich unterschiedliche Symbole für die ersten 20 Zahlen auszudenken, etwa so:

1, 2, 3, 4, 5, 6, 7, 8, 9, γ, /, §, ◇, ℘, ∇, ¬, Ψ, ∧, ϒ, λ.

Fragen wir uns nun, was 7 plus 8 ergibt, dann kommen wir auf ∇.

Und Ψ minus / ? Wenn wir Ψ nehmen und davon / abziehen, kommen wir auf 6.

Oder γ plus ∧? Leider haben wir uns dafür noch kein Symbol ausgedacht, und täten wir es nun, müssten wir zunächst sieben weitere erfinden.

Die Lösung dieses Problems dürfte jede Kultur recht früh gefunden haben, so wie dies Kindern schon früh gelingt: Man lege die zu zählenden Objekte zu Haufen der gleichen, überschaubaren und mit Bezeichnungen versehenen Größe zusammen, und dann zähle man diese Haufen. Zum Beispiel:

𝍸 𝍸 𝍸 ist ||| von 𝍸.

Das unattraktive γ + ∧ wird dann zu

𝍸 𝍸 + 𝍸 𝍸 𝍸 |||,

also 𝍸 von den 𝍸 und ||| weitere.

Die Grundeinheiten haben gewöhnlich, nach der Zahl unserer Finger, 5 oder 10 Striche, aber jede andere Anzahl, die man mit einem Blick erfassen kann, tut es auch – Eier zählt man noch heute im Dutzend.

Sobald wir einmal diese Abkürzung gefunden haben, die auch den raffinierten Sprung von der Addition zur Multiplikation mit sich bringt, ergibt sich die Notwendigkeit einer weiteren: Wenn 𝍸 𝍸 𝍸 + 𝍸 𝍸 ||| zusammen 𝍸 von 𝍸 und ||| weitere sind, was genau ist das dann für eine Zahl? Müssen wir dafür nicht doch ein neues Symbol erfinden? Verschiedene Kulturen fanden darauf unterschiedliche Antworten. Vielleicht indem sie auf einem Kerbholz eine weitere Kerbe über eine andere ritzten, vielleicht nach dem Vorbild von Handzeichen, mit denen man sich über den Marktplatz hinweg Mengen anzeigte, setzten die Römer ein X für eine Menge von 𝍸 𝍸 und ein V für 𝍸 (»V«, weil es die obere Hälfte von »X« ist – ein einhändiges Zeichen). So standen XV für drei Fünfer nach der Analogie der von links nach rechts geschriebenen Wörter. Statt der umständlichen VVVV oder XVV für vier Fünfer schrieben sie XX: zwei Zehner.

So verwandelt sich unser Problem γ + ∧ in:

X + XVIII = XXVIII.

Das sieht auf den ersten Blick wie eine viel versprechende Idee aus, aber man gerät in Schwierigkeiten, wenn man müde wird, lange Ketten von X für große Zahlen zu schreiben. Nun bleibt doch wohl nichts anderes übrig, als wieder ein neues Symbol nach dem anderen zu erfinden. Die Römer benutzten L für 50, so dass LX »10 nach 50«, also 60 bedeutete; XL hieß »10 vor 50«, also 40. C war 100, D 500, M 1 000 und schließlich – als die Schulden und Mitgiften wuchsen – ein dreiseitiger Rahmen um ein altes Symbol, das den Wert um den Faktor 100 000 erhöhte. So hinterließ Livia 50 000 000 Sesterzen an Galba, doch ihr Sohn, Kaiser Tiberius – keines Menschen Freund, schon gar nicht Galbas, der in jedem Fall der einzig verbliebene direkte Erbe seiner Mutter war – bestand darauf, das umrahmte [D] nur als $\bar{D}$ zu lesen, das heißt als 500 000 Sesterzen, »weil die Summe als Zahl aufgeführt und nicht ausgeschrieben war« (*quia notata non perscripta erat summa*). Von einem Kaiser hätten wir auch nichts anderes erwartet.

Aber die römische Art des Zählens verursachte täglich neue Probleme, und dies nicht nur in den Amtsstuben von Rechtsanwälten.

Was ergibt 43 + 24? Für die Römer lautete diese Frage: Was ist

XLIII + XXIV

Kein Versuch, die beiden Ziffern einfach hintereinander zu reihen, wird je automatisch zu der Antwort LXVII führen. Große Zahlen darzustellen war schon umständlich genug. Selbst mit den spätrömischen Abkürzungen stellt sich 1999 als MCMXCIX dar:

M	CM	XC	IX
↑	↑	↑	↑
1000	100 vor 1000, also 900	10 vor 100, also 90	1 vor 10, also 9.

Aber bei großen Zahlen kann einem angst und bange werden, wenn man nur daran denkt, damit subtrahieren, multiplizieren oder, mögen's die Götter verhüten, teilen zu müssen.

Dazu bedurfte es eines Geniestreichs, eines jener Kunstgriffe, die wir bei einem Zahlensystem, mit dem sich elegant rechnen lässt, heute für selbstverständlich halten. Und die rätselhafte Null – die für überhaupt keine Anzahl stand – war die brillante Krönung dieser Erfindung.

Die Geschichte beginnt vor etwa 5000 Jahren bei den Sumerern, jenem lebhaften Volk, das in Mesopotamien siedelte, einer Region, die heute zum Teil im Irak liegt. Liest man auf einer ihrer Tontafeln folgenden Wortwechsel zwischen Vater und Sohn: »Wo warst du?« – »Nirgendwo.« – »Warum kommst du dann zu spät?«, dann wird einem schnell klar, das 5000 Jahre nur einen Augenblick von uns entfernt sind.

Die Sumerer zählten mit Einsern und Zehnern, aber auch mit Sechzigern. Dies mag bizarr klingen, bis man sich erinnert, dass wir es ihnen gleichtun, wenn wir eine Stunde in 60 Minuten und einen Kreis in $6 \cdot 60 = 360$ Grad unterteilen. Schlimmer noch, wir zählen die Monate des Jahres von eins bis zwölf, geben der Woche sieben Tage, dem Tag 24 Stunden, und bis 1971 zählten die Briten ihre Pennys in Haufen zu zwölf, was einen Shilling, dann aber in Haufen zu 20 Shilling, was ein englisches Pfund ergab.

Nimmt man diese unterschiedlichen Systeme genauer unter die Lupe, entdeckt man hinter jedem eine Geschichte von Bräuchen und Kompromissen, und was zuvor absonderlich anmutete, erscheint bald als das Natürlichste von der Welt. Im Falle der Sumerer verdankt sich das sexagesimale Zahlensystem mit der Basis 60 wahrscheinlich dem Handel mit einer anderen Kultur, deren Gewichtssystem – und folglich deren Geldwert – sich von ihrem eigenen unterschied. Nehmen wir an, die Sumerer hatten eine Gewichtseinheit – nennen wir sie 1 – und somit größere Gewichte von 2, 3 und so weiter bis zu 10 und dann Zehner, aber auch Bruchteile dieser Einheiten von $\frac{1}{4}$, $\frac{1}{3}$, $\frac{1}{2}$ und $\frac{2}{3}$.

Wenn sie nun anfingen, mit einem Nachbarvolk zu handeln, das zwar die gleichen Relationen, aber eine 60-mal größere Grundeinheit als sie selbst verwendete, kann man sich leicht ausmalen, welche Schwierigkeiten es einem Händler bereitete, wenn er sich ausrechnen wollte, wie viele Einheiten seiner eigenen Währung zum Beispiel $7\frac{2}{3}$ Einheiten der Fremdwährung seines Handelspartners entsprachen – selbst wenn der Handel als Tauschgeschäft abgeschlossen wurde, über den die Regierung strenge Verzeichnisse der äquivalenten Werte führte. Aber dieses Problem verschwindet sofort, wenn man sich entschließt, als eigene Einheit 60 zu wählen. Da $7\frac{2}{3} \cdot 60 = 460$ ist, wissen wir nun, dass wir es mit 460 alten sumerischen Einheiten zu tun haben. Außerdem sind $\frac{1}{4}$, $\frac{1}{3}$, $\frac{1}{2}$ und $\frac{2}{3}$ von 60 alles ganze Zahlen, mit denen sich leicht rechnen lässt. Wir werden wohl nie die genauen Umstände dieser bedeutenden Entscheidung erfahren – die Anzahl der Bierkrüge und Hinterzimmerverhandlungen, deren es bedurfte, um das Verhältnis der Grundeinheiten auf 60 auf- oder abzurunden. Aber was wir wissen ist, dass im sumerischen System 60 Schekel eine Mine ergaben und 60 Minen ein Talent.

Was wir bisher gesehen haben, erweckt den Anschein, als hätten wir noch keinen großen Fortschritt hin zum Rechnen mit Zahlen gemacht. Wenn überhaupt, so scheinen die Sumerer eine verwirrende Verquickung des Dezimal- mit einem Sexagesimalsystem institutionalisiert zu haben. Aber betrachten wir näher, wie sich diese Verwirrung genau darstellte. Über die Jahrtausende hinweg werden wir dabei unweigerlich den Eindruck gewinnen, dass hier ein Geist wie der unsrige am Werke war.

Die Sumerer schrieben, indem sie Kreise und Halbkreise mit der Spitze eines hohlen Schilfhalms in feuchte Tontafeln drückten, die dann durch Brennen konserviert wurden; große Mengen davon aus dieser so beeindruckend fernen Zeit haben überlebt, viele Dokumente auf Computerlochkarten aus den Sechzigerjahren dagegen nicht. Mit der Zeit wurde das Schilfrohr durch einen Griffel mit dreiseitiger Spitze ersetzt, mit dem man keilförmige Zeichen wie dieses prägen konnte: 𒁹. Durch Drehung des Griffels erhielt man einen »Haken« oder »Winkel«: 𒌋. Obwohl die sumerische Kultur um 2500 v. Chr. von der akkadischen abgelöst wurde, blieb ihre Kombination von Dezimal- und Sexagesimalsystem erhalten, und um 2000 v. Chr. – wir befinden uns nun in altbabylonischer Zeit – wurden die Zahlen so geschrieben:

1 𒁹

2 𒈫

3 𒐈

4 𒐉 oder später 𒐼

5 𒐊

6 𒐋

7 𒐌 oder 𒑂

8 𒐍 oder 𒑄

9 𒐎 oder später 𒑆 (wobei die diagonale Schreibweise 3 · 3 anzeigt)

Für 10 benutzte man einen »Winkel«: 𒌋

so dass 11 dargestellt wurde als 𒌋𒁹

und 12 als 𒌋𒈫

und so weiter, genau wie die römische Erfindung X, XI, XII. Es gab jedoch kein neues Symbol für 5, so dass 15 nicht analog zur römischen Zahl XV geschrieben wurde, sondern 𒌋𒐊. 20 war 𒌋𒌋, 30 wurde in Form von drei unterschiedlich gruppierten Winkeln dargestellt:  , 40 mit vier und 50 mit fünf. Alle Zahlen dazwischen schrieb man, wie man es nun erwarten würde:

34 war  und 59 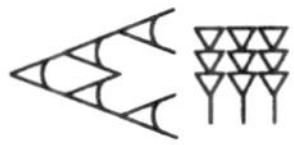 .

Nun kam das Sexagesimalsystem zum Einsatz. 60 war wieder ein Keil, aber ein größerer: . So schrieb man die Zahlen von den kleineren zu den größeren von rechts nach links, so wie wir, dank ihnen, die Stellen unserer Ziffern von rechts nach links zählen, obwohl wir die Wörter von links nach rechts schreiben. Entsprechend war 63  und 72 .

Man kann den Rest selbst herausfinden: 120 wäre , 137:

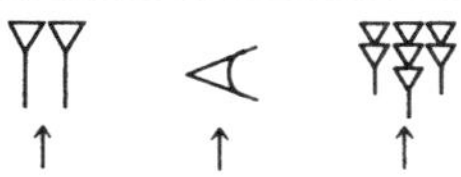

(2 · 60) +10 +7
= 120

und so weiter. Wenn Sie kurz einmal eine Zeitreise zurück machen möchten – feuchter Ton, ein hölzerner Griffel und durchdringender Schafgeruch wären hilfreich –, dann versuchen Sie, die Zahl 217 zu schreiben.

Kommen Sie auf:

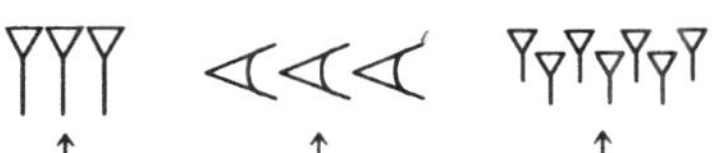

(3 · 60) +30 +7?
= 180

Zu beachten ist, wie wichtig die *Größe* der Keile ist: Der einzige Unterschied zwischen 62:  und 3: 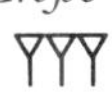 ist der größere erste Keil. Aber die Handschrift, selbst mit einem Keilgriffel, verändert sich; die Leute haben es eilig oder sind nachlässig – versuchen Sie nur einmal, die Einnahmen und Ausgaben eines Monats mit Ihrem Griffel aufzulisten –, und bei den Tausenden von Aufzeichnungen, die unentwegt bedrängte Tempelschreiber über die Namen der Spender und die Zahl von Schafen, Fischen oder Hühnern, die jene als Opfergabe brachten, zu führen hatten, dürften die großen Keile mit der Zeit kleiner und die kleinen größer werden. Ganz abgesehen davon, dass es von Zeit zu Zeit auch einen Tiberius-Faktor gegeben haben könnte – und wo kommen wir da hin?

Völlige Verwirrung war das Ergebnis, bis jemand eine brillante Idee hatte – oder war es ein Notbehelf oder Kompromiss, der sich langsam in der Praxis durchsetzte, wie es bei solchen Dingen häufig geschieht? Die Idee besteht darin, die *Stelle*, an der die Keile geschrieben werden, für ihren Wert stehen zu lassen. Ob also groß oder klein,  bedeutet 202: drei Sechziger, zwei Zehner und dann noch zwei Einer. Und  bedeutet 182: 3 · 60 + 2.

Als sich dieses Positionssystem für die Schreibung von Ziffern durchsetzte, waren um der Klarheit willen zusammen mit der stilisierten Gruppierung von Keilen und Winkeln Leerstellen zwischen den einzelnen Zahlen unausweichlich. Genauso, wie unsere »754« für $(7 \cdot 10^2) + (5 \cdot 10) + (4 \cdot 1)$ steht, bedeutete

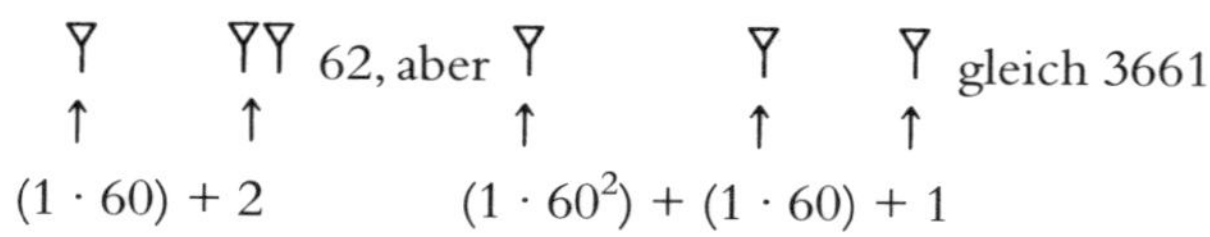

und

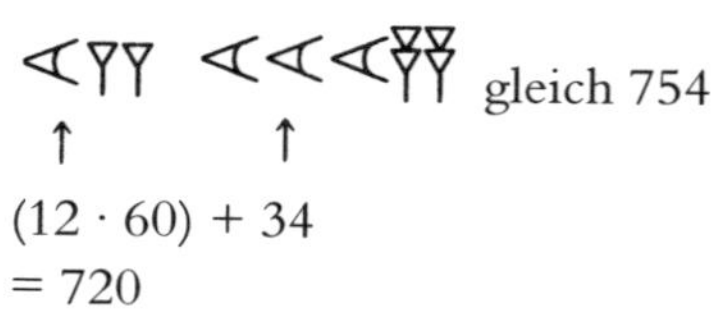

Das ist herrlich. Es erlaubt uns nicht nur, große Ziffern wie 1999 schnell zu schreiben:

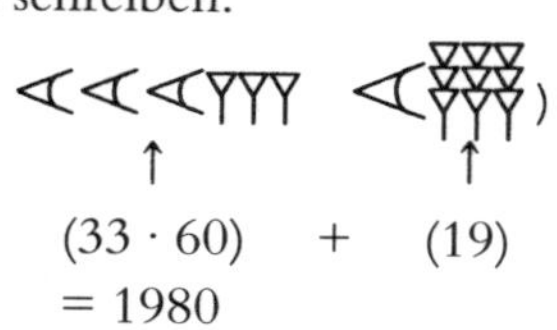

Viel wichtiger ist, dass wir mit einem solchen Stellensystem relativ leicht rechnen können. So addieren wir etwa

```
   43
+ 14
   57
```

indem wir zuerst die 3 und die 4 addieren, dann die Zehner 4 und 1.

Für die Babylonier sah das so aus:

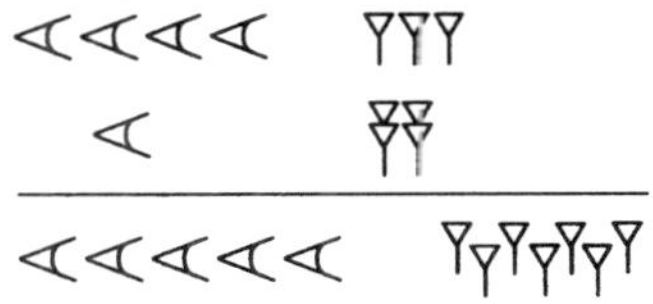

Und wie ist es mit dem »Herüberholen«, eine der Geißeln der frühen Schulzeit? Wir machen es so:

```
   82
+  41
  123
```

2 und 1 Einer ergeben 3 Einer, 8 und 4 Zehner machen 12 Zehner, das heißt 2 Zehner, dann 1 Hunderter. Die Sumerer machten es so:

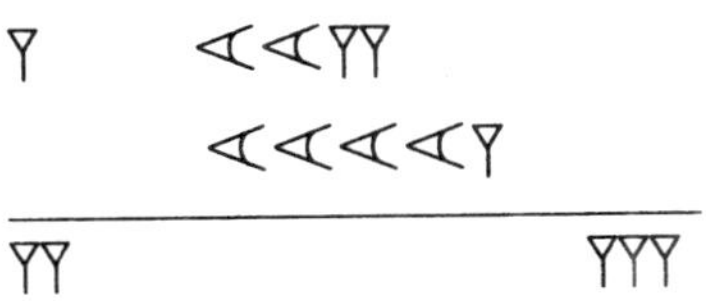

6 Zehner 3 Einer
ergeben 1 Sechziger,
so dass wir mit dem bereits vorhandenen Sechziger
nun 2 Sechziger haben.

Wenn wir also eine Ziffer in die Zahlenreihe zu ihrer Linken verschieben, wird ihr Wert für uns 10-mal, für die Babylonier 60-mal größer. Und wenn eine Zahlenreihe voll ist, leert man ihre Zehner- oder ihre Sechzigereinheiten und zählt eine Einheit in der Reihe links von ihr hinzu.

Es gebe nichts Großes ohne einen Fluch, sagte Sophokles. Denn bei aller Brillanz ihrer Stellenwertschreibung: Wie sollten die Babylonier zwischen 180: 𒐈 und 3: 𒐈 unterscheiden? Das heißt, wie konnten sie wissen, ob diese »3« in der Reihe der Einer oder Sechziger stand? Wie sollten die Priester im Tempel von E-Mach aus den Aufzeichnungen wissen, ob der Göttin Ninmah im letzten Jahr zwei oder 120 Schafe geopfert worden waren? Natürlich durch den Kontext, genauso, wie wir wissen, wo das Komma der Dezimalstelle zu setzen ist, wenn wir uns daran erinnern, dass ein Liter Milch eins-neunundzwanzig kostet oder unser Reisebüro mit einem Sonderangebot von eins-fünf für drei Wochen Mallorca inklusive anruft.

Aber das Leben wird komplizierter, die Zahl der Dinge unweigerlich größer und der Kontext verwandelt sich bald in ein dunkles Orakel. Nachdem sie diese Zweideutigkeiten etwa tausend Jahre ertragen hatten – ist es die unterschiedliche Geschwindigkeit des Wandels, die Kulturen am auffälligsten voneinander unterscheidet? –, benutzte schließlich jemand zwischen dem 6. und 3. Jahrhundert v. Chr. das Zeichen , das zuvor als Trennungszeichen verwendet worden war, das Wörter von ihren Definitionen schied oder in zweisprachigen Texten den Übergang von einer Sprache zur anderen markiert hatte, um Zahlenreihen auseinander zu halten, so dass es praktisch bedeutete: »nichts in dieser Reihe«. So bedeutete

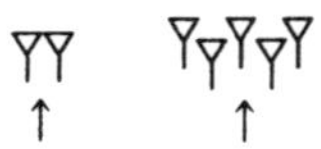 = 125

$(2 \cdot 60) + 5$

aber

 = 7205

$(2 \cdot 60^2) + (0 \cdot 60) + 5$
$= 7200$

Wie nicht anders zu erwarten, schrieben die Leute diese Null in unterschiedlicher Weise, so dass unterschiedliche Hände verschieden darstellten, was ihr Geist ihnen eingab:

 und  und selbst  oder .

Auf einer Tontafel, die in Kisch ausgegraben wurde und vielleicht von 700 v. Chr. datiert, notierte der Schreiber Bêl-bân-aplu seine Nullen mit drei Winkeln statt mit zwei geneigten Keilen, als ob sie Dreißiger wären;

ein anderer Schreiber notierte seine mit nur einem, so dass sie von Zehnern nicht zu unterscheiden waren. Nachlässigkeit? Oder sagt uns diese Vielfalt, dass wir hier dem frühesten Gebrauch des Trennungszeichens als Null schon sehr nahe kommen und sich seine Bedeutung und Form nur noch verfestigen musste?

Dieses Nullzeichen wurde jedoch nur in der Mitte einer Zahl verwendet, nie an ihrem Ende. Es bedurfte eines anderen Volkes, das zu einer späteren Zeit an einem anderen Ort lebte, bevor man aus den Inventaren herauslesen konnte, ob die Laibe Brot, die man hatte, 7 oder 420 satt machen würden.

Doch die Ungenauigkeit hatte auch ihren Vorteil. Da man eine 2 nicht von 20 oder 200 unterscheiden konnte, war die Multiplikation von $2 \cdot 3$, $2 \cdot 30$ oder $2 \cdot 300$ immer gleich leicht: Die Antwort war immer 6, in einer Größenordnung, die der gesunde Menschenverstand und der Kontext bestimmte. Einige meinen sogar, dass eine solche Flexibilität der größte Vorteil dieser Schreibweise war.

Wer immer es gewesen sein mag, der in den späteren Tagen Babylons dem luftigen Nichts eine örtliche Wohnstatt und einen Namen gab, hat keine Spuren von sich hinterlassen. Vielleicht ist der Doppelkeil eine angemessene Weise, sich seines Platzes in der Geschichte zu erinnern.

Die Griechen hatten kein Wort dafür

Warum hatte es so lange gedauert, das Nichtvorhandene zu bezeichnen? Warum wurde die Null auch noch danach nur sehr zögerlich benutzt? Und was ist der Grund, dass sie, einmal aufgetaucht, wieder verschwand? Die Gründe liegen tief: in der Art, wie wir Gedanken und Wörter miteinander verschmelzen, und in der Verwirrung, die daraus damals wie heute entstehen kann – eine Verwirrung, die uns zuweilen sogar Vergnügen bereitet, wie diese Liedzeile von Gershwin: *I got plenty o' nuttin' / An' nuttin's plenty fo' me* (etwa: »Ich hab' zwar nichts / Aber davon sehr viel.«). Wir wenden diesen scheinbaren Nonsens mit einer Art grüblerischem Eifer hin und her und genießen den Unterschied zwischen dem, was er sagt, und dem, was er meint.

Auch das Altertum fand Gefallen an solch vergnüglichen Paradoxen. Jene Sänger, die irgendwann gegen Ende des 8. Jahrhunderts v. Chr. die Odyssee dichteten, nahmen darin die Geschichte auf, wie Odysseus den einäugigen Polyphem blendete, jenen Zyklopen, der schon mehrere Männer von Odysseus' Besatzung zum Abendbrot verspeist hatte und den Rest ebenfalls verschlungen hätte, wäre es dem Helden nicht gelungen, ihn hereinzulegen.

Er machte Polyphem mit unvermischtem Wein betrunken, und als der Zyklop ausrief: »Gib mir noch einmal gütig und sage mir deinen Namen, jetzt auf der Stelle, dass ich dir ein Gastgeschenk gebe, an dem du dich freuen wirst!«, da füllte Odysseus seinen Krug immer wieder aufs Neue und sagte dann:

»Kyklop, du fragst nach meinem berühmten Namen? Nun denn! Ich will ihn dir sagen! Du aber gib mir das Gastgeschenk, so wie du es versprochen hast! *Niemand* ist mein Name, und *Niemand* rufen mich Vater und Mutter und all die anderen Gefährten.«
So sprach ich. Der aber erwiderte mir alsbald mit ungerührtem Mute:
»Den Niemand werd ich als letzten verspeisen unter seinen Gefährten, die anderen zuvor: das soll dein Gastgeschenk sein!«

Sobald der Zyklop vom Alkohol benebelt war, blendeten ihn Odysseus und seine Männer mit einem angespitzten Pfahl. Der Riese stieß einen entsetzlichen Schrei aus, so dass alle anderen Zyklopen herbeieilten. Sie riefen ihm in seine verbarrikadierte Höhle zu:

»Was hat dich, Polyphem! so Großes betroffen, dass du so gerufen durch die Nacht, die ambrosische, und hast uns schlaflos gemacht? Es treibt doch keiner der Sterblichen dir gegen den Willen die Schafe fort? oder es erschlägt dich selbst doch keiner mit List oder auch mit Gewalt?«
Da sagte hinwieder aus der Höhle zu ihnen der starke Polyphemos:
»Freunde! Niemand erschlägt mich mit List und nicht mit Gewalt!«

Als seine Freunde dies hörten, rieten sie ihm, geduldig zu ertragen, was die Götter ihm auferlegt hatten, und gingen zurück in ihre eigenen Höhlen. Und so entkamen Odysseus und seine Männer und spotteten noch über den geblendeten Zyklopen, als sie fortruderten.

Man sollte meinen, dass es für Menschen, die sich einen solchen Scherz ausdenken und Vergnügen daran finden konnten, nicht schwierig war, dem Nichts einen Namen zu geben und diesen so klug zu benutzen, wie Odysseus es bei den wilden Zyklopen tat. Doch es gibt keine Spur davon im homerischen oder klassischen Griechenland – nicht bis zum alexandrinischen Zeitalter, als dieser Ruhm schon Vergangenheit war. Und hat man keine Zahlenspalten wie auf Rechenbrettern vor sich oder dem geistigen Auge, die sich mit Zählern oder Rechensteinen füllen und als einzelner Zähler in die nächsthöhere Spalte springen, wenn sie voll sind, um dann eine Leerstelle zu hinterlassen – wenn die Symbole fehlen, die für diese leeren oder besetzten Spalten stehen könnten und die eigenen geschickten Manipulationen in eine *Sprache* verwandeln –, dann ist man auch nicht in der Lage, sich über die Handarbeit zu erheben und zu tun, worin der Geist am besten ist: aufzunehmen und zu vereinfachen, was das Auge sieht – und dann darüber hinauszugehen.

Im Zeitalter Homers gruppierten die Griechen nur Zehner – und zuweilen Fünfer – zusammen, indem sie die ersten fünf Buchstaben der Wörter dieser Gruppierungen als Zahlensymbole benutzten und Reihen solcher Zeichen von rechts nach links aufschrieben, wie es die Römer später tun sollten. So schrieben sie 318, das heißt 300 + 10 + 5 + 3, als

HHH		Δ		Π		|||
↑		↑		↑		↑
3 · H	+	1 · Δ	+	1 · Π		+ 3

wobei H, Δ und Π jeweils die ersten Buchstaben der Zahlwörter Hekaton (100), Deka (10) und Pente (5) sind.

Es gab keine Stellenwertschreibung und somit all die Übel, die den Römern später das Leben schwer machten. Schlimmer noch: Diese frühen Griechen hatten die Zahlen noch nicht völlig vom Zählgegenstand abstrahiert, so dass gelegentlich Zeichen für eine Geldeinheit mit jenen für die Menge verbunden wurden: Statt HT für 100 Talente (T) schrieben sie dann 𐅋. Das ist, als würden wir einen Dollar als $ und elf Dollar als $ darstellen und unserer Freude an Schnörkeln so weit nachgeben, dass wir unsere Schrift eher zur Dekoration als zu jener eigentümlich-abstrakten Art der Repräsentation verwenden, der sie zuneigt: der Schaffung von Zeichen, durch die man eher hindurchblickt, als sie selbst zu betrachten.

Auf der Höhe der griechischen Zivilisation, im Athen des 5. Jahrhunderts v. Chr., kam es zu einer Reform, deren Gründe noch im Unklaren liegen: Die 24 Buchstaben des griechischen Alphabets wurden dabei, ergänzt durch drei weitere, für die ersten neun Einer (1-9), dann die ersten neun Zehner (10-90) und schließlich für die ersten neun Hunderter (100-900) eingesetzt. So wurde das Zeichen für 10 durch Jota ι, den zehnten Buchstaben dieses erweiterten Alphabets, und 11 durch ια dargestellt – Kappa (κ) jedoch, der elfte Buchstabe, stand für 20. Die Dezimalgruppierungen waren nun vollständig verschleiert. 318 zum Beispiel wurde zu

$$\overline{\tau\iota\eta}$$

der 21. Buchstabe (τ)	der 10. Buchstabe (ι)	der 8. Buchstabe (η)
also der 3. Hunderter	also der 1. Zehner	also 8

Die Linie darüber unterschied diese Zahl von einem möglichen Wort, in diesem Fall *tíe* (τίη »warum«?). Könnte die Verwirrung größer sein? Sie könnte und war es tatsächlich: Zu verschiedenen Zeiten an verschiedenen Orten war die Ordnung nicht wie hier absteigend, sondern aufsteigend; und zuweilen wurde jedwede Ordnung beiseite gelassen. War hier wieder die Freude am Dekorativen am Werk? Oder war es ein Code, um Uneingeweihte auszuschließen? Kam es zu solchen Unterschieden, weil die nächsten Nachbarn in einem anderen Bergtal lebten? Oder war dies nur eine griechische Form von intellektueller Heimtücke?

Was immer der Grund war: Dass den Griechen weiterhin eine Stellenwertschreibung fehlte, bedeutete, dass sie noch immer kein Symbol für die Null hatten. Es waren wohl die Griechen unter Alexander, die die entscheidende Rolle der Null beim Rechnen entdeckten, als sie 331 v. Chr. in die Überreste des babylonischen Reiches einfielen und zusammen mit Gold und Frauen die Null mit sich fortnahmen. Denn wir finden in ihren astronomischen Papyri aus dem 3. Jahrhundert v. Chr. das Symbol »O« für Null. Warum dieser hohle Kreis? Woher stammte er? Die beiden babylonischen Keile waren bereits zuvor, wie wir wissen, als Trennzeichen in der Schriftsprache aufgetaucht. Sicherlich können wir den Griechen zutrauen, dass sie einen solchen Import in ihre eigene Münze umgeprägt hätten. Woher er kam und wann genau dies geschah, lässt sich heute wohl nicht mehr klären, weil die Belege wahrscheinlich zu Staub zerfallen sind. Aber als Menschen können wir dem Versuch nicht widerstehen, die schwerere und interessantere Frage nach dem Warum zu beantworten. »Welches Lied die Sirenen sangen«, so bemerkte Sir Thomas Browne einmal, »liegt, wenn es auch eine vertrackte Frage sein mag, nicht jenseits *aller* Mutmaßung.« Und an Mutmaßungen gibt es keinen Mangel in penibel getippten, staubigen Manuskripten, in saffiangebundenen Mausoleen und Büchern, die so vergänglich wie das letzte Herbstlaub sind.

Die verbreitetste Erklärung ist, dass sich »O« vom griechischen Omikron herleite, dem ersten Buchstaben von *oudén* (οὐδέν »nichts«, wie Odysseus' Name Οὔτις »Niemand«); oder einfach von *ouk* (οὐκ »nicht«). Das homerische System benutzte, wie gesehen, viele der ersten Buchstaben von Zahlwörtern als Zahlensymbole. Es ist daher wohl nicht ganz von der Hand zu weisen, dass diese Erklärung durch die Tatsache gestützt wird, dass οὐδέν (*oudén*) im späteren Griechisch zu μηδέν (*medén*) wurde und ein Zeichen, das in etwa μ ähnelte, nämlich Ч, in byzantinischen Texten aus dem 15. Jahrhundert für »O« auftaucht.

Otto Neugebauer, die führende Autorität auf dem Gebiet griechischer Texte zur Astronomie, verwirft diese ganze Erklärung rundheraus, weil die Griechen dem Buchstaben Omikron bereits den numerischen Wert 70 zugewiesen hätten. Das Symbol sei in diesem Fall eine willkürliche Abstraktion. Vielleicht – aber der Kreis erscheint wenigstens zwei weitere Male in der griechischen Mathematik als Abkürzung. Der große Mathematiker Diophantos von Alexandria, der im 3. Jahrhundert n. Chr. lebte, benötigte ein Symbol, um seine Zehntausender von kleineren Zahlen zu trennen und wählte $\overset{\circ}{\mathrm{M}}$, da »mo« die ersten zwei Buchstaben des Wortes »Monade« waren, des griechischen Wortes für »Einheit«. Niemanden schien es zu stören, dass $\overset{\circ}{\mathrm{M}}$ auch 70 000 bedeutete – das O für 70 über dem M für »Myriade« (10 000)–, aber wir selbst leben ja auch problemlos mit demselben Zeichen für Anführungsstriche und dem zur Kennzeichnung von Computerdisketten verwendeten angelsächsischen Längenmaß Inch. Und Astronomen zur Zeit des Archimedes, vier Jahrhunderte früher, benutzten $\overset{\circ}{\mu}$ für »Grad«, was auf Griechisch »*m*oira« heißt. Ich finde es herrlich, wie dieses kleine Symbol für Grad (°) den langen Weg von 22 Jahrhunderten zurückgelegt hat und unser Zeichen für Grad geblieben ist.

Wenn man die Erklärung vorzieht, dass die Griechen das »O« ohne Bezug zu ihrem Alphabet verwendeten, wird seine Willkürlichkeit gemindert, wenn man bemerkt, wie häufig wir in der Natur runde Hohlräume finden: vom offenen Mund bis zum zart umrissenen Dunkel des Mondes, von Kratern bis zu Wunden. »Schädel, Samen und alle guten Dinge sind rund«, schrieb Nabokov.

Wie immer sich das Zeichen für Null entwickelt haben mag, immer schrieb man darüber einen mehr oder weniger ausgefallenen Balken: $\breve{o}$ oder $\breve{o}$ oder $\bar{o}$; zuweilen sogar $\ulcorner o \urcorner$. Diese Verzierungen erlaubten es zum Beispiel einem Astronomen wie Ptolemäus um 150 n. Chr., seine Aufzeichnungen übersichtlich zu halten. Denn wir finden in seinem *Almagest* (»Die größte Synthese«) ein »O« sowohl in der Mitte wie am Ende der dreiteiligen Ziffern, die er für seine erstaunlichen Vorstöße in die Trigonometrie benutzte – mit Grad, Minuten und Sekunden, die er, wie wir, nach dem sexagesimalen System der Babylonier berechnete. So stand $\overline{\mu\alpha}$ $\breve{o}$ $\overline{\iota\eta}$ für 41° 00' 18" und $\bar{o}$ $\overline{\lambda\gamma}$ $\bar{\delta}$ für 0° 33' 04". Deutete nicht der verzierte Balken an, dass die Null noch nicht den Status einer Zahl hatte, sondern von den Griechen in alexandrinischer Zeit so eingesetzt wurde, wie wir die Interpunktion benutzen?

Weitere Hinweise liefert eine jener Komplikationen, von denen die Forschung lebt. Denn die einzigen Manuskripte, die wir vom *Almagest* besitzen, stammen aus byzantinischer Zeit, lange nach Ptolemäus, und sind daher möglicherweise von späteren Schreibgewohnheiten beeinflusst. Und in diesen byzantinischen Abschriften sind die Balken über den Buchstabenziffern von Zahlen erhalten, über der Null jedoch häufig nicht, so dass sich die Null immer noch, nun aber in anderer Weise, von Zahlensymbolen unterschied.

Noch aufschlussreicher ist, dass diese 0 die Abwesenheit von einer Maßeinheit (Grad, Minuten oder Sekunden) markiert, aber noch nicht zusammen mit anderen Zahlen eine *Zahl* bilden kann. Wenn man 38 Eier hat, würde man wahrscheinlich sagen, dass man drei Dutzend Eier und zwei weitere hat, aber wohl kaum, dass man zwei Dutzend und 14 weitere besitzt, selbst wenn dies mathematisch korrekt ist. Entsprechend war es, als die Engländer für ihre Währung noch nicht das Dezimalsystem eingeführt hatten, im alltäglichen Sprachgebrauch falsch, wenn man sagte, man habe fünf Pfund, 22 Shilling und 14 Pence; was man »wirklich« hatte, waren sechs Pfund, drei Shilling und *tuppence*. Diese beiden Zählarten verweisen auf unseren früheren Umgang mit Zahlen, wo diese noch als Adjektive fungierten, die verschiedene Arten von Mengen kennzeichneten. Man berechnete die Zahl der Elemente in einer Menge nur bis zu bestimmten konventionellen Grenzen. Von der entscheidenden Verwendung eines Zeichens für »nichts in dieser Spalte« bis zu solchen Symbolen wie »106« oder »41,005°« (die »numerische« Form von 41° 00' 18") war es immer noch ein weiter Weg.

Warum folgten die Griechen diesem Weg nicht? Außerhalb ihrer astronomischen Texte taucht die Null nämlich bei ihnen kaum auf. Und warum hatte ein so erfinderisches Volk nicht längst das Stellenwertsystem mit dazugehöriger Null entdeckt? Warum entfernten sie sich auf der Höhe ihrer Macht, wie wir gesehen haben, noch einen weiteren Schritt von einer Lösung, die dem Denken auf die Sprünge geholfen hätte?

Man könnte argumentieren, dass alles an ihrer Bewunderung für die Ägypter lag, die weder eine Null noch ein Stellenwertsystem zur Schreibung ihrer Zahlen kannten. Bei den Griechen verwandelte sich Bewunderung jedoch immer in Rivalität; ihre Ungeduld mit dem Uneleganten – und dem ägyptischen Zahlensystem fehlte jede Eleganz – führte bei ihnen zu jenem endlosen Herumprobieren, das wir als wissenschaftlichen Geist verehren; und ihre Neugier zeugte einen unablässigen Strom von Erfindungen. Dies ist noch heute so: Ich fragte einmal einen griechischen Freund in Paris beiläufig, wie viele seiner Landsleute dort lebten. Er zuckte mit den Schultern. »Wer weiß? Aber ich werde es schnell herausfinden.« Er sprang von unserem Café-Tisch auf und rannte zur nächsten Mauer, wo er mit seinem Finger zu bohren begann. »Was machst du?«, fragte ich völlig perplex. »Ich weiß nicht«, sagte er, »aber die Griechen sind neugierig, und bald werden alle Griechen in Paris hier sein, Fragen stellen und Ratschläge geben.«

Wenn sie also nicht der Unbeweglichkeit der ägyptischen Kultur Hommage zollten, wie erklärt sich dann dieser seltsame Schwachpunkt der griechischen Geistesgeschichte? Rätselhafterweise genoss das Zählen bei ihnen kein hohes Prestige. Sie nannten es »Logistik« und überließen es den Händlern. Nicht etwa, dass alle Griechen den Handel verschmähten: Sie waren im Gegenteil sehr geschickte Händler, wie die Ausdehnung des athenischen Reiches belegt. Aber in der Oberschicht war Handel anrüchig, und die Denker, deren Schriften auf uns gekommen sind, gehörten eben zu dieser Klasse. Ihre mathematische Energie floss weitgehend in die Geometrie – mit umwälzenden Ergebnissen.

Diese Geometer, aus deren Mitte schließlich Sokrates und Platon traten, pflegten ihre Rechenkunst geometrisch, mit Figuren, die sie in den Sand malten. 1, 3, 6, 10 und so weiter waren dreieckige Zahlen, weil man sie bilden konnte, indem man gleichschenklige Dreiecke mit immer neuen Reihen von Punkten erweiterte:

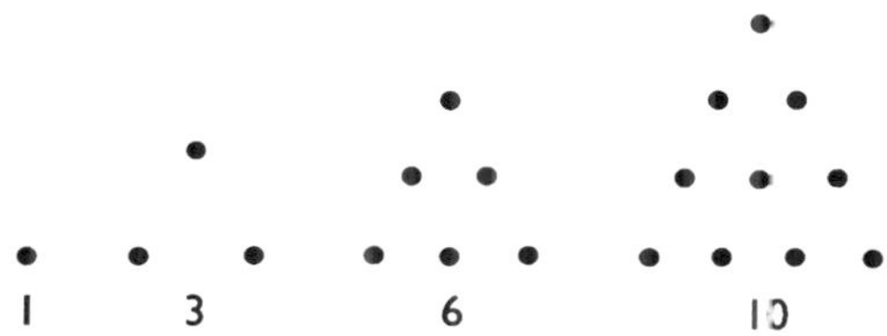

Dreieckige Zahlen

Diese Art figürlicher Darstellung führte zu tiefen Einsichten, zu Abfolgen von »quadratischen« und »pentagonalen« Zahlen, wie den folgenden:

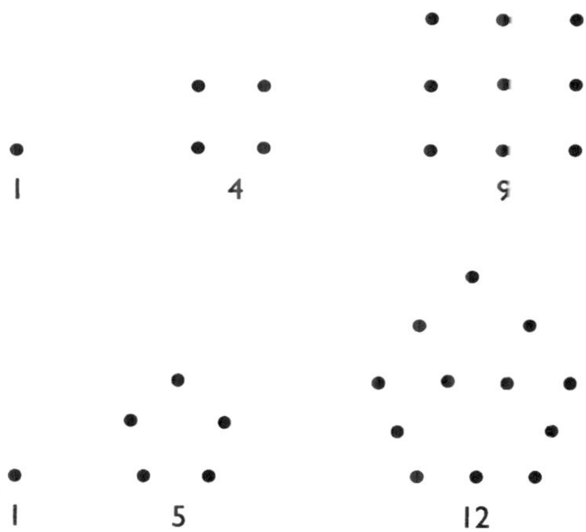

Einige polygonale Zahlen

Aber sie führte die Griechen nicht zur Null oder zu einem Bedürfnis nach einer Null, weil sie nicht rechneten, sondern zu erkennen hofften, wie sich die Gesetze des Universums in diesen kombinatorischen Schatten offenbarten, die durch das Spiel der Formen entstanden.

Und was hatten die Händler davon? Sie bekamen ein Hilfsmittel, das die Philosophen nie beschrieben, dessen Nachkommen man jedoch bis heute in den Betperlen der Griechen und den Bretspielen ihrer Tavernen sieht: das Rechenbrett (Abakus). Und noch davor – obwohl diese

Bretter wenigstens auf das 7. Jahrhundert v. Chr. zurückgehen und die Babylonier sie sogar noch 1000 Jahre früher benutzt haben könnten – hatten sie ihre Finger und geschickte Techniken, um mit ihnen schnell Berechnungen auszuführen; man sieht noch heute Frauen, die ihre Finger auf dem Markt beugen und kreuzen, was sie »Frauenrechnen« oder »Arithmetik von Marseille« nennen.

Solon, der große Gesetzgeber des alten Athen, vergleicht in einem seiner Gedichte den Günstling eines Tyrannen mit einem Rechenstein, dessen Wert von der Laune der Person abhängt, die ihn von Spalte zu Spalte verschiebt. Diese Metapher sagt uns etwas Entscheidendes über die Null, besonders wenn wir ihre ausführlichere Fassung bei dem Historiker Polybius fünf Jahrhunderte später betrachten: »Die Höflinge der Könige gleichen aufs Haar den Rechensteinen auf dem Rechenbrett: Sie gelten nämlich ganz nach dem Willen des Rechners eben bloß einen Chalkos und dann wieder ein Talent!« Das ist etwa 300 000-mal so viel wert.

Die Zahl 2000 in Bedas Fingerrechnen

Polybius schreibt wohlgemerkt nicht, dass die Höflinge »nichts gelten«, denn natürlich gab es keine Spalte auf einem Rechenbrett, die für Null stand. Offenbar hatten einige griechische Rechenbretter Spalten von links nach rechts für ein Talent [6000 Drachmen], dann für 1000, 100 und 10 Drachmen sowie 1 Drachme, gefolgt von 1, $\frac{1}{2}$, $\frac{1}{3}$ Obolos und $\frac{1}{8}$ Obolos oder Chalkos (6 Obolosse ergaben eine Drachme), da es sich um Münzbretter handelte, wie die Bretter in den mittelalterlichen Zählstuben, aus denen sich unsere »Banken« entwickelten, das heißt »Zählbänke«. Mit anderen Worten war »nichts« kein *Ding*, keine *Zahl*, sondern ein – häufig nur zeitweiliger – *Zustand* eines Teils des Brettes. Ebenso beim Fingerrechnen, wenn wir ein viel späteres System nehmen, das der angelsächsische Benediktiner und Gelehrte Beda Venerabilis in seinem Buch *De tempore rationem* erklärte, das um 730 n. Chr. entstand. Dort wurde »null« durch die entspannte, normale Haltung der Finger angezeigt: Mit anderen Worten, sie war überhaupt keine Geste.

Die Leute, die bei den Griechen das Rechnen übernahmen, brauchten folglich kaum Bezeichnungen für ihre Mengen, da sie diese mit Rechensteinen in Spalten *zeigen* konnten:

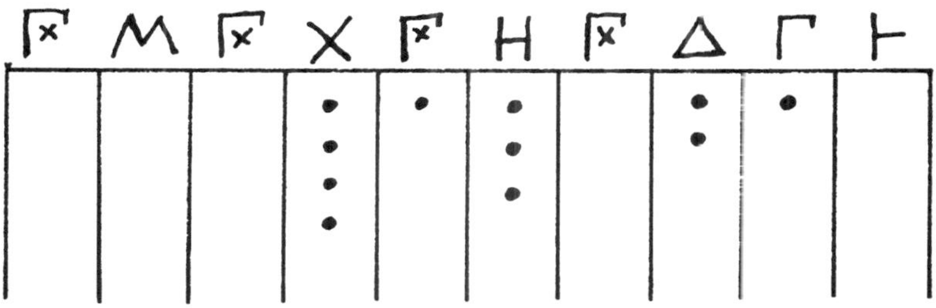

4825:	vier Rechensteine in der X-Spalte (= 1 000), also	4 000
	ein Rechenstein in der 𐅅-Spalte (= 500), also	500
	drei Rechensteine in der H-Spalte (= 100), also	300
	zwei Rechensteine in der Δ-Spalte (= 10), also	20
	ein Rechenstein in der Γ-Spalte (= 5), also	5
		4 825

Veränderungen würde man hier schlicht sehen. Aber selbst in dem Maße, wie man Bezeichnungen benötigte, gehörte »null« nicht dazu.

Schweifen wir für ein, zwei Seiten ab, denn diese Rechenbretter ermöglichen einige Mutmaßungen über die Quelle des Nullsymbols. Auf der kunstvollen Darius-Vase aus dem 4. Jahrhundert v. Chr., die in Apulien gefunden wurde, sieht man den königlichen Schatzmeister, wie er den Wert von Tributen ausrechnet, die ihm die eroberten Völker zahlen, deren Vertreter sich vor ihm verneigen. Er sitzt an einem Zähltisch mit den Zeichen für Geldwerte. Eins davon ist »O«, die böotische Abkürzung für Obolos, eine Münze, die, wie wir oben gesehen haben, beinahe nichts wert war; man legte den Toten einen Obolos unter die Zunge, um den Fährmann zu bezahlen. Beinahe nichts? Wenn man kein Symbol für »nichts« zur Hand hat, tut es dann auch eins mit einem annähernden

Der königliche Schatzmeister an seinem Zähltisch

Wert? In einem koptischen Text war dies nach seinem modernen Herausgeber der Fall: Ein Mittagsschatten im Juni in Äquatornähe – das heißt, überhaupt kein Schatten –, so liest man dort, war einen halben Fuß lang, offenbar, um zu vermeiden, »null« sagen zu müssen. Oder ist das zu weit hergeholt? Ich persönlich glaube, dass uns nicht die Spaltenbezeichnungen, sondern die Rechensteine auf den Rechenbrettern den Hinweis geben, nach dem wir gesucht haben. Gewiss waren die Steine, die zum Rechnen benutzt wurden, mehr oder weniger rund und wurden daher in der Schrift oder in Zeichnungen logischerweise als volle Punkte dargestellt: •.

Eine grafische Art, um zu zeigen, dass nicht einmal ein einziger Rechenstein in einer Spalte lag, wäre daher ein leerer Punkt: ○. Es ist kein großer Schritt von einer solchen grafischen Darstellung zu einem Symbol, von einer Figur zu einer Ziffer. Und warum längte sich dieses runde ○ mit den Jahrhunderten zu 0? Weil es mit zersplissenen Federkielen und Federn schwerer ist, einen durchgehenden Kreis zu ziehen als zwei geschwungene Striche.

Wenn Ihnen der Schritt von • zu ○, von Präsenz zu Abwesenheit, zu weit ist, baut Ihnen vielleicht eine weitere Mutmaßung eine Brücke. Könnten die griechischen Geometer ihre Abfolgen von dreieckigen, quadratischen und polygonalen Zahlen nicht dadurch gefunden haben, dass sie schelmisch mit den Rechenbrettern der Händler herumspielten? Sie wären nicht die Einzigen gewesen, die diese Bretter auf originelle Weise verwendeten: 2000 Jahre später vergnügte sich der junge Goethe damit, aus den Steinen auf dem Rechenbrett seines Vaters die Sternbilder nachzuformen. Nun erfahren wir von Platon, dass die Geometer ihre Figuren zumindest manchmal in den Sand zeichneten. Wenn sie ihre Zahlenfiguren ebenfalls mit Kieselsteinen formten, dann hätten die Händler – oder wer immer die Bretter zum Rechnen benutzte – beim Anblick dieser Muster auch gesehen, was geschah, wenn man einen Stein fortnahm: Zurück blieb dann ein runder Abdruck an seiner Stelle, ein ○ statt ein ●. Sind das vielleicht zu viele »Wenn« für Ihren Geschmack? Wir könnten Sie dann wohl nur in dem unwahrscheinlichen Fall zufrieden stellen, wenn wir ein sandbestreutes Rechenbrett fänden.

Doch beenden wir unseren kleinen Abstecher und halten fest, dass es für die Griechen eine Art gab, Zahlen zu schreiben, und eine andere, mit ihnen zu rechnen. Die Hochnäsigkeit der Athener Aristokraten kann diese Divergenz nicht gänzlich erklären: Etwas Tieferes – und Dunkleres – war hier am Werke, jenes Verschmelzen von Gedanken und Wörtern, das wir eingangs erwähnten. Wenn Kieselsteine schnell vor einem bewegt werden, ist das nicht gerade Vertrauen erweckend – Opfer des notorischen Hütchenspiels können ein Liedchen davon singen. Aristophanes, der seine Komödien im 5. Jahrhundert v. Chr. in Athen schrieb, lässt einen seiner Charaktere in *Die Wespen* sagen, man solle einmal die Finanzen der Stadt »an den Fingern nur – ohne die Steine« errechnen. Doch warum sollte das Fingerzählen vertrauenswürdiger sein? Es hinterlässt keine dauerhafte Spur. Man brauchte dazu einen Code, der sowohl flexibel genug war, mit dem Verstand Schritt zu halten und ihn zu unterstützen, wie hinreichend narrensicher, um Manipulationen nach Art des Tiberius zu verhindern. Noch heute haben wir das Thema nicht ganz im Griff, wie man daran sehen kann, dass wir auf unseren Schecks den Betrag in Wörtern und Zahlen schreiben müssen: Die Bank wird die Wörter höher bewerten als die Zahlen, sollten beide voneinander abweichen, weil sie weniger leicht zu fälschen sind.

Eine Art zu rechnen, die doch einen klaren Beleg hinterlässt: Das ist der Punkt, an dem Körper und Geist auseinander fallen. Denken Sie an die tausend namenlosen Handlungen, die Ihre Tage füllen: die Stimme modulieren, um Interesse oder Geringschätzung zu signalisieren; die Schuhe schnüren, ein Omelett machen oder mit einem akkuraten Wurf den Papierkorb treffen. Das sind die Bewegungen, die der Körper kennt, über die wir aber stolpern, wenn wir sie zu beschreiben versuchen. Doch erst wenn diese Manöver, wie zögerlich auch immer, ihren Weg in die Sprache finden, können wir von ihnen abstrahieren und sie so in das Theater des Denkens überführen. Die Null, zwischen einer Handlung und einem Ding balancierend – und, wo wir gerade dabei sind: sind Zahlen eigentlich Adjektive oder Substantive? –, verwirrte ihre Benutzer, wann immer sie darüber nachdachten, was sie eigentlich taten.

Es gibt einen letzten Schleier, den die Griechen vielleicht über diese Zahl warfen, die nichts zählt: ein Schleier, den sie, wie wir wissen, über vieles andere warfen. Die Sprache fällt zwischen unsere Handlungen und unser Denken; aber die Sprache hat selbst zwei Schichten, zerfällt in gesprochene und geschriebene Sprache. Die Dauerhaftigkeit der Schrift hat uns diese immer zur wertvolleren von beiden gemacht, selbst um den Preis, lässige Umgangssprache gegen steife Feierlichkeit einzutauschen. Doch das war nicht immer so: Die Griechen jenes goldenen Zeitalters hatten eigentümliche Ansichten, von denen einige auf der bemerkenswerten Fähigkeit ihrer Sänger beruhten, riesige Epen wie die *Ilias* und die *Odyssee* auswendig zu können. Erinnerung wurde häufig mit Wissen gleichgesetzt und Wissen mit Weisheit, so dass die Erinnerung, die außerhalb des individuellen Gedächtnisses in Texten niedergelegt ist (jener Fundus unserer Kultur, der uns mit vergangenen Generationen verbindet), ihnen so vorgekommen sein muss wie uns heute ein Musiker, der vom Blatt spielt: Man ist ein bisschen enttäuscht, wenn der Konzertpianist auf die Noten vor sich blickt. Vielleicht war das der Grund, warum Platon Dialoge schrieb: Sie sollten einerseits wörtlich genommen werden, andererseits nicht. Sicherlich untergräbt er in einem von ihnen sein Unternehmen absichtlich, denn im *Phaidros* lässt er Sokrates argumentieren, dass die Schrift Vergesslichkeit verursache und nur den Anschein von Wahrheit vermittle. Dies mag auch der Grund sein, warum jener frühe Philosoph Heraklit seine Aphorismen kurz und verwirrend hielt und warum die Griechen tatsächlich die Ironie erfanden, eine Ausdrucksweise, bei der man nur etwas von dem meint, was man sagt, und das meiste unausgesprochen lässt.

Und die Null? Ihre einzigartige Abwesenheit in griechischen Texten muss nicht beweisen, dass sie sie nicht benutzt oder darüber nicht nachgedacht hatten: Tatsächlich war vielleicht das genaue Gegenteil der Fall. Verschwiegenheit verhüllte das Wirken der pythagoreischen Bruderschaft, die in ihrer Mitte lebte: Mathematik war ihnen das Wichtigste und ihre Eingeweihten behielten die Offenbarungen der kosmischen Ordnung, die sie vermittelte, für sich; innerhalb der Hierarchie kannten einige die noch tieferen Mysterien des Chaos, das durch irrationale Zahlen drohte. Könnten sie also die Hüter von geheimen Traditionen gewesen sein, zu der auch die Null gehörte? Begann damit ihr langes Verschwinden, bis sie erst Jahrhunderte später in der Hitze – und besonders im Staub – Indiens wieder auftauchte?

Natürlich sind Beweise der Art, dass »der Hund nicht gebellt hat«, vor dem Gericht der Geschichte unzulässig. Hier schreiben die Regeln der Beweisaufnahme vor, die Zeilen selbst zu lesen und nicht dazwischen. Aber unser Verstand findet auch Vergnügen daran, die Richtung durch Umwege zu finden, und außerhalb von Gerichtssälen ist ein Nicken so gut wie ein Wink: Beide können uns Aufschluss geben, welche Zeichen wir aus einer Richtung zu erwarten haben. Und das passt schließlich sehr gut zu der Abwesenheit, für welche die Null steht.

3 Reise-geschichten

Was geschah vor so langer Zeit in jener herbstlichen Welt, als sich das Denken Athens nach Alexandria verlagerte, seine Macht nach Rom und seine Kultur, durch kriegerische Invasion und Handel nach Osten getragen, in neuer Umgebung veränderte und zugleich ihren Einfluss geltend machte? Vergangen die Tage, in denen die Geometrie auf die Arithmetik herabblickte, und so sollte man erwarten, dass die Null nun zu ihrem Recht kam. Da war es, dieses Symbol mit seiner immensen Beschreibungs-, Erklärungs- und Kontrollmacht, eingeschlossen in seinen kleinen Ring, weitergereicht von einer Sprache zur nächsten, von einem Mathematiker oder Astronomen zum anderen, und keiner begriff, was für einen Schatz er da bei sich trug.

Wie in allen guten Abenteuergeschichten tauchte die Null nicht dort auf, wo sie hätte ankommen sollen: in Sizilien zum Beispiel, wo während des 3. Jahrhunderts v. Chr. eine Leidenschaft für riesige Zahlen aufblühte. Man sollte meinen, dass die Gärtner solcher Großgewächse unweigerlich auf ein voll ausgeprägtes Stellenwertsystem mit null, seinem *Genius Loci*, kämen; dass sie nicht einfach verschiedene, vorhandene oder abwesende Mengen benannten, sondern Zahlen als solche, nach ihrem Stellenwert geschrieben und vom Zählgegenstand abstrahiert. Wir haben schon gesehen, wie schwer es ist, sich neue Zahlwörter für immer größere Ansammlungen von Dingen auszudenken und sie zu handhaben. Wie leicht ist es im Vergleich, nach einer harmlosen »1« und einer Reihe Nullen einfach eine weitere Null hinzuzufügen. Das ist zweifellos die Art, wie wir uns Ehrfurcht gebietende oder Begehrlichkeit weckende Riesensummen vorstellen. Als Kinder wetteiferten wir darum, wer noch die letzte Null auf die Seite quetschen konnte – wie die Schankwirte von Dublin, denen es immer gelingt, noch einen letzten Tropfen Guinness in ein überschäumendes Glas zu füllen. (Welch interessante Geschichte ließe sich über unser Streben nach dem Unendlichen und die launenhafte Evolution unserer Fantasie und Vorstellungskraft schreiben, wenn man dem Wandel unserer Bezeichnungen für riesige Mengen nachspürte!) Wir haben bei großen Zahlen Nullen vor Augen, doch gab es einen Erfinder, dessen beängstigend große Zahlen von einer Null nichts wissen.

Archimedes wurde um 287 v. Chr. als Sohn eines Astronomen geboren. Zu seinen erstaunlichen Werken gehört eines, das er Gelon, dem König von Syrakus, zueignete. Darin zeigt er, wie man Mengen bezeichnen kann, die größer als die Anzahl der Sandkörner nicht nur aller Strände um Syrakus waren, sondern aller Strände Siziliens; so groß wie die Sandkörner aller Länder der Welt, ob bekannt oder unbekannt; so groß wie die Welt selbst, bestünde sie nur aus Sand; und so sagte er: »Ich aber werde versuchen, dir mit Hilfe von geometrischen Beweisen klar zu machen, dass unter den von uns (…) genannten Zahlen etliche vorhanden sind, die nicht nur die Zahl der Sandkörner in jener der Erdkugel gleichen Kugel (…) übertreffen, sondern auch die Zahl der Sandkörner in einer Kugel, die so groß wie der Kosmos ist.«

Archimedes wird von einem Zenturio getötet

Diese monströse Vision, die selbst solche Märchenexzesse wie das ewige Salzmahlen auf dem Meeresgrund in den Schatten stellt, demonstriert Archimedes mit einer erfindungsreichen Abfolge von Multiplikationen.

Nehmen wir an, sagt er, dass es höchstens 10 000 Sandkörner in einem Haufen von der Größe eines Mohnsamens gibt; und dass eine Reihe von 40 Mohnsamen eine Fingerbreite hat. Um die Dinge einfach zu halten, stelle man sich den Samen als Kugel vor. Da sich das Volumen der Kugeln wie die dritten Potenzen der Durchmesser verhält, wird aus dieser Reihe von 40 Samenkörnern der Durchmesser einer Kugel mit einem Volumen $(40)^3 = 64\,000$-mal das Volumen eines einzelnen Samens; und da dieser 10 000 Sandkörner enthält, sprechen wir bereits von $64\,000 \cdot 10\,000$, das heißt von 640 000 000 Körnern. In unserer modernen Schreibweise sind das $4^3 \cdot 10^7$ Sandkörner. Rundet man 64 zweckmäßigkeitshalber auf 100 auf, haben wir 10^9 Körner in einer Kugel, deren Durchmesser einen Finger breit ist. Man kümmere sich nicht darum, dass all diese Schätzungen zu hoch sind: Übertreibung gehört, wie wir sehen werden, zu Archimedes' Spiel.

Nun ergeben 10 000 (10^4) Fingerbreiten ein so genanntes Stadion, eine griechische Längeneinheit, die 185 Metern entspricht. Eine Kugel, deren Durchmesser 10^4 Fingerbreiten beträgt, wird ein Volumen haben, das $(10^4)^3$ mal so groß ist – also 10^{12}– wie das Volumen einer Kugel der Breite eines Fingers, die, wie wir wissen, 10^9 Sandkörner enthält. Eine Kugel mit einem Durchmesser von einem Stadion wird somit $10^{12} \cdot 10^9 = 10^{21}$ Sandkörner enthalten.

Als Nächstes greift Archimedes auf die Arbeit eines großen Astronomen zurück, der 25 Jahre älter ist als er, Aristarchos von Samos, um den Durchmesser des Universums zu schätzen, das sich für die Griechen bis zu den Fixsternen ausdehnte. Aristarchos war – so lange Zeit vor Kopernikus – der Auffassung, dass sich die Erde um die Sonne drehe. Archimedes drehte und wendete die Beobachtungen und Berechnungen von Aristarchos hin und her, bis er eine imaginäre Kugel – nennen wir sie K – erhielt, deren Radius der Entfernung der Erde von der Sonne entspricht. Dann nahm er Folgendes an:

$$\frac{\text{der Durchmesser der Erde}}{\text{der Durchmesser von K}} = \frac{\text{der Durchmesser von K}}{\text{der Durchmesser des Universums}}$$

Dadurch erhält er, nachdem er die Zahlen von Aristarchos modifiziert hat, einen Durchmesser des Universums von 100 000 000 000 000 oder 10^{14} Stadien. Sein Volumen ist daher $(10^{14})^3 = 10^{42}$-mal das Volumen einer Kugel von einem Stadion Durchmesser, die 10^{21} Sandkörner enthält. Daher wären $10^{21} \cdot 10^{42} = 10^{63}$ Sandkörner in einem Universum, das gänzlich aus Sandkörnern bestünde.

»Ich glaube, König Gelon«, schreibt Archimedes, »dass dies der Menge der nicht mathematisch gebildeten Menschen unglaublich erscheinen muss, den mathematisch gebildeten Menschen (...) aber keineswegs. Deshalb glaube ich, dass es auch dir wünschenswert ist, dies zu erkennen.«

Wenn man bedenkt, dass in den Vierzigerjahren zwei hartnäckige New Yorker schätzten, dass sich die Zahl der Sandkörner auf Coney Island auf etwa 10^{20} belief und heutige Schätzungen der Gesamtzahl weit kleinerer Partikel in unserem weit größeren Universum von 10^{72} bis 10^{87} reichen, muss man sagen, dass Archimedes' Schätzung gar nicht so schlecht war.

Wir haben hier eine spektakuläre Anwendung der griechischen Einsicht, dass die entfernte Welt durch Analogie zu der nahen Welt begriffen werden kann. Noch spektakulärer wird die Sache, wenn man bedenkt, dass Archimedes nicht über unsere bequeme Schreibweise mit Potenzen von zehn verfügte, die alle die Benutzung von null voraussetzen.

»Wie konnte er (dabei nur) das übersehen (nämlich unsere heutige Stellenschrift zu entdecken!)«, fragte einer der größten Mathematiker aller Zeiten, Carl Friedrich Gauß, der Archimedes sehr bewunderte, »auf welcher Höhe würde sich jetzt die Wissenschaft befinden, wenn er jene Entdeckung gemacht hätte.« Aber Tatsache bleibt, dass Archimedes mit Zahlwörtern arbeitete statt mit Ziffern, und die höchste der griechischen Bezeichnungen war »Myriade« für 10 000. Dies führte ihn dazu, von einer Myriade von Myriaden (10^8) zu sprechen, und er erfand dann einen neuen Begriff, indem er jede Zahl bis 10^8 eine *Zahl der ersten Ordnung* nannte.

Als Nächstes nahm er eine Myriade Myriaden als seine Einheit für *Zahlen der zweiten Ordnung*, die daher bis 10^{16} gehen, wie wir sagen würden, nur er eben nicht; und 10^{16} war die Einheit für *Zahlen der dritten Ordnung* (bis 10^{24}) und so weiter. So ist die unvorstellbar gigantische Zahl 10^{63} eine Ziffer irgendwo in der *achten Ordnung*.

Aber Archimedes macht hier nicht Halt. Tatsächlich hat er gerade erst angefangen. Im Geiste der unglaublichen Wundertaten des mythenhaften amerikanischen Holzfällers Paul Bunyan lässt er das sandgefüllte, selbst zu einem Sandkorn geschrumpfte Universum hinter sich, während er weiter Ordnung auf Ordnung bis zur schon recht beängstigenden Ordnung 10^8 türmt, die alle Zahlen von $(100\,000\,000)^{99\,999\,999}$ bis $(100\,000\,000)^{100\,000\,000}$ enthält.

War es das jetzt? Mitnichten. Alle diese Ordnungen bis zur letztgenannten ergeben nur *die erste Periode*. Liest man dazu seine eigenen Worte, fühlt man sich bald wie das kleine Mädchen Alice bei ihrem Schwindel erregenden Sturz ins Wunderland: »Die größte Zahl der ersten Periode werde die ›Einheit der Zahlen erster Ordnung der zweiten Periode‹ genannt. Weiter werde das 100 000 000-fache [eine Myriade Myriaden], dieser Zahl die ›Einheit der Zahlen zweiter Ordnung der zweiten Periode‹ genannt. In der gleichen Weise (...).«

Vielleicht hatte Gelon mittlerweile zu lesen aufgehört und so die letzte Schlussfolgerung von Archimedes verpasst: »(...) und so schreitet man vor bis zu den Zahlen 100 000 000-ster [eine Myriade Myriadster] Ordnung der 100 000 000-ten [eine Myriade Myriadsten] Periode.« In unserer Schreibweise wäre das $10^{80\,000\,000\,000\,000\,000}$. Natürlich gibt es nicht genug Sandkörner in seinem oder unserem Universum, um diese Zahl zu »errieseln«, noch genügend Zeit vom Big Bang bis heute, ihre Ziffern mit einer Geschwindigkeit von einer Zahl pro Sekunde zu nennen, da die letzte Zahl seiner ersten Periode eine 1 ist, der 800 Millionen Nullen folgen, und diese hat noch einmal 10^8-mal so viele.

Worum ging es Archimedes bei all dem, und – wenn es sinnvoll ist, eine »negative« Geschichte zu schreiben und über Wege zu spekulieren, die nicht eingeschlagen wurden – warum fehlte die Null bei den Zahlwörtern, die er ersann? Manche sagen, dass seine »Sandzahl« eine *Tour de Force* war, die beweisen sollte, dass die Feder mächtiger war als das Schwert. Man könnte es für schiere griechische Verspieltheit halten, sagt doch Platon, dass wir die Spielzeuge der Götter seien und uns daher den edelsten Spielen widmen sollten. So wäre dieses übersprudelnde Werk, das keinerlei praktischen Nutzen hatte, ein Scherz. War es seine Absicht, einen König zu demütigen, oder weidete er sich daran, die Riesenzahlen seiner Vorgänger zu übertreffen? Sein Vater Phidias zum Beispiel hatte erklärt, der Durchmesser der Sonne sei zwölfmal größer als der des Mondes. Archimedes hielt ihn für 30-mal größer, und es hätte ihn gefreut zu hören, dass er tatsächlich 400-mal so groß ist. Und Aristarchos benutzte bei einer seiner Berechnungen die Ehrfurcht gebietende Zahl 71 755 875, an der Archimedes hier in einem einzigen Schritt vorbeizog. Gab es eine Art von prahlerischer Rivalität unter den Mathematikern seiner Zeit, wie bei Kindern, die sich immer noch größere Zahlen ausdenken? Archimedes' Zeitgenosse Apollonios scheint auf die »Sandzahl« mit einem eigenen System zur Benennung großer Zahlen geantwortet zu haben: Archimedes konterte wiederum mit einem Problem, dessen Antwort – war es denkbar, dass Archimedes sie kannte? – eine Zahl von einer Größe war, die sich ausgeschrieben nur auf den nächsten 47 Seiten darstellen ließe. Sie mögen lachen – oder perplex sein –, wenn Sie hören, dass Mathematiker einander noch heute zu überbieten versuchen, nur jetzt mit unendlichen Größen.

Doch war das, was uns Archimedes im Grunde zeigen wollte, nicht eigentlich, wie sich das ungeheuerlich Große so konkret wie möglich denken lässt, indem er uns einen Weg zeigte, Schritt für Schritt vorzugehen, statt uns angesichts so gewaltiger Dimensionen zu verlieren, so dass wir in die Lage versetzt werden, selbst solche Größenordnungen wie diese vom Unendlichen zu unterscheiden? Wie sagte doch ein mir bekannter Mathematiker so schön: »Große Zahlen sind tatsächlich sehr groß.«

Oder sind wir hier Zeugen jenes Spiels zwischen Sprache und Denken, das wir bereits kennen gelernt haben, das uns nur dieses Mal nicht zur Null führt, sondern bewusst auf das bequeme Rechnen mit ihr verzichtet? Denn zu Beginn seiner »Sandzahl« macht Archimedes eine seltsame Bemerkung:

> Andere gibt es (...), die aber meinen, dass es keine so große Zahl gebe, die die Zahl der Sandkörner übertreffe [das heißt die Zahl der Sandkörner in jedem Teil der Erde] (...) Ich aber werde versuchen, dir (...) klar zu machen, dass unter den von uns (...) *genannten* Zahlen etliche vorhanden sind, die nicht nur die Zahl der Sandkörner in jener der Erdkugel gleichen Kugel (...) übertreffen, sondern auch die Zahl der Sandkörner in einer Kugel, die so groß ist wie der Kosmos.

Warum diese Betonung der Benennung? Man denke einen Moment an den Epheserbrief des Paulus, wo dieser sagt, Gott habe Christus »über jede Gewalt und Macht und Kraft und Hoheit und jeden Namen, der genannt wird nicht allein in dieser Welt, sondern auch in der zukünftigen« gesetzt.

Haben wir nicht alle ein uraltes Gefühl, wonach einen Namen haben muss, was existieren soll? Viele Kinder weigern sich zu akzeptieren, dass die Zahlen unendlich weitergehen – man füge nur jeder vermeintlich letzten eine weitere hinzu –, weil uns die Bezeichnungen für sie ausgehen. Für sie ist ein »Googol« – eine 1 mit 100 Nullen – ein großer und lebendiger Freund, ebenso wie ein »Googolplex« (ein Googol hoch zehn, eine Zahl von wahrhaft archimedischen Dimensionen). Eine Siebenjährige, die ich kenne, behauptete, die letzte Zahl von allen sei 23 000. »Wie steht's mit 23 000 und eins?«, fragte ich sie und bekam nach einer kurzen Pause zur Antwort: »Aber ich war nahe dran.« Angetrieben von diesem biblischen Impuls haben Menschen auf Adams Spuren die größten Anstrengungen unternommen, um Bezeichnungen für sehr große Zahlen zu finden, wie Primo-Vigesimo-Centillionen für 10^{366} und das weiche Milli-Millillion für $10^{3\,000\,003}$. Dass 10^{63} oder eine 1 mit 63 Nullen dahinter unsere Vorstellungskraft kalt lässt, deutet auf einen grundlegenden Zug des Menschen. Diese Zahl könnte genauso gut auch ein paar Dutzend Nullen mehr oder ein paar weniger haben. Was unser Denken erleichtert, macht unsere Vorstellungskraft ärmer.

Indem er keine Null benutzt, sondern stattdessen Myriaden Myriaden, Ordnungen und Perioden erfindet, hat Archimedes diesen gewaltigen Dimensionen eine konstruktive Lebendigkeit verliehen und sie uns so etwas näher gebracht, wenn wir sie dadurch auch noch nicht begreifen können. Es gibt gewiss andere Arten, Adams Benennungslust zu befriedigen, zum Beispiel, indem man Furcht statt Ehrfurcht weckt. 1800 Jahre nach Archimedes sagte John Donne, heimgesucht und seinerseits seine Gemeinde heimsuchend, in einer Predigt zur Fastenzeit:

> »Die Menschen haben errechnet, wie viele einzelne Sandkörner den riesigen Raum zwischen der Erde und dem Firmament ausfüllen würden; und wir sehen, dass ein paar Zeilen von Ziffern genügen, um diese Zahl schaffen und ausdrücken zu können (...) Aber

wenn jedes Sandkorn diese Zahl wäre und wiederum mit dieser Zahl multipliziert würde, würde all dies, die ganze unausdrückbare, belanglose Zahl, nicht eine Minute seiner Ewigkeit ausmachen; noch würde dieser Fluch [des eingefleischten Sünders] eine Minute kürzer, wenn er so viele Generationen ertragen worden wäre, wie es Sandkörner in dieser Zahl gibt … Wie es die Menschen ertragen, wissen wir nicht; was zwischen Gott und jenen Menschen geschieht, auf denen der Fluch Gottes lastet, in ihren dunklen Stunden um Mitternacht, das geben sie uns nicht preis … Dies ist das Anathema Maranatha, verflucht bis dass der Herr kommt; und wenn der Herr kommt, so kommt er nicht, um den Fluch zurückzunehmen, noch ihn zu erleichtern, sondern ihn zu bestätigen und zu verschärfen.«

4 Ostwärts

Ich habe nahe gelegt, dass abstraktes Denken und Vorstellungskraft miteinander rivalisieren. Doch warum muss das eine auf Kosten des anderen gehen? Das Zählen und das Benennen von Dingen gingen immer schon Hand in Hand, wie hier in Homers Schiffskatalog aus der *Ilias*: »Die in Hyria wohnten und die im felsigen Aulis, / Schoinos, Skolos und in der zerklüfteten Stadt Eteonos, / Thespeia, Graia auch und der räumigen Stadt Mykalessos (...).« Selbst unsere Wörter für diese beiden Geistesleistungen sind verwandt: Wir er*zählen* Geschichten und *zählen* Glasperlen.

Die Mathematik entsteht, wo man, statt zu zählen, dazu übergeht, Beziehungen zwischen Mengen herzustellen. Gewiss profitiert sie davon, dass wir so viel wie möglich in die Bezeichnungen legen, die sie so verbindet, und jede mit der Vergangenheit und dem Möglichen anfüllen, so dass ihre Laute enthalten, was wir wissen und erträumen. Wenn dann durch ihre Verbindung ein neues Gebäude geschaffen wird, werden seine Räume üppig und alles andere als karge Zellen sein.

Das Problem besteht darin, dass wir, um uns auf die Relationen konzentrieren zu können, zu bloßen Punkten reduzieren müssen, was sie verbinden – um dann wiederum diese Verbindungen in symbolischen Abstraktionen auszudrücken, um noch ausgedehntere Konstruktionen zu schaffen. Füllt man die Knotenpunkte mit zu viel Leben, wird das Netz zerreißen. So darf man sich nicht bei der Vergangenheit einzelner Teile aufhalten, sondern muss zum neuen Ganzen voranstürmen. Das ist die wiederholte Abstraktionsbewegung, die der eigentliche Stoff ist, aus dem die Mathematik besteht: jene Verkürzung der weiten Landschaft, die man gerade aufgesogen hat, zu einem Aperçu, um eine höhere Ordnung des Sehens zu erreichen. Kein Wunder also, dass Goethe die Mathematiker mit den Franzosen verglich. »Was immer man ihnen erzählt«, sagte er, »sie übersetzen es in ihre eigene Sprache und plötzlich ist es etwas völlig anderes.«

Mathematiker sprechen über Verbindungen von Verbindungen, und die Zahlen, unter denen sie diese Verbindungen zuerst herstellten, fristen von da an ein Schattendasein. Aber sie waren auch von vornherein zart besaitet: Wenn man sagt, dass sieben Äpfel in der Schale liegen, zu was genau gehört dann diese »sieben«? Nicht zu irgendeinem der Äpfel, wenn man sie einzeln nimmt, nicht einmal zum letzten, den man gezählt hat, da man sie anders hätte arrangieren können. Sie gehört auch nicht zur Schale, in der sich die Äpfel befinden, wohl aber zu der Tatsache, dass es genau sieben von ihnen gibt. Viele erstrangige Denker sind über diesem Problem schon verzweifelt. Einige kamen schließlich zu dem Schluss, dass sieben die Menge all jener Mengen sei, die sieben Elemente enthalten. Und isst man einen der Äpfel, wohin ist dann die Sieben verschwunden? Sie ist vermutlich geflüchtet, zu jenen Mengen, die immer noch oder zum ersten Mal sieben Elemente haben.

Die Lage wird bei der Null sogar noch schlimmer. Bezeichnungen sind Dingen zugeordnet, die Null aber gehört zu nichts. Sie zählt die Totalität dessen, was nicht da ist. Nach dieser Überlegung muss sie im Hinblick auf dieses oder jenes überall sein: im Hinblick zum Beispiel auf die Zahl der Kolibris in unserer Schale mit sieben – oder nun nur noch sechs – Äpfeln. Also was bezeichnet die Null eigentlich?

»Ich rufe Geister aus der wüsten Tiefe«, sagt Owen Glendower in Shakespeares Heinrich IV. »Ei ja, das kann ich auch, das kann ein jeder«, antwortet Percy: »Doch kommen sie, wenn Ihr nach ihnen ruft?« Wir können versuchen, den Geist der Zahlen zu rufen, indem wir ihnen Bezeichnungen geben, aber sie bleiben so flüchtig wie eh und je, und das tanzende Irrlicht der Null treibt sie davon.

Folgen wir diesem Tanz auf der Invasionsroute Alexanders des Großen im Jahr 326 v. Chr. und den späteren Handelsstraßen, die von Alexandria ausgingen, bis nach Indien: Auf diesen Routen führten die Griechen das babylonische Geschenk der Null mit sich. Wir kommen in ein Land, wo gewaltige Zeitabschnitte, immense Räume und beängstigende Zahlen von Wesen die Mythen und Volkssagen bevölkern. Eine vier Meter breite

Ameisenstraße etwa zieht sich durch den Palast von Indra, dem König der Götter. »Was sind sie?«, fragt er in Ehrfurcht den zehnjährigen Jungen, der als Pilger vor ihm steht. Jede war einst ein Indra, antwortet der Junge: Indras, die in unzähligen Universen regierten, die wie zerbrechliche Boote Seite an Seite im endlosen Raum treiben; und jeder Indra lebt 71 Äonen und die Leben von 28 Indras sind ein Tag und eine Nacht im Leben von Brahma, das aus 108 Jahren solcher Tage und Nächte besteht, und vor und nach Brahma ist ein anderer – Brahma ohne Ende.

Aber wenn wir uns profaneren Dingen zuwenden wie zum Beispiel solche Geschichten zu datieren oder nach ihren Vorläufern zu suchen, müssen wir uns bald geschlagen geben. Es gibt eine poetischere Sicht als die unsrige über die Geschehnisse und ihren Zeitpunkt, den *Sūryasiddhānta*. Selbst eine frühe Ausgabe dieses ersten wichtigen indischen Buches über Astronomie setzt die Entstehung des Werks etwa 2 163 500 Jahre früher an als die heutige Forschung. Leider kam diese Revision zu spät, um den englischen Dramatiker Christopher Marlowe zu entlasten; er war unter anderem deshalb des Atheismus angeklagt worden, weil er darauf hingewiesen hatte, dass indische Texte älter seien als Adam.

Könnte es sein, dass Archimedes' »Sandzahl« und seine nulllosen Reihen von Zahlen eine bezaubernde Geschichte in dem *Lalitavistara* beeinflussten, die wenigstens 300 Jahre später geschrieben wurde? Diese Lebensgeschichte Buddhas beschreibt, wie er als junger Mann um die Hand von Gopa buhlt und seine Rivalen leicht im Ringkampf, Bogenschießen, Wettrennen, Schwimmen und Schreiben aussticht. Dann kommt die Prüfung in Mathematik: Er muss alle Zahlenreihen jenseits eines *koṭi* (zehn Millionen, das heißt 10^7) aufzählen, wobei jede Reihe hundertmal größer ist als die letzte. Gautama antwortet: *ayuta, niyuta, kaṅkara, vivara, achobya, vivaha, utsanga, bahula, nagabala, titilambha, vyavaithanaprajñapti* (das ist 10^{31}!) und gelangt über das bestrickende *samaptalambha* (10^{37}) und den Zungenbrecher *visandjñagati* (10^{47}) schließlich bis zu *tallakchana* (10^{53}).

Aber dies ist noch nicht die letzte Zahl: So wie bei Archimedes befinden wir uns erst auf dem ersten Niveau ($10^{7+1\cdot46}$). Auf dem zweiten Niveau gelangt Gautama bis $10^{7+2\cdot46} = 10^{99}$, um schließlich zum Erstaunen der Höflinge mit $10^{7+9\cdot46} = 10^{421}$ das neunte Niveau zu erreichen.

Als zusätzlichen Beweis nennt er alle Atome in einem *yojana* (etwa fünf Kilometer): Sieben der kleinsten Atome bilden ein Körnchen des feinsten Staubs, von denen sieben ein kleines Staubkörnchen bilden. Sieben solcher Staubkörnchen formen ein Staubkorn, das man in einem Sonnenstrahl sehen kann, sieben von diesen ein Kaninchenkorn, sieben Kaninchenkörner ein Widderkorn, sieben davon ein Ochsenkorn, und sieben Ochsenkörner – einen Mohnsamen! Kommt uns das irgendwie bekannt vor? Durch Multiplikation mit sieben gelangt Gautama weiter zu Senf- und Gerstenkörnern und Knöcheln, von denen zwölf eine Spanne ergeben, zwei Spannen eine Elle, vier Ellen einen Bogen, 1000 Bogen einen Ruf im Land Magadha und vier solcher Rufe einen *yojana* oder $384\,000 \cdot 7^{10}$ Atome insgesamt. Und er fährt fort, alle Atome in allen bekannten und unbekannten Ländern der Welt und selbst in den 3000 der Abertausenden von Welten aufzuzählen, auf die das Universum aus irgendeinem Grund geschrumpft ist.

Buddha erhält zur Belohnung nicht nur die Hand Gopas; für ihn geht auch ein Schuljungentraum in Erfüllung: Der Prüfer wirft sich vor dem Jungen nieder und ruft aus: »Nicht ich, du bist der Meistermathematiker!«

Der junge Buddha beim Rechnen

Reisegeschichten brauchen eine Moral, und die besseren von ihnen haben gleich drei. Eine Moral dieser Geschichte ist, dass es nicht nur die Vorstellungskraft weitet, wenn man sich zu absurd großen Zahlen vorarbeitet, sondern dass dies auch ein Mittel ist, um den Giganten der Vergangenheit Ehrerbietung zu erweisen. Die Aufzählung der Zahlwörter (*ayuta*, *niyuta*, *kaṅkara*, *vivara* …) bringt uns in Kontakt mit gewaltigen, unsichtbaren Mächten und verleiht der Aufzählung eine beinahe magische Kraft. Was, wenn einige der Bezeichnungen durcheinander geraten (*ayuta* und *niyuta* stehen hier für 10^9 und 10^{11}, während sie an anderer Stelle 10^4 und 10^5 bezeichnen)? Was, wenn es in anderen Aufzählungen drei unsichtbare Atome – oder für Leute mit besseren Augen 30 – sind, aus denen ein Staubkorn besteht, von denen wiederum acht einen Mohnsamen bilden – oder, wie manche Forscher meinen, keinen Mohnsamen, sondern ein Lausei? Und was genau bedeutet Kaninchen-, Widder- oder Ochsenkorn? Die Größe eines Staubpartikels, das jedes dieser Tiere aufwirbelt? Doch der Turm zu Babel litt unter ähnlichen Wachstumsschwierigkeiten. Die Bezeichnungen in ihrer Vielfalt und ihrem Wohlklang schaffen einen Zauber, den Ziffern mit hintereinander gereihten Nullen nicht heraufbeschwören können.

Die zweite Moral liegt in der Bemerkung Buddhas: »Kein anderes Wesen kennt diese Zählung außer mir und jemandem, der wie ich die letzte Existenz erreicht hat und außerhalb seines Hauses lebt (...) Dies ist das Ende aller Berechnungen. Jenseits davon liegt das Unberechenbare.« Zahlen können mit anderen Worten nicht die Zahl der Dinge übertreffen, die es gibt. So bleiben für den Erzähler und das Publikum Zahlen immer noch an Objekte gebunden und, wichtiger noch für unsere Geschichte: Es gab noch keine Vorstellung von einem voll ausgebildeten Stellenwertsystem; denn hätte es sie gegeben, wäre deutlich geworden, dass das Zählen kein Ende hat, weil wir immer noch größere Zahlen schaffen können, indem wir jeden Kandidaten für die letzte Zahl mit zehn multiplizieren.

Die dritte Lehre der Geschichte ist für uns hier am bedeutsamsten: Sie besteht im deutlich erkennbaren griechischen Einfluss auf die indische Kultur jener Zeit. Dass hier ein Mohnsamen auftaucht wie bei der Aufzählung von Archimedes kann kein Zufall sein. Doch selbst wenn man dies annähme, wie erklärt sich dann die strukturelle Ähnlichkeit zwischen den beiden Berechnungen? Tatsächlich findet man, wohin man in der indischen Astrologie, Astronomie und Mathematik auch blickt, Spuren griechischer Vorläufer: Die hinduistischen Namen für die Tierkreiszeichen und verschiedene astronomische Begriffe sind griechische Lehnwörter, zum Beispiel *kendra* für *kéntron* (»Zentrum«), oder *liptā* für »Minute« von *leptón*. Und sie schrieben ihre Brüche in der gleichen seltsamen Weise wie die Griechen, ohne Teilungsstrich. Doch auch hier ist der beste Beweis wieder struktureller Art, wie ihre Theorie der Planetenbahnen aus Texten von 400 n. Chr. zeigt, die wie bei den Griechen epizyklisch waren. Man muss auf die Fehler achten, denn sie geben den sichersten Aufschluss. Das Verhältnis von längstem und kürzestem Tag wird in der frühen Hindu-Astronomie mit 3:2 angegeben: Ein Verhältnis, das bis auf die nördlichsten indischen Breiten gänzlich falsch, für die babylonischen aber korrekt ist und von den Griechen übernommen wurde. Man findet eine widerwillige Anerkennung der griechischen Quelle indischer Astronomie und der mit ihr verbundenen Mathematik im *Sūryasiddhānta*, den angeblich im Jahr 2163102 v. Chr. ein Herr namens Maya Asura von der Sonne erhielt. Die Sonne trägt ihm auf, »nach Romanka-Stadt zu gehen (…). Dort werde ich, aufgrund eines Fluchs von Brahma als Barbar reinkarniert, dir die Wissenschaft der Astronomie geben«. *Romanka*: das heißt »römisch« und meint die Griechen des Römischen oder Byzantinischen Reiches; und »barbarisch«, das sind wieder die Griechen, die »wahrlich Fremde« sind, wie der Astronom Varāhamihira um 550 n. Chr. schrieb, »doch steht bei ihnen die Astronomie in der Blüte«.

Es würde uns also nicht überraschen, wenn die Null in Indien im Gewande des hohlen Kreises reinkarniert würde, die wir aus astronomischen Papyri der Griechen kennen. Die Leute von Gwalior, etwa 400 Kilometer südlich von Delhi, wollten dem dortigen Vishnu-Tempel einen Garten schenken, aus dem sich jeden Tag 50 Blumengirlanden schneiden ließen – ein hübscher Gedanke. Die Details dieser Gabe hinterließen sie auf einer Steintafel. Sie trägt das Datum *saṃvat* 933 (876 n. Chr.) und gibt an, dass der Garten 187 mal 270 *hasta* maß. Die Zahl 270 erscheint darauf als २७०, 50 als ५०. Dies ist der erste unzweifelhafte schriftliche Nachweis des Symbols in Indien. Dokumente auf Kupfertafeln aus dem 6. Jahrhundert n. Chr. mit dem gleichen kleinen »o« darauf gibt es zuhauf – aber das gilt freilich auch für Fälschungen, scheint es doch im 11. Jahrhundert besonders Erfolg versprechend gewesen zu sein, durch kleine, kreative Manipulationen der Vergangenheit verlorene Eigentumsansprüche wieder geltend zu machen oder neue zu erwerben. Es fehlt jedoch nicht an Forschern, die diese Kupfertafeln für authentisch halten und sich mit jenen streiten, denen es ihrer Meinung nach nur darum zu tun ist, die alten Griechen über alle Mitbewerber zu erheben, die ihnen den Rang ablaufen könnten.

Die Götter der Gelehrsamkeit waren während dieser Debatten, in denen es von unsauberen und ungenügend bewiesenen Schlüssen und Fehlurteilen nur so wimmelt, wohl mit ihren eigenen Familienzwistigkeiten beschäftigt. Vielleicht wäre die Welt besser und die Vergangenheit reizvoller, wenn irgendein verblichener Inder den hohlen Kreis für die Null ersonnen hätte statt irgendein toter Grieche – obwohl ich nicht recht einsehen mag, warum eigentlich, denn schließlich ist das Konzept wichtiger als das Symbol selbst, und das Konzept geht, wie wir gesehen haben, auf irgendeinen toten Babylonier zurück. Es scheint mir jedoch, dass es die tatsächlichen Leistungen der Inder schmälert, wenn man ihnen die Errungenschaften anderer zuschreibt, und dass es ein Verlust wäre, eine Geschichte, die so reich an Zufällen und Datierungsproblemen ist, durch ein erbauliches Märchen zu ersetzen. Hätten die Inder, sagen wir, ein Symbol für die Null in Form eines tätowierten Mannes mit Halskette und zurückgeworfenem Kopf erdacht, wer würde ihre Originalität in Zweifel ziehen? Wie die Dinge stehen, scheinen sie am Ende des 9. Jahrhunderts bereits seit langem Zugang zu griechischen Quellen gehabt zu haben, in denen häufig eben jenes Symbol für null vorkommt, das nun in Indien Fuß fasste und fruchtbar genutzt wurde.

Man kann versuchen, die Anfänge der Null in Indien vor das Jahr 876 zurückzuverlegen, wenn man gewillt ist, die Augen zu überanstrengen und im grellen Dunst verschwommene Ziffern auszumachen. Aber warum sollten wir uns diese Mühe machen? Weil jede Geschichte, wie jeder Traum, einen tieferen Kern hat, wo alles, was gesagt wird, Geheimnisvolles birgt und alles, was wir sehen, zum Omen wird. Interpretationen sprudeln um solche Bilder wie Schaum in einem siedenden Kessel. Dieser tiefere Kern ist für uns die Kluft zwischen dem Altertum im Mittelmeerraum und dem Altertum Indiens.

Dort, in der Blumenstadt Gwalior, nicht weit von der Ruine des einst von Genies erbauten Palastes, finden wir um 500 n. Chr. den Astronomen Āryabhaṭa. Allerdings sagen einige, dass es zwei Āryabhaṭa mit einem gegensätzlichen Ruf gegeben hätte und möglicherweise sogar einen schattenhaften dritten. Als Astronom sollte sein/ihr Name »gelehrter Mann« bedeuten, wie es bei einem Doppel-t der Fall wäre; mit seinem einen t verwandelt er sich – kaum zu glauben – in einen Söldner. Einige Forscher, die diesem Phantom nachspüren, behaupten, dass er zwei Bücher widersprüchlicher Lehrmeinungen schrieb; andere, dass er seine Widersprüche in einem einzigen Buch niederschrieb, während wieder andere meinen, dass der Text, der von ihm überkommen ist, hoffnungslos verfälscht sei. Ist seine besondere Mixtur von Perlenmuscheln und trockenen Daten, wie es der arabische Historiker al-Bīrūnī vor 1000 Jahren ausdrückte, das Produkt sorgfältiger Beobachtung oder nachlässiger Anleihen?

Wie es sich damit auch verhält, Āryabhaṭa suchte nach einer bündigen Art und Weise, um große Zahlen festzuhalten – nicht, um mit ihnen zu rechnen – und kam auf eine seltsame Methode. Wenn wir noch nicht unser Stellenwertsystem hätten, wo die 8 in der Zahl 9871 für 800 steht, weil sie sich an der Hunderter*stelle* befindet, dann wären wir vielleicht auf eine Schreibweise wie diese gekommen: 9T8H7Z1, wobei das T für »tausend«, das H für »hundert« und das Z für »zehn« steht; tatsächlich sprechen wir gewöhnlich unsere Zahlen auf diese Weise, und in manchen Ländern wurden auch Geldbeträge so geschrieben. Āryabhaṭa tat etwas Ähnliches, nur etwas abstrakter.

Er dachte sich Nonsense-Wörter aus, deren Silben für Ziffern an bestimmten Stellen standen, wobei die Ziffern von Konsonanten, die Stellen von den neun Vokalen des Sanskrit gebildet wurden. Da die ersten drei Vokale A, I und U sind, brauchte man für die Zahl 386 – er schrieb sie in der Reihenfolge 6, 8, 3 – den sechsten Konsonanten (C) gefolgt von einem A, das C als Einer markierte, dann den achten Konsonanten (J) gefolgt von einem I, dann den dritten Konsonanten (G) gefolgt von einem U: CAJIGU. Das Problem besteht darin, dass dieses System nur neun mögliche Stellen hat, und als Astronom brauchte er weit mehr. Seine barocke Lösung bestand in der Verdoppelung seines Systems auf 18 Stellen, indem er die gleichen neun Vokale zweimal benutzte: A, A, I, I, U, U und so weiter. Außerdem ordnete er die Konsonanten in zwei Gruppen und benutzte die Buchstaben der ersten für die ungeraden, die der zweiten für die geraden Zahlen. 386 hätte er also exakt wie folgt geschrieben: CASAGI (C ist der sechste Konsonant der ersten Gruppe, S der achte der zweiten Gruppe, G der dritte der ersten Gruppe). Wenn Sie das nächste Mal versucht sein sollten zu glauben, das es statt verschiedener Geister nur einen menschlichen Geist gibt, dann erinnern Sie sich an Āryabhaṭa.

Es gibt eindeutig keine Null in diesem System, doch es ist interessant, dass Āryabhaṭa zu seiner Erläuterung sagt: »Die neun Vokale werden für zwei mal neun Stellen benutzt.« Sein Wort für »Stelle« ist *kha. Dieses* kha *wird später zu einem der gebräuchlichsten indischen Wörter für null.* Es scheint, als hätten wir hier die Zeitlupenaufnahme einer sich entwickelnden Idee vor uns: den Wechsel von einer »bezeichnenden« zu einer reinen Stellenwertschreibung, von einer Leerstelle, wo eine Ziffer stehen kann, zu einer »leeren Zahl«: eine vollgültige Zahl, die anderen Zahlen ihre Stellen zuweist.

Wer taucht als Nächstes im Nebel auf und woraus besteht dieser selbst? Seine Partikel sind Wörter, die aufeinander prallen und das Licht der Ideen brechen: Denn sobald eine Bezeichnung wie *kha* einmal einen Aspekt der Null beschreibt, kondensieren andere Aspekte, bis das, was die Null *ist*, in dem verborgen liegt, was sie *tun* kann und welchen Dingen sie ähnelt. 50 Jahre nach Āryabhaṭa taucht in der Stadt Ujjain Varāhamihira, den wir schon kurz durch sein Lob der griechischen Astronomie kennen gelernt haben, aus dem Dämmerlicht des Nebels auf. Auch er hatte kein Symbol für die Null, aber eine Unzahl von Namen dafür: Āryabhaṭas *kha,* Wörter für Leerstellen wie *ambara* (»Himmel«) und *ākāśa* (»Atmosphäre«) – und *śūnya,* was gewöhnlich mit »leer« übersetzt wird und bald zur verbreitetsten Bezeichnung für null wurde. Stammten diese Ausdrücke aus den noch früheren Texten, die er erwähnt und von denen wenigstens einige zu den von ihm gelobten Quellen griechischen Ursprungs gehörten?

Wieder 100 Jahre später am selben Ort, Ujjain, jenem Zentrum der Wissenschaft unweit von Gwalior, finden wir Brahmagupta, den härtesten Kritiker von Āryabhaṭa und zugleich auch seinen glühendsten Bewunderer – hätte man in diesem Schattenspiel etwas anderes erwartet? Auch er hatte kein Symbol für null, aber er nannte sie, wie Āryabhaṭa, *kha* und zuweilen, wie Varāhamihira, *ākāśa* und *śūnya*. Soll »leer« die empfängliche Qualität von Āryabhaṭas »Stellen« betonen? Welche Absicht auch dahinter stand, es fällt auf, dass es als substantivisches Adjektiv die Null näher an die Zahlen rückt, die den Abstand zwischen Substantiv und Adjektiv leicht überbrücken. Es fällt außerdem auf, wie schön das Wort mit dem künftigen Symbol harmoniert: einem leeren Kreis.

Wieder 200 Jahre später befinden wir uns im Jahr 830, über 1100 Kilometer weiter südlich in Mysore und wechseln von einer Religion zu einer anderen: vom Hinduismus zum Jainismus. Hier schreibt Mahāvīra ein Buch, das *Gaṇitasārasagraha*, mit dem er Brahmagupta aktualisieren will. Er behandelt ausführlich die Null, doch auch er hat noch kein Symbol dafür und nennt sie auch nicht *śūnya*, sondern behält das ältere *kha* bei. Vielleicht steht dies in Übereinstimmung mit seinem Eifer, Brahmagupta zu überarbeiten. Doch warum überrundet er Varāhamihira noch in der Zahl der Synonyme für null, die er aus allen Arten und Qualitäten des Himmels und des Raums zieht: Tiefe, Firmament, das Endlose, donnernde Namen wie *jaladharapatha* und zarte wie *div*, Vishnus Fußabdruck und »mittlere Luft«, insgesamt zwölf annähernde Synonyme für Himmel?

War der Grund, dass für ihn irgendwie die Null in unterschiedlichen Kontexten selbst unterschiedlich war? Das erinnert an die reizvolle Vorstellung der Linguisten, dass wir zuerst einzeln sehen und unterschiedlich benennen, was wir später als Teile eines Ganzen erkennen: Das ist der Grund, warum unsere ältesten Verben so unregelmäßig sind, wirken doch »sie sind« und »sie ist« sehr verschieden von »ich bin«. Oder war der Grund, dass die Inder, wie die Griechen, dazu neigten, Weisheit, Wissen und Gedächtnis gleichzusetzen, so dass wichtige Gegenstände wie die Mathematik in leicht zu behaltender Versform geschrieben wurden? Das bedeutete, eine Unzahl von Alternativen zur Hand zu haben, die den wechselnden Anforderungen der Metrik gerecht wurden. Mahāvīra hatte auch zahlreiche Zahlwörter für jede Ziffer zur Hand. Dieses Herausziehen von Lauten aus Formen und ihre Aufbewahrung in den zifferlosen Gefilden des Gedächtnisses mag durchaus jene Abstraktionsbewegung beschleunigt haben, die für die Mathematik so kennzeichnend ist.

Natürlich erklärt dies nicht, warum er mehr als einen Ausdruck mit den gleichen metrischen Eigenschaften benutzt, etwa *nabhas* (»Wolke«) und *viyat* (»Atmosphäre«), aber die Versform könnte hier den poetischen Ausdruck inspiriert haben. Stand vielleicht gar die Absicht dahinter, Perlen des Wissens in grauem Papier zu verbergen? Ich weiß nicht, wie Sätze wie der folgende auf einen zufälligen Leser gewirkt haben mögen: »(…) der Himmel wird dasselbe wie das, was ihm hinzugefügt wird.«

Oder wollte Mahāvīra mit Metaphern eine Brücke zwischen der Mathematik und anderen Gebieten schlagen? Zu bedenken ist auch, dass das Grußwort des Buches wie folgt schließt: »Möge die Herrschaft des souveränen Herrn der Jainas, der die Stellung der einzelnen Schlussfolgerungen zerstört hat und die Logik des *syādvāda* vorbringt, gedeihen.« *Syādvāda* ist, wie der englische Übersetzer erklärt, ein Theorem, wonach die Welt der Erscheinungen wirklich sein kann oder nicht, oder wirklich und nicht wirklich zugleich, oder aber unbeschreibbar; oder sie kann real und unbeschreibbar oder nicht real und unbeschreibbar sein; oder sie kann schließlich real und nicht real und unbeschreibbar sein.

Welche dieser Kombinationen passt am besten zur Null? Welche beschreibt ihren Status zu jener Zeit und unser Wissen von ihr am besten? Je mehr Bezeichnungen sie hatte, könnte man meinen, desto weniger war sie eine richtige Zahl: immer noch Teil einer diskursiven Sprache statt der Mathematik. Aber was, wenn es schon längst auch ein Zeichen für sie gegeben hätte, wie manche behaupten? Zum Beleg führen sie den syrischen Bischof Severus Sebokht an, der 662 n. Chr. ausrief, dass die Griechen kein Monopol auf die Wissenschaft hätten, sondern lediglich Schüler der Chaldäer von Babylon seien; dass nicht sie, sondern die Syrer die Astronomie erfunden hätten; und dass im Übrigen die Entdeckungen der Hindus origineller seien als jene der Griechen und sie über Rechenmethoden verfügten, die über Beschreibung hinausgelangten. »Ich möchte nur sagen«, fügt er hinzu, »dass sich diese Rechenmethode auf neun Zeichen stützt.« *Neun*, nicht zehn? Stützt dieser Beleg nicht vielmehr die Hinweise, dass die Null der Hindus als Zeichen noch ihrer Inkarnation harrte und in der Zwischenzeit wenn nicht in Worten, so in der Zwischenwelt der Leerstellen zwischen den Ziffern ihr Dasein fristete?

Um es noch einmal zu sagen: Obwohl es ins Gewicht fällt, ob man ein Symbol für null hat, ist es von größerer Bedeutung, einen Begriff davon zu haben. Und ob sie nun von den Babyloniern oder den Griechen stammte, was hier in Indien in der Schwebe hing, war der Charakter, den dieser Begriff annehmen würde: Würde es die Idee der Abwesenheit jedweder Zahl sein oder die Idee einer Zahl für eine solche Abwesenheit? Würde es das Zeichen der Leere sein oder das leere Zeichen? Die erste der beiden Ideen hält die Null von den Zahlen fern, macht aus ihr lediglich einen Teil der Landschaft, durch die sie sich bewegen. Die zweite Idee stellt sie den Zahlen gleich.

Dieser bedeutungsvolle Moment wurde vielfach verklärt. Vor 100 Jahren schrieb man Dinge wie: »Die Philosophie und Religion der Hindus gab ihnen in einzigartiger Weise das Rüstzeug für die Erfindung der Null«; und dass sie ein Symbol für null erfunden hätten, sei wie die Dynamisierung des Nirwana. In *Der Untergang des Abendlandes*, der Bibel unserer Großelterngeneration, schrieb Oswald Spengler, dass die Null

»(...) für die indische Seele, die sie zuerst konzipiert hat, einen ganz entscheidenden metaphysischen Akzent besitzt (...).« Die griechische Seele, so teilt er uns mit, sei sinnlich und habe deshalb niemals diesen Akzent – Schlüssel zum Sinn der Existenz – hervorbringen können: Es bedarf schon einer Brahmanenseele, um Zahlen als selbstverständlich wahrzunehmen.

Wir lehnen Spenglers Auffassungen heute aus sehr guten Gründen ab, denn ein Großteil der Annahmen, auf denen sie fußen, ist schlicht falsch, und die Sprache von Rasseidealen, Schicksal und faustischer Seele, die in der düsteren Stimmung von 1918 so aufregend war, führten 20 Jahre später nationalsozialistische Demagogen im Munde. Aber wir lehnen sie auch ab, weil wir in unserer vorsichtigen Zeit Generalisierungen misstrauen und lieber auf die Einheitlichkeit verzichten, die sie in das kleine Chaos der Dinge bringen könnten, statt zu riskieren, oberflächlichen Schlussfolgerungen aufzusitzen. Wir sehen uns romantisch als nüchterne Menschen. Niemand, der heute die indische Kultur von weitem in Augenschein nimmt, würde riskieren, mit Spengler zu sagen: »Nur aus diesem Seelentum konnte die großartige Konzeption des Nichts als einer echten Zahl, der Null hervorgehen (...).«

Statt sich vorzustellen, dass die Hindus den hohlen Kreis für null vom Sinn der Existenz ableiteten – oder umgekehrt? –, verteidigen manche Forscher ihren indischen Ursprung mit einem faszinierenden Argument, das sich auf die altindische Zahl für zehn stützt, die in den beinahe unleserlichen Inschriften aus dem 2. Jahrhundert v. Chr. in einer Höhle auf dem Nānāghāt-Berg in der Nähe von Poona vielleicht so ∝ oder so α aussah und in den Inschriften der heiligen Höhlen von Nasik vom 1. oder 2. Jahrhundert n. Chr. als α und ⊸‹ dargestellt wurde.

Was, so dieses Argument, wenn sich jemand schließlich die 10 als Beginn der zweiten Zählreihe dachte, so dass die erste Zählreihe nicht mit 1 beginnen musste, die der 11 der zweiten entspricht, sondern mit der analogen Zahl von 10: ein ∝ ohne Sporen, so dass man schlicht ○ erhielte? Als fragwürdiger Beleg für diese Behauptung wird angeführt, dass in der frühen europäischen Arithmetik die 0 nach arabischem Vorbild immer nach der 9 aufgelistet wird. Nach dieser Vermutung müsste wohl die altindische 1 wie ‹, -‹ oder = ausgesehen haben, während sie tatsächlich geschrieben wurde, wie man es erwartet, nämlich | oder _. Leider benutzen außerdem dieselben Inschriften 0 für 20, während 0 bei den Sarada-Ziffern aus Kaschmir, deren Alter ungewiss ist, für 1 steht; anderswo in Indien erscheint die 10 zu jener Zeit in den verschiedenen Formen ⅁, ϒ, δ, ⊥ und Ħ.

Selbst wenn wir diese Verbindung von 0 und ∝ akzeptieren, tauchen auch hier wieder griechische Vorläufer auf. Als ihr erster Buchstabe stand Alpha (α geschrieben) im athenischen System (siehe Seite 26) für 1. Vielleicht als visuelle Spielerei, bei der sich der Buchstabe für 1 mit dem Bild eines einzelnen Steins verband, stellten die Griechen schon früh ihre Zahlenfiguren nicht mit ausgefüllten Punkten dar (siehe Seite 31), sondern mit Alphas. So wurde Tetractys, jene Zehnerfigur, aus der für die Pythagoreer die ganze Natur entströmt, so dargestellt:

α
α α
α α α
α α α α

Hatte sich dieser Talisman, als er schließlich Indien erreichte, zu einem einzelnen α verdichtet?

Der Mathematikhistoriker Karl Lang-Kirnberg bietet eine Variation zu diesem Argument. Danach gebührt der Lorbeer nicht den Indern oder Griechen, ja nicht einmal den Babyloniern, sondern den Sumerern um 3000 v. Chr. Wir erinnern uns, dass die Sumerer ihre Zeichen mit einem Schilfhalm in Ton drückten, bevor sie Griffel verwendeten, und ihr Symbol für 10 war der nicht abgewinkelte Abdruck des Halms: O. Durch einen undurchsichtigen Kunstgriff, den Lang-Kirnberg flüchtig abhandelt, machte das Zeichen dann – oder daher? – die Zahl links von ihr zehnmal größer und wurde so von selbst das Zeichen für null. O könnte keine Zahl mit 10 multiplizieren, so behauptet er, wenn es nicht ursprünglich selbst den Zahlenwert 10 gehabt hätte. Aber wo und warum blieb diese Quelle der Null in den späteren Jahrtausenden verborgen, und warum kam sie schließlich doch zum Vorschein? Hier schweigt Lang-Kirnberg so vorsichtig wie Scheherazade, als sie den Morgen anbrechen sah.

Gewinnen Sie nun langsam den Eindruck, dass jede ökologische Nische auf der Welt, in der sich ein möglicher Ursprung der Null verbergen könnte, schon besetzt ist? Man könnte auch noch anführen, dass im Sanskrit das Zeichen für ein ausgelassenes Wort oder eine ausgelassene Silbe – natürlich! – ein kleines ° ist. Und erwähnen könnte man auch noch, dass die Tartaren einen überflüssigen Textteil in ein Oval einschlossen. Außerdem markierte der indische Mathematiker Bhāskara im Jahr 1150 eine Zahl, die von einer anderen zu subtrahieren war, durch einen kleinen Kreis darüber. Die kreisrunden Ringe dehnen sich aus und schlagen allenthalben neue Kreise.

Oder sind Sie zu dem Schluss gekommen, dass es letzten Endes gar nicht so viele Symbole gibt, die leicht zu schreiben und zu lesen sind, dass es aber eine Vielzahl von Ideen und Operationen gibt, die Symbole brauchen, und wir uns daher glücklich schätzen sollten, dass der Kontext uns hilft herauszufinden, ob wir etwas über Grade, Monaden, 70 Myriaden, Subtraktion, Obolosse, überflüssige oder ausgelassene Wörter, Steine oder die Abwesenheit von Steinen, 70, 1, 20, 10 oder überhaupt nichts lesen?

Die Flut von Vermutungen über die Entstehung der Null entspringt dem Wesen des historischen Denkens selbst. Wir versuchen zu rekonstruieren, was in einer entfernten und kaum dokumentierten Vergangenheit geschah. Die Hinweise sind dünn gesät, aber unser Verstand ist so erfindungsreich wie ruhelos und stürzt sich auf jeden kleinen Feuerstein, mit dem sich ein Fünkchen schlagen lässt, um Licht ins Dunkel zu bringen. Immer hofft man, dass das nächste Beweisstück oder der nächste Vorschlag nicht einfach die Liste der vorhandenen verlängert, sondern erste Querverbindungen in ihr herstellt. Hören wir noch einmal den Bischof von Nisibis, Severus Sebokht, und unser Wunsch wird sich erfüllen.

Die Hindus hätten Rechenmethoden, so sagte er, die über eine bloße Beschreibung hinausgelangten. Sie mögen sich fragen, wie dies mit solch einer Mixtur aus Zeichen und Wörtern und zu vielen Synonymen möglich gewesen sein soll, und mir geht es genauso. Die Antwort muss sein, dass sie gar nicht mit diesen Wörtern rechneten, sondern wie die Griechen einen Abakus zum Rechnen benutzten und all ihre Zahlwörter nur dazu dienten, die Ergebnisse aufzuzeichnen. Was wissen wir über ihr Rechenbrett? Etwas Herrliches: Es war leicht mit Sand bedeckt! Tatsächlich ist das Wort für »höheres Rechnen« bei ihnen *dhūlı-kharma* (»Sandwerk«). So ist es im Staub oder Sand Indiens, wo wir den Beweis für unsere Vermutung finden, dass O aus dem Abdruck entstand, den ein runder Rechenstein im Sand hinterließ.

5 Staub

Aber warum sollten die Inder ihre Rechenbretter mit Sand bestreut haben? Am plausibelsten erscheint mir, dass der Sand eine Gedächtnisstütze war: Man sieht die Spuren der Zahlen, mit denen man gerechnet hat, nachdem man fertig ist, und kann sie so kontrollieren. Ohne Sand zum Beispiel sieht 47-34 auf einem Rechenbrett so aus:

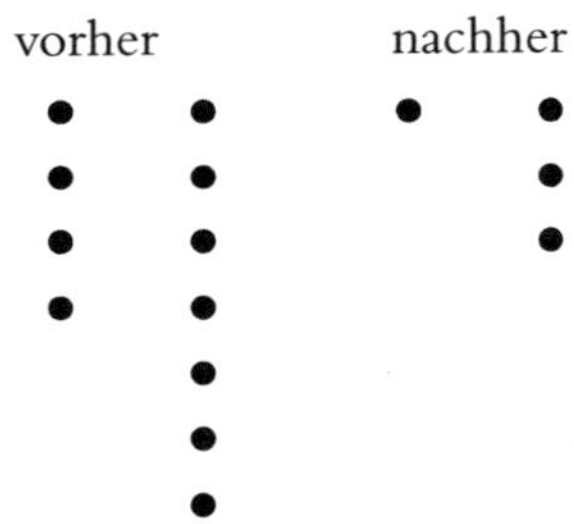

Auf diese Weise lassen sich Flüchtigkeitsfehler oder vorsätzliche Mogeleien nicht mehr erkennen. Aber mit Sand sieht es so aus:

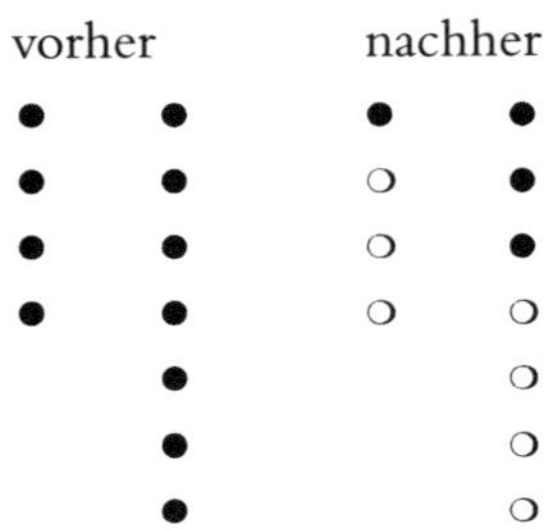

Es könnte jedoch auch sein, dass Rechenbretter zuerst aus Furchen im Sand bestanden oder gelegentlich im Sand improvisiert wurden und dass der Sand aus Tradition bewahrt wurde, als man die Bretter aus Holz oder Stein fertigte.

Wenn dies so ist, können wir von hier aus weitere Vermutungen anstellen. Denn die Furchen wären von der Bewegung der Hände und Steine bald verwischt oder glatt gestrichen, und dies allein könnte schon Grund genug gewesen sein, bei Berechnungen Zahlen zu schreiben, die man auswischen kann, ohne die Reihen oder Spalten zu beschädigen: ein Königsweg zur Stellenwertschreibung. Da wir nun einmal wieder beim Gesang der Sirenen sind, können wir zur Stützung der These auch gleich Gerberts *apices* hinzufügen. Dies waren Zählsteine aus Horn für das Rechenbrett, die der Mönch Gerbert um 967 ersann – bevor er Papst Silvester II. wurde. Ihr Name kommt vom lateinischen *apex*, als wären Rechensteine »Kegelspitzen«, und verdankt sich vielleicht einer früheren Variante, bei der die Rechensteine aufgetürmt wurden. Das Besondere an ihnen war, dass jeder eine andere Ziffer trug, so dass man, statt etwa die Zahl 47 wie oben darzustellen, sie einfach so setzen konnte:

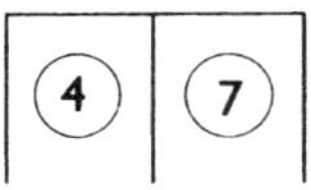

Da er sich der westarabischen Schreibweise bediente, wo die Zahlen zwei, drei und sieben ,  und  geschrieben wurden, erkennen wir mit Vergnügen unsere eigene 2, 3 und 7 als nachlässig verdrehte *apices* von Gerbert. Das führt uns zu der Vermutung, dass diese *apices* ein Übergangsstadium zwischen dem Setzen der richtigen Zahl mit einzelnen Rechensteinen und dem Schreiben von Ziffern war. Natürlich müssten wir dann annehmen, dass Gerbert sie nur wieder entdeckt hatte, da es solche Übergangsstadien lange zuvor gegeben haben muss.

Noch eine kleine Vermutung schließt sich daran an: Gerbert – oder seine Schüler – hatte ein Nullzeichen auf einem der *apices*, das so geschrieben wurde: . Sein Name, so sagt er, sei *sipos*. Ist das eine Verfälschung des griechischen Wortes für »Kieselstein« (ψήφος, *psēphos*)? Wenn ja, zeigt sich daran erneut die intime Verbindung oder Verwirrung zwischen Rechensteinen, Stellen und null, der Abwesenheit von Rechensteinen – wie beim *kha* von Āryabhaṭa. Dies könnte auch erklären, warum Gerbert angeklagt wurde, verbrecherischen Umgang mit bösen Geistern zu haben, denn es war schon schlimm genug, sich mit Mathematik zu beschäftigen, aber in einer als zivilisiert geltenden Welt auch noch das Nichts zu entfesseln, das ging dann doch zu weit.

Uralte Schatten dieser sandbestreuten indischen Rechenbretter huschen durch die Dämmerung. Der »gelehrte Staub« (*pulvis eruditus*), von dem Cicero spricht, war der Sand, in dem die Mathematiker ihre Diagramme zeichneten – doch haben wir damit noch keine Rechenbretter. Wenn er daher abfällig sagt: »Du hast nie Mathematik studiert« (*numquam eruditum illum pulverem attigistis*, wörtlich: »nie gelehrten Staub berührt«), so bezieht er sich wahrscheinlich auf geometrische Figuren oder Zahlenfiguren (siehe Seite 31). Der von Remigius von Auxerre 900 n. Chr. beschriebene Abakus, der mit grünem und blauem Sand bestreut wurde, klingt nach einem Kleinod, das man nur zu gerne sein Eigen nennen würde; aber da er sagt, dass darauf Figuren mit einem Zeigestock (*radius*) gezogen wurden, gehört er zur gleichen Tradition wie die Wachstafeln, die sich Horaz als Schuljunge über den Arm hängte und die Schiefertafeln, die lange danach in den Dorfschulklassenräumen quietschten. Doch das römische Rechenbrett, auf dem Kiesel (*calculi*) in Zahlenreihen platziert wurden, bestreute man ebenfalls mit Sand, und das griechische Wort für Rechenbrett ἄβαξ (*abax*, der Abakus) könnte sehr wohl nicht von dem Wort für »beinloser Tisch« stammen, sondern auf das semitische *abq* (»Staub«) zurückgehen.

So haben wir immer deutlichere Belege, dass der hohle Kreis der Griechen für null aus dem Abdruck entstanden sein könnte, den Steine auf einem sandbedeckten Rechenbrett hinterließen. Gäbe es Wörter für die kleinen Falten zwischen dem Möglichen und dem Wahrscheinlichen, könnten wir sie hier verwenden – irgendein jüngeres Mitglied jener Wortfamilie, aus der »würde«, »müsste« und »könnte« hervorgegangen sind. In Ermangelung solcher Wörter legen wir diese Vermutung am besten beiseite, damit wir nicht noch in Versuchung geraten, Gestalten des Altertums etwas in den Mund zu legen, wie es ein anonymer Gelehrter im 11. Jahrhundert mit Boethius tat. Warum, so muss er sich gefragt haben, sollte man nicht den bereits enzyklopädischen Werken dieses Römers aus dem 5. Jahrhundert ein weiteres Buch über Geometrie hinzufügen, komplett mit den Zahlen Null bis Neun? Dieses Buch war erst kurz zuvor über die Araber aus Indien gekommen, zusammen mit der Erklärung, dass der Abakus tatsächlich die *mensa Pythagorica*, der »Tisch des Pythagoras« sei, verziert mit dessen Bögen. So verbanden spätere Leser mit der Autorität von Boethius, der im Kerker das »Trostbuch der Philosophie« (*De consolatione philosophiae*) schrieb, esoterische Traditionen und geheimnisvolles Geraune und mussten außerdem zu dem Schluss gelangen, dass Pythagoras das Brett von seinen östlichen Wanderungen zurück nach Griechenland gebracht hatte. Und so wird denn, was wir uns gewünscht hatten, tatsächlich irgendwie Teil des Geschehenen.

Doch schließen wir auch diese Schublade, um eine weitere zu öffnen, aus der Staub rieselt: das Spanien der Mauren, wo wir schon 950 n. Chr. Ziffern finden, die die Araber *ḥurūf al-ġubārī* nannten: »Staubzahlen«. Was waren sie, woher kamen sie und warum trugen sie diesen eigentümlichen Namen? Es sind die Zahlen 1 bis 9 ohne eine Null. Man vermutet, dass ihre Bezeichnung von den staubigen indischen Brettern stammt und nicht Gelehrte, sondern Händler sie von ihren Reisen mitgebracht hatten. Worauf es für unsere Geschichte ankommt – als würden mitten in einem Krimi frische Tatverdächtige auftauchen – ist, dass diese Staubzahlen selbst eine seltsame Art von Staub an sich haben: Punkteschauer, die ihren Stellenwert anzeigen. Keine Punkte über einer Zahl bedeutete, dass sie für Einer stand; ein Punkt markierte Zehner, zwei Hunderter und so weiter, so dass mit unseren statt ihren Zahlen $\dddot{8}\dot{3}$ 8030, aber $\dddot{8}3$ 8003 bedeuten würde.

Hier haben wir also Punkte, ausgefüllte, wenn auch winzige Punkte, die beinahe wie die Nullen in unserer Stellenwertschreibung fungieren: Handelt es sich um eine ausgefüllte Variante des hohlen Kreises oder um Spuren einer ganz anderen Erblinie der Familie, deren Geschicke wir verfolgen? Haben wir hier den verkrachten Onkel vor uns, der seinen Erbanspruch auf das Vermögen geltend machen will? Denn blickt man sich nun, mit den Punkten im Hinterkopf, um, findet man sie überall, in der Funktion von Nullen oder in Verwendungsweisen, die eine Leere, etwas Fehlendes, Abwesendes, Unbestimmtes und Unsichtbares anzeigen.

Ein reizvolles Paradoxon unserer Geschichte ist, dass wir nach vorne blicken müssen, um zurückzuschauen: Wir müssen auf die verstreuten

Auswirkungen blicken, um auf Ursachen zu schließen, auf Ähnlichkeiten unter den Abkömmlingen, um die Züge ihrer Vorfahren zu erkennen. Folgen wir also dem Schwarm von Punkten, den wir über große Zeitspannen hinweg in Schriften aus unzähligen Sprachen über mathematische oder andere Themen finden, um zu sehen, ob sie uns zum Bienenstock führen.

Als Laute im Griechischen, Lateinischen, dem Sanskrit und anderen Sprachen verblassten, wurden sie wenigstens seit dem 1. Jahrhundert v. Chr. zu diakritischen Zeichen: Nasale und Buchstaben wie G und H verstummten und lebten von nun an weitgehend als Punkte, Striche oder Schnörkel auf anderen Buchstaben – die ein Linguist als Nullen bezeichnet hat – weiter: Buchstaben, die nichts ausdrücken und folglich als Signale zur Modifizierung stärkerer Laute dienen konnten. Ist das eine phonetische Parallele zur Rolle der Null als wertveränderndes Zeichen? Wo im Hebräischen Vokale erscheinen, werden sie häufig als Punkte über oder unter anderen Buchstaben geschrieben, um es Anfängern leichter zu machen oder Zweideutigkeiten zu vermeiden – oder auch, wo sie fehlen, zu fördern, wie es bei einer Form der Interpretation der Fall war, bei der Wörter so gelesen wurden, als ob sie andere Vokale hätten, so dass man eine andere Bedeutung hinter dem Original aufdeckte. In dieser sozusagen »pointillistischen« Atmosphäre entstanden die Vorläufer der *ġubārī*-Ziffern.

Zu diesen ornamentalen Punkten gehören die seltenen und rätselhaften Punkte über und zuweilen unter Wörtern oder Buchstaben in der Thora und den Prophetenbüchern – insgesamt nur 15. Die ersten Belege gehen auf das 2. Jahrhundert n. Chr. zurück, aber was sie bedeuten, ist in der Forschung umstritten. Untergraben sie die Bedeutung des Wortes, auf das sie fallen – in der Weise, wie wir durch Anführungszeichen in der geschriebenen Sprache gewissermaßen unsere Augenbrauen hochziehen? Der Kommentator Raschi spricht in einem Fall davon, dass dahinter die Absicht gestanden haben könnte, den Eindruck zu erwecken, das Wort sei nicht geschrieben worden. So ähnlich also, als würde man ihm den Wert null zuschreiben oder es ausradieren. Eine andere Art von Punkt konnte über Leben oder Tod entscheiden, da es ein Kapitalverbrechen war, an einem Sabbat zu schreiben. Schreiben wurde dabei definiert als die Niederschrift von mehr als einem Buchstaben. Aber was, wenn man einen einzigen Buchstaben benutzte, um ein Wort abzukürzen? Die Meinungen gingen auseinander, ob dies unter das Verbot fiel oder nicht, und es brachte die Frage mit sich, wie man wissen konnte, ob eine Abkürzung beabsichtigt war oder nicht. Raschi bemerkte, dass ein Punkt eventuell einen gewöhnlichen Buchstaben von einer Abkürzung unterschied. So haben wir hier eine einzige Art, um so viele Facetten von Abwesenheit anzuzeigen.

Wenn wir nach Indien zurückgehen, finden wir einen Punkt, der gewöhnlich für das Versprechen stand, eine noch nicht beendete Aufgabe zu erfüllen, aber auch, um eine Lücke in einer Inschrift oder einem Manuskript zu markieren: Das ist *śūnyabindu*, »der eine Leerstelle markierende Punkt«. Man erinnere sich, dass wir drei Punkte benutzen, um dem Leser die Vervollständigung unseres Gedankens zu überlassen oder um etwa so viel zu sagen wie: »Es ist allzu schwierig, es in Worte zu fassen, aber Sie wissen, was ich meine.« Wenn im Sanskrit *bindu* (hier *kha* genannt) den Nasal n repräsentiert, trägt es auch große mystische Bedeutung und verbindet es mit dem Gott Shiva.

Sollten wir angesichts dieser phonetischen, syntaktischen und semantischen Null-Punkte nicht aus den arabischen *ġubārī*-Ziffern schließen, dass es auch in Indien mathematische Null-Punkte gab? Ein klarerer, wenn auch etwas indirekter Hinweis findet sich im »Buch der Listen« (*Kitāb al-fihrist*), das Ibn-Abī-Ya'qūb an-Nadīm 987 zusammenstellte. Nur er beschreibt, dass die Inder in der gleichen Weise Punkte *unter* die Zahlen setzten (ein Punkt für Zehner, zwei für Hunderter etc.), und zwar unter Zahlen, die älter und anders waren als die *ġubārī*-Ziffern. Wenn solche Punkte – über oder unter die Ziffer gesetzt – dem hohlen Kreis vorausgingen, könnten sie dann erklären, warum dieser immer nur halb so groß geschrieben wurde wie die anderen Zahlen? Oder belegt seine geringe Größe lediglich, dass das Nullsymbol, wie die Punkte, nicht auf derselben Stufe stand wie Buchstaben und richtige Zahlen, sondern als Modifikator oder Trennungszeichen fungierte, so wie unsere Kommata, Doppelpunkte und Semikola? Sucht man nach weiteren Beweisen, dass der Kreis in Indien dem Punkt folgte, sollte man die Kreise betrachten, die Bhāskara 1150 über eine Zahl setzte, die subtrahiert werden sollte: Fünf Jahrhunderte zuvor waren sie von Brahmagupta in Form von Punkten geschrieben worden. Zweifellos vertrugen sich für Bhāskara Punkt und Kreis sehr gut miteinander: »(...) die Stelle, an der keine der neun Zahlen steht, wird durch eine Leerstelle (*śūnya*) angezeigt, die zur Vermeidung von Fehlern durch einen Punkt oder kleinen Kreis markiert wird.«

Die wichtige Frage jedoch ist: Wie weit reicht der Punkt als Null zurück? Solche Fragen wirken immer unkompliziert, bis man versucht, sie zu beantworten. Die Hinweise in arabischen Texten auf indische Werke sind dadurch beeinträchtigt, dass im Arabischen die Null immer als Punkt geschrieben wurde, da für sie der hohle Kreis für die Zahl Fünf reserviert war; die Zahlenlisten, die keine »0« als Symbol hatten, verkleinern sich, wie wir sehen, rapide. Große Bedeutung wurde einem zerfledderten Rechenbuch aus Birkenrinde zugeschrieben, das ein Bauer 1881 in Bakhshālī an der Nordwestgrenze Indiens ausgrub. Es hat viele Punkte als Nullen – die auch hier *śūnya* genannt werden –, aber wie alt ist es? Früher glaubte man, dass es auf das 3. oder sogar das 2. Jahrhundert zurückgehe, aber diese Überzeugung löst sich schneller auf als die Birkenrinden selbst und man nimmt heute an, dass die Abschnitte, in denen Nullen vorkommen, auf das 7. Jahrhundert n. Chr. zurückgehen.

Festeren Grund und ein erstaunliches Bild findet man in einem viel gerühmten Buch, das etwa 620 entstand, die *Vasavadattā* von Subandhu. Darin sagt er, dass die Sterne »aufgrund der Nichtigkeit der Seelenwanderung« den Himmel wie Nullen tüpfeln: Der Schöpfer errechne die Gesamtsumme auf dem tintenblauen Himmel mit einem Stück des Mondes als Kreide. Geht man noch ein Jahrhundert weiter zurück, stoßen wir auf den uns schon bekannten Varāhamihira und seine Synonyme für null. Eins davon war *bindu* (»Punkt«), auch wenn er nur Zahlwörter, keine Symbole verwendete – und es scheint, dass wir den Punkt mit Sicherheit nur bis zu diesem Zeitpunkt zurückverfolgen können. Davor verschmelzen die spärlichen historischen Wegmarken mit Mythen.

Spärlich sind sie, doch etwas findet sich: 270 n. Chr. schrieb jemand mit dem Namen Sphujidhvaja das *Yavanajātaka*, die »Horoskopkunde der Griechen«, eine Versübersetzung eines Prosatextes ins Sanskrit von 150 n. Chr. Das griechische Original, das dem Werk zugrunde lag, stammte fast mit Sicherheit aus Alexandria. In nebeneinander liegenden Sätzen des Textes, der 1978 restauriert wurde, finden wir zwei Erwähnungen der

Zahl 60, einmal als *ṣaṭ binduyutāni*, dann als *ṣaṭ khayutāni*: das heißt, »6 mit 0«, also 60. Das Wort für null ist, wie man sieht, das erste Mal *bindu*, das zweite Mal *kha*. 150 n. Chr., das ist die Zeit von Ptolemäus' *Almagest*. Es ist die Zeit, in der man (wie einst Solon und Polybius) davon sprach, dass ein Tonsymbol – eine Kugel oder Perle – an verschiedenen Stellen unterschiedliche Werte habe. Welchen früheren Beweis – besser noch: welchen besseren Beweis – könnte man sich wünschen, dass der hohle Kreis für *kha* und der ausgefüllte Punkt für *bindu* aus Griechenland nach Indien gelangten?

6 Ins Unbekannte

Wie klar alles nun erscheint, wie sicher … bis wir bemerken, dass wir versucht haben, einen Abgrund zu überbrücken, indem wir uns an den dünnsten Beweisfäden entlang hangelten, so wie einst Stahlkabel über den Niagara-Wasserfall gespannt wurden, indem man zuerst eine Schnur mit einem Drachen auf die andere Seite fliegen ließ, um damit nach und nach immer dickere Seile herüberzuziehen. Wird es uns gelingen, mit unseren Beweisen eine richtige Brücke zu bauen? Sobald die Übersetzung des Textes von Sphujidhvaja veröffentlicht war, wurden die wiederhergestellten beiden Sätze, in denen die Wörter für null vorzukommen scheinen, in Zweifel gezogen. Das *kha* und das *bindu*, die ein Forscher aus dem Geisterreich gerufen hatte, schickte ein anderer heulend dorthin zurück. Soweit ich weiß, pflegen sie dort immer noch mit kaum glaublichen Wesen Umgang und kochen ihr dünnes Süppchen in jenen Töpfen, die, wie uns irische Volksmärchen erzählen, geschmiedet wurden, indem man zuerst eine vollständige Leere suchte, über die dann geschmolzenes Eisen gegossen wurde.

Sollen wir auf unsere Leinwand kritzeln, was Leonardo da Vinci im Alter immer wieder schrieb: »Sag mir, ob jemals *irgendetwas* fertig wurde« (*»Di mi se mai fu fatta alcuna cosa«*)? Sollen wir die Frage passend mit ein paar Punkten enden lassen? Nein, versuchen wir lieber aufs Neue, die Lücke zu schließen. *Bindu*, das »Lücke« bedeutet, bezeichnet schließlich auch »die plötzliche Entwicklung einer Randbegebenheit, die sich wie ein Öltropfen im Wasser ausbreitet, um die Geschichte voranzubringen«. Hier könnten wir genau eine solche Entwicklung vor uns haben: etwas, das uns zwar nicht sagt, ob die Inder den Punkt oder den Kreis für die Null erfanden, wohl aber – viel bedeutsamer –, wie sie über diese Null dachten, sobald sie sie hatten. Bemerkenswerterweise benutzten sie den Punkt nicht nur für null, sondern auch für eine Unbekannte, in der Art, wie wir den Buchstaben x benutzen. So findet sich im Bakhshālī-Manuskript ein Problem, das wir wie folgt ausdrücken würden: »Was ist die ganze Zahl, die man findet, wenn $\frac{27}{8}$ mit 32 multipliziert wird?« Oder:

$$\mathrm{x} = \frac{27}{8} \cdot 32$$

(also $x = 108$), wie folgt:

$$\begin{matrix}\bullet\\ 1\end{matrix}\ \frac{3}{2}\ \frac{3}{2}\ \frac{3}{2}\ \begin{matrix}32\\ \ \end{matrix} = 108$$

(die 1 unter dem Punkt zeigt, dass die Unbekannte eine ganze Zahl ist).

Sie mögen darin keine allzu große Unbekannte erkennen können, da es sich schlicht um die Frage handelt, was

$$\frac{27}{8} \cdot 32 \text{ ist.}$$

Aber ein anderes Problem im Bakhshālī-Rechenbuch wird das vertraute flaue Gefühl im Magen, das Sie noch aus Ihren Schultagen kennen, wieder aufleben lassen:

> B gibt zweimal so viel wie A, C dreimal so viel wie B, D viermal so viel wie C. Zusammen geben sie 132. Wie viel gibt A?

Die Methode, die zur Lösung dieses Problems gezeigt wird, ist genial:

> Nimm 1 für die Unbekannte (*śūnya*). Dann ist A = 1, B = 2, C = 6 und D = 24. Ihre Summe ist 33. Teile 132 durch 33 und die Antwort (4) ist das, was A tatsächlich gibt.

Wir würden es so ausdrücken: x soll für das stehen, was A gibt. Dann gibt B $2x$, C gibt $6x$ und D gibt $24x$. Dann haben wir die Gleichung $x + 2x + 6x + 24x = 132$ oder $33x = 132$. Folglich ist $x = \frac{132}{33} = 4$.

Wir können die früheste Verwendung eines Punktes als Unbekannte nicht genau festmachen. Brahmagupta nannte 630 n. Chr. seine Variable »so viel wie« (*yāvat tāvat*, abgekürzt *ya*); und wenn er mehr als eine Variable brauchte, wie wir *x*, *y* und *z* benutzen, gab er ihnen Farbnamen: schwarz, blau, gelb, weiß, rot (abgekürzt: *ca*, *ni*, *pi*, *pa*, *lo*). Doch es kam die Zeit, als ein indischer Mathematiker aus der Legende trat und kein Problem mehr darin sah, sowohl das Nichts als auch das Etwas *śūnya* zu nennen, und dieser Gebrauch hielt sich. Wie konnte das sein? Der amerikanische Logiker Willard van Orman Quine wies einmal darauf hin, dass »nichts« und »etwas« falsche Substantive sind, die sich zwar grammatikalisch, aber nicht logisch wie Substantive benehmen. Substantive benennen Dinge, schrieb er, und ein Ding kann zum Beispiel nicht sowohl rot als nicht rot sein. Aber »etwas ist rot« und »etwas ist nicht rot« sind beides wahre Aussagen. (Von Quine wird die Geschichte erzählt, dass er einem Pianisten, der gerade Mozart gespielt hatte und sich für eine falsche Note entschuldigte, versicherte, dass er gerade etwas anderes perfekt gespielt habe.)

Was kann in einem Moment nichts und im nächsten etwas sein und doch in der Gegenwart von irgendetwas verschwinden? Das klingt wie eine Scherzfrage, die unsichere Leute auf Partys stellen, aber tatsächlich ist es das Rätsel, das dem indischen *śūnya* zugrunde liegt. Die Antwort ist, dass wir dieses Wort immer falsch mit »leer« übersetzt haben. Für die Hindus gibt es jedoch kein unqualifiziertes Nichts. Im gleichen Geist wie unsere physikalischen Erhaltungssätze kann Materie für sie nicht verschwinden, sondern nur ihre Form oder ihr Wesen verändern: Diese Fülle – *brahman* – durchdringt das Universum und kann genauso wenig anwachsen oder abnehmen wie das »absolute Element«, das im Buddhismus eine ähnliche Rolle spielt und nur vom Zufälligen frei (*śūnya*) ist.

Oder drücken wir es so aus: Es ist, als gäbe es für sie eine eigenschaftslose Schicht hinter den Erscheinungen, die jedoch den Charakter ihrer jeweiligen Umgebung annimmt und sich unseren Interpretationen fügt, so wie Ambergris flüchtige Düfte aufnimmt und bewahrt und uns das Parfüm schenkt. *Śūnya* ist somit nicht so sehr eine Leere als vielmehr eine Aufnahmefähigkeit oder Empfänglichkeit, ein mutterleibartiger Hohlraum, der bereit ist anzuschwellen – und tatsächlich stammt das Wort von der Wurzel *śvi-* mit der Bedeutung »schwellen«. Das sinnverwandte *kha* stammt von dem Verb »graben« und trägt so die Bedeutung »Loch« in sich: etwas, das gefüllt werden muss. Und zwei Bezeichnungen für *brahman – ākāśa* und *pūrṇa* – erscheinen auch als Namen für null: die erste bei Varāhamihira, Brahmagupta und Mahāvīra, die zweite später bei Bhāskara.

Dies ist die Null des Rechenbretts: eine bereits vorhandene Spalte, aber noch ohne Rechensteine darin. Dies ist die Null der Platzhalterschreibung, die selbst keinen Wert hat, sondern aufgrund ihrer Gegenwart anderen Zahlen Wert verleiht. Die gleichen Eigenschaften gehören der Variablen, der Unbekannten: ein Potenzial, das sich in den verschiedenen Umgebungen der Gleichungen, zu denen sie gehört, unterschiedlich realisiert. Die sich im Hintergrund vollziehende Verschiebung geht von Rechensteinen, die ihren Wert daraus beziehen, an verschiedenen Stellen zu liegen, zu einer einzigen, empfänglichen Stelle, deren jeweilige Umgebung ihren verborgenen Wert offenbart. So lässt man am Passahfest einen Platz für Elija frei. Er könnte in Form eines Bettlers kommen, oder um das Ende der Tage zu verkünden. Wie Krishna, den ein Milchmädchen in E. M. Forsters Roman *Auf der Suche nach Indien* in ihrem Lied anruft, könnte es ihn auch überhaupt nicht kümmern zu kommen.

Dieser Sinn von *śūnya* passt zur Logik Mahāvīra, wo die Betonung auf das zweideutige und unbestimmte Wesen der Erscheinungen fällt und diese wieder mit ihrem Ursprung im Möglichen verbunden werden. Durch diese Bedeutung verstehen wir auch ein anderes Grußwort besser, das sich am Anfang des Buches von Bhāskara über die Mathematik, *Vījagaṇita*, findet: »Ich verehre«, so schreibt er, »den unsichtbaren Urstoff (...) denn er ist das einzige sichtbare Element von allen (...) Die Arithmetik bekannter Größen (...) ist auf diejenige der unbekannten gegründet; und (...) Fragen, die gelöst werden sollen, können ohne die Verwendung der unbekannten Größe von kaum jemanden verstanden werden, und überhaupt nicht von jenen, die dumpfe Befürchtungen hegen (...).«

Sind unsere Punkte nicht alle wie durch einen Trichter zurück nach Indien gekugelt? Wurden die Null und die Variable nicht in Wahrheit dort geboren, Zwillingsgeburten von *śūnya* und das offenbar einzigartige indische Verständnis der Leere als einer Empfänglichkeit? Vielleicht hatte Spengler am Ende doch Recht, dass nur die indische Kultur geeignet war, diese Begriffe hervorzubringen.

Aber wie bei einer Sanduhr kehrt sich der Trichter um und der Strom von Punkten fließt zurück ins alte Griechenland. Das Problem, wenn man Buchstaben an Stelle von Zahlen benutzt, liegt darin, dass man sie durch irgendein Zeichen von Wörtern unterscheiden muss. Die Linie, die die Griechen über solche Buchstabenreihen zogen (siehe Seite 27), wurde häufig durch kurze Striche oder sogar kleine Schleifen über jedem einzelnen unterbrochen: So stand $\overline{\mathrm{X}}$ oder $\breve{\mathrm{X}}$ für 600. Einige Schreiber benutzten stattdessen einen oder mehrere Punkte vor oder nach dem Buchstaben: ·X· für 600; :τ ι η: oder ⁝τ ι η⁝ für 318. Üblicherweise erhöhte man den Zahlenwert um 1000 mit einem kleinen Zeichen zur Linken des Buchstabens: β war 2, aber ,β 2000. Zuweilen wuchs dieser Strich aus dem Buchstaben heraus oder wurde über ihn gesetzt: À und Á bedeuteten beide 1000. Die Vorliebe für diese Striche kannte keine Grenzen. Brüche wurden manchmal angezeigt, indem man einen Strich zur Rechten und über das Zeichen setzte, so dass γ 3 bedeutete, aber γ′ (oder manchmal γ^{+} oder sogar γ″) $\frac{1}{3}$. Archimedes schrieb $\frac{10}{71}$ auf diese Weise: $\bar{\iota}$ οα′; ι war der Zähler, 10; ο war 70 und α 1, beides zusammen also 71, und der Strich zeigte an, dass diese Zahl im Nenner stand. Wieder wundert man sich, wie er mit solchen Mitteln seine komplizierten Berechnungen ausführen konnte.

Die Triade der großen alexandrinischen Mathematiker des 2. und 3. Jahrhunderts – Heron, Pappos und Diophantos – lebte an einem günstigen Ort, um die Inder mit ihren Werken zu beeinflussen, und ihre Schreibweise liegt noch näher an dem, was uns interessiert. Diophantos trennte, wie wir uns erinnern, seine Myriaden von seinen Einern, indem er das Zeichen $\overset{\circ}{\mathrm{M}}$ zwischen sie setzte. Aber er und Pappos schrieben an dieser Stelle zuweilen einfach nur einen Punkt, so dass β·οδ zum Beispiel für 20074 stand. Tatsächlich multiplizierte dieser Punkt alles zu seiner Linken mit 10000 und verhielt sich folglich wie ein Vetter der Null. Heron, der die erste Dampfmaschine erfand und über die Kunst schrieb, Automaten herzustellen, multiplizierte seine Einer mit 10000, indem er zwei Punkte über sie setzte: α war 1, aber α̈ war 10000. In einer anderen altgriechischen Schreibweise ging diese Reihe weiter: Jeder neue Punkt multiplizierte den Wert mit 100. Stammte die hebräische Konvention, zwei Punkte über eine alphabetische Zahl zu setzen, um ihren Wert um 1000 zu erhöhen und solche Zahlen durch kleine, darunter gesetzte

Akzente von Wörtern zu unterscheiden, von den Griechen, oder war es umgekehrt?

Vor sehr langer Zeit benutzten die Griechen Punkte auf eine Weise, wie wir es später bei den *ġubārī*-Ziffern sahen. Ich habe argumentiert, dass indische Mathematiker für die Null und die Variable dasselbe Zeichen hatten, weil sie sich beides als ein ungefülltes Gefäß vorstellten. Wenn wir jetzt zu den Griechen zurückgehen, müssen wir nicht nur zeigen, dass sie einen Punkt für die Null benutzten, sondern dass sie auch mit einer Unbekannten arbeiteten und dasselbe Symbol dafür verwendeten wie für null. Außerdem müssten wir zeigen, dass sie dafür Gründe hatten – ob sie denjenigen der Hindus nun ähnelten oder nicht.

Tatsächlich war die Unbekannte lange zuvor in Babylon – wie soll man es nennen? – entdeckt oder erfunden worden und tauchte dort hie und da in kleinen Rätseln auf. Häufiger verwendet wurde sie bereits zu Zeiten Platons, als der Pythagoreer Thymaridas erkannte, wie man gewisse Gleichungssysteme mit mehreren Unbekannten auflösen konnte. Diese Regel war als »Blume des Thymaridas« bekannt. Wer kann sagen, warum wir danach bis in alexandrinische Zeiten kaum noch etwas von der Unbekannten hören? War dies Teil der pythagoreischen Geheimhaltung? Doch als wir wieder von ihr hören, entfaltet sie für uns eine ganz besondere Blüte.

Diophantos nennt es *arithmós* (ἀριθμός), »Zahl«. Nach seiner Definition enthält sie »eine unbestimmte Vielzahl von Einheiten«; in der Verwendung des Wortes »unbestimmt« (ἀόριστος*)*, erkennen wir eine gewisse Kontinuität zu Thymaridas sechs Jahrhunderte zuvor. Und welches Symbol benutzt er dafür? Gelegentlich ч, und wir erinnern uns, dass dies (siehe Seite 28) in einigen spätbyzantinischen Texten das Zeichen für null war. Aber gewöhnlich zog er die ersten oder letzten beiden Buchstaben des Wortes »unbestimmt« zu einer Form wie dieser ς zusammen, gelegentlich ς° – und manchmal einfach °! Nicht nur Diophantos, sondern die Griechen seiner Zeit benutzten dieses Symbol; es gibt zum Beispiel eine Form davon in einem Papyrus von 154 n. Chr. Schäumte der kleine Kreis hier wie das Zeichen für Grad (siehe Seite 28) hoch und hoppelte auf der Woge dieser alexandrinischen Werke bis nach Indien? Gewiss ist die Gegenwart von Diophantos hier spürbar: diese raffinierte Art, ein Problem zu lösen, indem man für seine Unbekannte 1 einsetzt, wie wir es im Bakhshālī-Manuskript sahen, taucht bereits früher bei Diophantos in einem komplizierteren Problem auf.

Und die schwangere Leere? Etwas erstaunlich Ähnliches findet man bei Aristoteles, aber mit zwei seltsamen Verdrehungen. Er sagt, dass es ein verbreiteter Glaube sei, ein »Leeres (…) sei der Ort, in welchem kein Körper sei«, ein Ort, der nur zeitweilig seines Inhalts beraubt ist. Das klingt also, als ob der Lehrer Alexanders des Großen das *śūnya* der Hindus perfekt vorweggenommen hätte. Die erste Verdrehung, die mehr über Aristoteles sagt als über *śūnya*, besteht darin, dass er selbst auf diese Definition gekommen zu sein scheint und sie seinen Vorgängern untergeschoben hat. Nun gut, aber selbst wenn es kein »verbreiteter Glaube« unter den Griechen war, steht es so in seiner *Physik* und fand in dieser Form durch die Jahrhunderte ein Echo in der Gelehrtenwelt. Die zweite Verdrehung jedoch verwandelt die Leere in einen gordischen Knoten, denn kaum hat Aristoteles sie definiert, existiert sie schon nicht mehr! Leere ist ein Ort, wo ein Körper sein kann; aber bei ewigen Dingen – und die Elemente, die Stoffliches bilden, sind ewig – gebe es, so sagt er, keinen Unterschied zwischen dem möglichen und dem tatsächlichen Sein, so dass alle Orte besetzt seien. Und im Übrigen hatte er das Thema der Leere nur angeschnitten, um zu zeigen, dass er sie nicht brauche, um Bewegung zu erklären. Tatsächlich wäre ihr Vorhandensein ein Hindernis für seine Theorien gewesen, und so verwarf er sie. Kann aus einer Definition von etwas, das keine Realität hat, ein lebendiger Begriff entstehen?

Glücklicherweise müssen wir diese Frage nicht beantworten, denn so viel Beachtung die *Physik* von Aristoteles auch fand, war ihr Echo doch bis weit ins 12. Jahrhundert hinein nicht lauter als ein Flüstern im Vergleich zu Platons *Timaios.* Dieser späte Dialog Platons, geschrieben um 350 v. Chr., setzte die Leser seither in Erstaunen. Was bedeutet er, und in welcher Weise vermittelt er seine Botschaft? Im ersten Jahrtausend nach seiner Niederschrift wurde er als Werk von großer visionärer Mystik betrachtet, dessen Botschaft erst offenbar werden konnte, wenn man in mystische Geheimnisse eingeweiht war.

Beinahe in seiner Mitte liegt für uns die Offenbarung. Timaios – vielleicht ein pythagoreischer Astronom und Mathematiker, vielleicht eine reine Erfindung Platons – hat eine detaillierte Kosmogonie dargelegt und fühlt sich gezwungen, erneut zu beginnen, nachdem sich das Gespräch vertieft hat. Zuvor hatte er vom Seienden und vom Werden gesprochen. Nun wird ihm klar, dass es einen dritten Faktor bei der Erschaffung des Kosmos gibt:

> »(...) doch jetzt scheint die Untersuchung zu dem Versuche uns zu nötigen, eine schwierige und dunkle Form durch Reden zu erhellen. Welche Kraft nun, wollen wir annehmen, hat sie ihrer Natur gemäß? Vor allem eine derartige, dass sie allen Werdens bergender Hort sei wie eine Amme.«

Er findet es schwierig, das Wesen dieses Hortes oder Gefäßes zu erklären – wie jeder, der zum ersten Mal versucht, die Begriffe »Variable« und »Unbekannte« zu verstehen, wie es Platon meiner Meinung nach hier in Gestalt des Timaios versucht. Er spricht von seinem Wesen als etwas, das alle Körper aufnimmt:

> »Nimmt sie doch stets alles auf und hat nie und in schlechterdings keiner Weise eine irgendeinem der Eintretenden ähnliche Gestalt. Denn ihrer Natur nach liegt sie für alles als Prägemasse bereit, die durch die eintretenden Dinge bewegt und gestaltet wird und durch jene bald so, bald anders *erscheint*.«

Immer noch damit ringend, den Begriff auszudrücken, zieht er den Vergleich zu einer Mutter und fährt fort:

> »Darum muss auch von allen Formen frei sein, was alle Arten in sich aufnehmen soll. Wie man bei allen Salbölen, die wohlriechend sind, zuerst künstlich dafür sorgt, dass eben dies *gewährleistet* ist: man macht die Flüssigkeiten, die den Duft aufnehmen sollen, möglichst geruchfrei (...), wenn wir es [das heißt die Mutter und Aufnehmerin] ein unsichtbares, gestaltloses, allaufnehmendes Gebilde, das aber auf irgendeine irgendwie höchst unerklärliche Weise am Denkbaren teilnimmt und äußerst schwierig zu fassen ist, nennen, so werden wir nichts Falsches sagen.«

Dann, ohne Vorwarnung, identifiziert er plötzlich dieses Allaufnehmende mit dem Raum!

> »[der Raum], immer seiend, Vergehen nicht annehmend, allem, was ein Entstehen besitzt, einen Platz gewährend, selbst aber ohne Sinneswahrnehmung durch ein gewisses Bastard-Denken erfassbar (...) Dies also sei als aufgrund meiner Stimmabgabe berechnete Aussage zusammenfassend gegeben: Es gebe Seiendes, Raum, Werden, drei verschiedene Dinge, sogar noch bevor der Himmel entstand.«

Timaios hatte uns gesagt, dass es schwierig werden würde. Die lange Zeit, die seither verstrichen ist, und der Verlust des Kontextes haben es nicht leichter gemacht, und Platon könnte den Gegenstand bewusst verdunkelt haben, um uns zu bewegen, die Ideen selbst durchzuarbeiten – oder sie vor jenen zu bewahren, die nicht gewillt sind, durch diese Initiation zu gehen. Und doch ist der Sinn in Umrissen erfassbar und ähnelt stark den Auffassungen, die wir bereits aus dem aristotelischen und indischen Blickwinkel gesehen haben. Das Wort, das Platon für Raum benutzt (χώρα, *chóra*), trägt den Sinn eines Gefäßes, das darauf wartet, gefüllt zu werden, wie die aristotelische Leere und das indische *śūnya*. Und womit füllt Platon es? Mit Zahlen! Genauer, mit den verschiedenen Elementen, die aus solchen Zahlenfiguren bestehen sollen, wie wir sie auf Seite 31 gesehen haben.

Wir sind gewohnt, uns die Unbekannte in einem algebraischen Kontext zu denken, und das ist es schließlich, wovon die Algebra handelt: Gleichungen mit Zahlen und Unbekannten und das Bemühen, die Werte der Unbekannten herauszufinden. Aber Platons Intuition war geometrischer Art, und was wir hier vor uns haben, erscheint mir wie die perfekte geometrische Analogie von Algebra, mit Zahlenfiguren, die durch den leeren Raum sickern. Um dem unbestimmten Charakter dessen gerecht zu werden, was die Amme trägt, sollten wir Platon zufolge die Elemente darin – die Luft, die aus Oktaeder, das Wasser, das aus Isosaeder besteht – nicht mit festen Namen benennen, sondern sie als das »So-beschaffene« (τὸ τοιοῦτον, *tò toioũton*) bezeichnen. Vielleicht geht Brahmaguptas Bezeichnung für die Unbekannte, *yāvat tāvat* (»so viel wie«), teilweise auf diese platonische Benennung zurück. Platon betont sogar den mathematischen Charakter seiner Darstellung, indem er Timaios diesbezüglich zweimal sinngemäß sagen lässt, es seien, wie er es »berechne« oder »zusammenrechne«, Übersetzungen von griechischen Sätzen mit dem Wort *psēphos* (ψήφος »Stein«) für Rechenstein. Der zweite Satz enthält zudem das Verb zu »Logistik«, die (siehe Seite 30) verachtete Rechenkunst.

Rechnen wir dies nun unserseits zusammen, können wir sagen, dass sich die Philosophen im klassischen Griechenland kurz vor der Verbreitung ihres Denkens in Indien mit Problemen beschäftigten, die einen angemessenen Rahmen für eine ähnliche Betrachtung der Null und der Unbekannten boten, so dass es uns nicht überraschen sollte, dass sich die Symbole für beide vermischten.

Das lockerste Glied in unserer Beweiskette aus Blumen, Blasen und Ammen besteht also darin, dass dieses Symbol unter den Griechen eher ein Kreis als ein Punkt war, in Indien aber mehr Punkt als Kreis. Könnten die Zeichen also ursprünglich unabhängig voneinander gewesen sein, so dass der Begriff der Null nicht übernommen wurde, sondern aus dem natürlichen Bestand jeder der beiden Kulturen erwuchs? An dieser Stelle können wir eine letzte Vermutung äußern, die die vorangehenden verbinden könnte – wobei wir im Hinterkopf behalten sollten, dass die Spekulation und die Forschung wie zwei Brüder sind, die im selben Haus leben, deren unterschiedlicher Charakter jedoch zu einem distanziert-förmlichen Verhältnis zwischen ihnen geführt hat. Es beginnt mit den *apices* von Gerbert. Wir erinnern uns, dass er aus diesem oder jenem Grund einen Rechenstein für null hatte und dass darauf ein seltsames Symbol stand: ^⃝. Eben dieses Symbol taucht von Zeit zu Zeit im Mittelalter auf, sieht wie der griechische Buchstabe Theta (θ) aus und wurde folglich, so könnte man meinen, auch *theca* genannt. 1291 erklärte Petrus von Dacia seinen Ursprung in dem Brandzeichen, das Verbrechern auf Wange oder Stirn gebrannt wurde – denn man brauchte wohl eine Stange, um das Eisen mit dem Griff zu verbinden. Und Verbrecher waren die Nullen der Gesellschaft. Noch heute bezeichnen wir einen Taugenichts oder Verlierer als »Null«.

Nun gab es einen gelehrten Mann namens Adelard von Bath, der im frühen 12. Jahrhundert England verließ, um Privatlehrer in der französischen Stadt Laon zu werden. Er spielte Kithara, die altgriechische Zither, vor der Königin von Frankreich, ging nach Spanien, um in Toledo zu studieren, lernte etwas Arabisch und ging als Mohammedaner verkleidet nach Córdoba. Und wie viele Engländer nach ihm zog es ihn nach Osten. Wir sehen ihn flüchtig bei einem Gespräch mit einem Philosophen über Magnetismus außerhalb von Salerno, dann auf der Überfahrt nach Griechenland und weiter nach Kilikien in Kleinasien und nach Syrien. Dort bemerkt er, dass Licht schneller ist als Schall. Dann wieder steht er auf einer Brücke in der Nähe von Antiochia, heftig durchgeschüttelt von einem Erdbeben, das viele Städte in der Levante dem Erdboden gleich machte.

Als er schließlich wieder nach Hause zurückkehrte, war er bereits von den ersten Vorzeichen des Renaissance-Denkens berührt: »Wenn Ihr irgendetwas von mir hören wollt«, sagte er, »gebt und empfangt Vernunft.« Mit sich führte er kostbare Manuskripte, die wahren Schätze des Ostens: eine Abhandlung über Alchimie, nur dürftig verkleidet als Text über das Mischen von Farben – obwohl es auch ein Rezept für Sahnekaramellen enthielt –, Werke darüber, wie man unter Wasser Fundamente legt und wie man Gewölbekonstruktionen richtig baut. Er schrieb selbst ein Buch über Falknerei in Form eines Dialogs mit seinem Neffen. Im späteren Leben trug er den grünen Umhang und Smaragdring des Astrologen und stellte König Stephen Horoskope.

Aber er brachte auch mathematische Werke mit – »gefährliche sarazenische Magie«, nannte sie William of Malmsbury –, die er und später, wie es scheint, sein irischer Schüler, ein gewisser N. O'Creat, aus dem Arabischen übersetzte: die 13 Bücher des Euklid und astronomische Tabellen des großen Muhammad Ibn Musa al-Ḫwārizmī, der mittellateinisch Algorismi genannt wurde. In ihren Übersetzungen finden wir drei verschiedene Symbole für null: θ (Theta), das vertraute ō und τ̄, dass er *teca* nennt.

Theca ist schon keine nahe liegende Verwandlung von *Theta*, und nun haben wir hier auch noch *teca*. Gibt es eine plausiblere Erklärung? Es gibt sie. *Theca* bedeutet auf Griechisch »Gefäß«; und wenn man es in den griechischen Großbuchstaben schreibt, sieht es so aus: ΘΗΚΗ. Man betrachte den ersten Buchstaben, Theta, ein Punkt in einem Kreis. So stellt ihn Radulph von Laon um 1100 dar und beschreibt ihn als das Symbol, das für keine Zahl steht und dessen Name *sipos* sei – wir erinnern uns an Gerberts *sipos* für null, das dem griechischen *psēphos* für Rechenstein so ähnlich ist (Adelard nannte es *sipocelentis*). Zu dieser Zeit nennt es Rabbi bin Ezra sowohl *sifra* wie *galgal*, das hebräische Wort für »Rad«, und das indische *kha* bezeichnet auch das Loch in der Radnabe, in dem die Achse läuft.

Vielleicht haben wir gerade durch das dunkle Zeitalter hindurch einen Schimmer aus einer Zeit erhascht, von der uns 1000 Jahre trennen: die Verschmelzung zweier Symbole zu einem. Oder ist dies eine koboldhafte Null, die uns in die Irre führt?

7 Ein Paradigma wechselt

Geschichte unterscheidet sich von Rätselgeschichten insofern, als alle ihre Fährten in gewisser Weise wahr sind. Es war schon, wie wir gesehen haben, ein Glücksspiel, den Irrungen und Wirrungen der Kindheit der Null nachzuspüren und selbst noch die Formen zu ergründen, die sie annahm. Aber wie Quines Pianist könnten wir dabei etwas anderes perfekt gespielt haben. Denn allem, was wir bisher gelernt haben, ist eines gemein: Trotz ihrer Macht, das Reich der Zahlen auszudehnen, haben wir noch nicht gesehen, dass die Null selbst als Zahl behandelt wird. Sie entwickelte sich aus einem Interpunktionszeichen und behielt lange den Charakter eines über die Zahlen gesetzten Zeichens: Sie war genauso wenig eine Zahl, wie ein Komma ein Buchstabe ist. Selbst noch im Indien des 12. Jahrhunderts schrieben Bhāskara und seine Kommentatoren die Erfindung der neun Ziffern dem wohltätigen Schöpfer des Universums zu; sie unterschieden davon aber dessen Erfindung des Stellenwertsystems, durch das man mit diesen Ziffern alle Zahlen schreiben kann – unter Verwendung der Null, die man – ob als Punkt oder kleiner Kreis – an jene Stellen setzte, wo keine Zahl hingehörte, »um Fehler zu vermeiden« (siehe Seite 66). Unser gebräuchliches Wort »null« stammt von dem mittellateinischen Ausdruck *nulla figura* (»keine Zahl«), und ein Franzose, der im 15. Jahrhundert schrieb, brachte die volkstümliche Ansicht darüber sehr schön zum Ausdruck: »So wie die Stoffpuppe ein Adler sein möchte, der Esel ein Löwe und der Affe eine Königin, so tat die Null vornehm und gab vor, eine Zahl zu sein.«

Auf dem Karussell von Ursachen und Wirkungen trugen mehrere Faktoren dazu bei, die Null von den Zahlen abzugrenzen. Jede Zahl gehört zu einer spezifischen Sammlung von Dingen, aber die Null gehört zu keinem Ding. Daher ihre leichte Verbindung mit dem Zeichen und Begriff der »Variablen«, eine Verbindung, die dann dazu beitrug, die Unterscheidung zu verstärken. Zu beachten ist auch, dass die Null häufig im Kontext mit Subtraktion und negativen Zahlen auftaucht; es ist also kein Zufall, dass Bhāskara einen kleinen Kreis über eine Zahl schrieb, die subtrahiert werden sollte. Jeder Fünfjährige wird einem erzählen, das negative Zahlen überhaupt keine Zahlen sind, und die Stammesentwicklung spiegelt die Entwicklung des Individuums insofern, als es lange dauerte, bis negative Zahlen anerkannt wurden. Liegt es daran, dass wir uns die Negation, die die Null in das gefährliche Land der Halbwesen hinüberzieht, schwerer vorstellen können und weniger leicht begreifen als die Affirmation? Sehen wir den Dingen ins Auge: Die rückläufige Bewegung bei der Subtraktion machte das Zählen, das schon schwer genug war, völlig verwirrend, wie jeder weiß, der schon einmal zu der Überzeugung verführt wurde, elf Finger zu besitzen: fünf an der linken Hand und – wenn man rückwärts zählt – 10, 9, 8, 7, 6 an der rechten, so dass wir 6 + 5 = 11 haben. Doch ohne die Subtraktion würden uns schöne Rätselaufgaben wie diese fehlen: Vier Leute sind in einem Zimmer, und sieben verlassen es. Wie viele müssen vorher hineingehen, damit das Zimmer leer ist? Antwort: drei.

Die Beteiligung der Null an den *Operationen* von Addition und Subtraktion entfremdete sie den Quasi-Objekten, zu denen sich die Zahlen entwickelten, noch mehr. Das lag nicht nur an der Leere, die zurückblieb, wenn man Rechensteine aus einer Zahlenreihe entfernte. Die Null war, wie gesehen, ein flüchtiger Zustand von Teilen des Rechenbretts: Sie wurde eher zu einer Handlung als einem Objekt, eher zu einem Verb als einem Substantiv. Mahāvīra brachte dies lebhaft zum Ausdruck, als er sagte, die »Null *wird* das Gleiche wie das, was ihr hinzugefügt wird«.

Aber Mahāvīra und den indischen Mathematikern, auf die wir in sechs Jahrhunderten fragmentierter Zeit gestoßen sind, gelang weit mehr, als nur einen flüchtigen Abglanz der Null zu erfassen. Sie begannen zu beschreiben, wie sich die Null zu anderen Zahlen verhält und sich diese Zahlen wiederum zueinander verhalten. Diese Beschreibungen nahmen die Gestalt von Gesetzen an, die ihre Interaktion beherrschten. Die Wirkung dieser Gesetze war nicht nur, die Null und die Zahlen einander näher zu bringen, sondern unser Verständnis der Zahlen selbst zu verändern, indem sie ein ideales Land schufen, zu dem sie – und wer weiß welche anderen Spezies und neuen Landschaften – gehörten. Dies war die ganz eigene und großartigste Errungenschaft der indischen Mathematiker.

Welche Anforderungen muss ein Immigrant, der in die Republik der Zahlen kommt, erfüllen, um die Staatsbürgerschaft zu erwerben? Man denke sich zum Vergleich, wie es sich mit der Einbürgerung von neuen Wörtern und Ideen verhält. Neue Wörter springen wie junge Hunde ständig um uns herum – in einem Jahr ist etwas »Kult«, im nächsten »in«. Aber nur wenige bürgern sich über die Jahre dauerhaft ein und noch weniger erreichen den ehrwürdigen Status, dass wir uns gar nicht mehr vorstellen können, ohne sie zu leben. Und die Einbürgerung von Ideen, großen wie kleinen? Wo war »Flower Power« vor 50 Jahren, und wo steht sie heute? Von welcher Furcht, Faszination und Abscheu war der langsam zunehmende Einfluss der Freudschen Psychoanalyse begleitet, bis sie schließlich zum Kanon wurde, und wie schnell fiel sie auseinander: Wer hat heute noch Komplexe und fixiert seine Libido auf eine Vaterfigur?

Aber die Republik der Zahlen ist noch weit konservativer als das Reich der Sprache und Ideen: schweizerisch in ihrem Widerwillen, Neubürger zu akzeptieren, mafiaartig in ihrer Weigerung, sie jemals wieder gehen zu lassen, wenn sie einmal dazugehören. Man denke an die irrationalen Zahlen, das schuldhafte Geheimnis der Pythagoreer, deren Offenbarung das griechische Selbstbewusstsein im Innersten erschütterte. 25 Jahrhunderte später können wir auf sie nicht verzichten, obwohl immer noch darüber diskutiert wird, in welchem Sinn sie existieren. Und imaginäre Zahlen? Mathematiker, die Drahtseilakte lieben, begannen schon zur Zeit von Heron und Diophantos über die Quadratwurzel von negativen Zahlen nachzudenken, aber wann immer sie sich als Lösungen von Gleichungen präsentierten, wurden sie als fiktiv und die Gleichungen als unauflösbar bezeichnet. Dann, in der Renaissance, fing man an, mit ihnen zu rechnen, so fiktiv sie auch sein mochten. 1673 sagte der große Kryptograph John Wallis, dass sie zwar imaginär sein mochten, aber nicht weniger unmöglich seien als negative Zahlen. Und heute tummeln sie sich mit den realen Zahlen auf der Straße und ziehen nicht einen einzigen schrägen Blick auf sich, obwohl sie noch das Paria-Zeichen ihres Namens tragen.

Es charakterisiert die lebendige Aktivität der Mathematik, dass etwas, um als Zahl eingebürgert zu werden, mit den bereits vorhandenen Zahlen gesellig werden und mit den Eingeborenen zumindest Höflichkeiten austauschen können muss. Es muss mit ihnen in allen vertrauten Formen kombinierbar sein. Damit die Null eine Macht mit dem gleichen Status werden kann wie das, was sie ermächtigt hat, müssen wir zuerst einmal verstehen, wie wir mit ihr addieren, subtrahieren, multiplizieren und dividieren. Und genau das taten die indischen Mathematiker. Damit trugen sie zu einem bedeutenden Wandel bei – ich sage nicht, der Weltsicht, was nicht mehr in Mode ist, sondern der Paradigmen. Sie taten dies, indem sie Rezepte mit einem Wirrwarr von Zutaten durch Regeln für ein paar einfache Gerichte ersetzten. Als die Kunst des Rechnens eine Ahnenreihe von Theorien entwickelte, bewegten sich die Null und die Zahlen aufeinander zu.

Solche Paradigmenwechsel vollziehen sich langsam und verbergen sich häufig schon in jenen Methoden, die sie schließlich obsolet machen werden. So kann Brahmagupta 600 n. Chr. einerseits ganz bündig sagen, dass jede Zahl minus sie selbst null ist; andererseits ringt er um Generalisierung, wo es darum geht, null zu einer Zahl zu addieren: »Die Summe von Zero und negativer Zahl ist negativ; von positiver und nichts positiv; von zwei Zeros null.« Diese Übersetzung bewahrt in ihren unterschiedlichen Begriffen für dieselbe Sache etwas von Brahmaguptas mangelndem Abstand. Bei der Ausformulierung von Regeln für die Subtraktion lässt er die gleiche und hier angemessenere Sorgfalt walten: »(…) eine negative Zahl von null subtrahiert wird positiv; eine positive wird negativ; eine negative minus Zero ist negativ; eine positive ist positiv; null: nichts.« Es ist, als würde ein Musiker lernen, dass G die Dominante in C-Dur, C in f-Moll, A in d-Moll und so weiter ist, ohne je zu bemerken, dass die Dominante immer der fünfte Ton der Tonleiter ist.

Mathematiker schätzen elegante Lösungen. Fünf Jahrhunderte später formulierte Bhāskara die Regeln von Brahmagupta mit eleganter Sparsamkeit um: »Bei der Addition oder Subtraktion mit Zero bleibt die Menge, ob positiv oder negativ, gleich. Aber von Zero subtrahiert, kehrt sie sich um.« Er schrieb dies, als er 36 war, zusammen mit einem Buch, dass er *Līlāvatī* (»bezauberndes Mädchen«) nannte – vielleicht weil es voller bezaubernder Probleme war wie diesem: »Wunderschönes und liebreizendes Mädchen, dessen Augen wie die eines Rehkitzes sind! Wenn du in Multiplikation geübt bist, so sag mir, was ist 135 mal 12?« Solche Mathebücher werden heute einfach nicht mehr geschrieben!

Mahāvīra lebte zeitlich fast genau zwischen beiden, um 830 n. Chr. Er meinte, wie wir uns erinnern, dass die Null die schützende Färbung dessen annahm, was ihr begegnete. Passt dies nicht gut zu dem jainistischen *syādvāda*, wo Erscheinungen keine eigenständige Realität zukommt? Weiter führt er aus, dass »eine Zahl mit null multipliziert null gibt und dass diese Zahl unverändert bleibt, wenn null (...) von ihr abgezogen wird«. Brahmagupta vor und Bhāskara nach ihm stimmten zu.

Aber mit meinen drei Auslassungspunkten habe ich gerade ein Thema leichthändig übergangen, über das sie sehr unterschiedlicher Meinung waren: die Teilung mit null. Wie sicher sind wir selbst uns, wie die Antwort lautet, und warum? Hören wir, was Mahāvīra sagt: »Eine Zahl bleibt unverändert, wenn sie durch null geteilt wird.« Sein englischer Übersetzer versuchte, seine falsche Behauptung zu entschuldigen, da Mahāvīra »offensichtlich glaubt, dass eine Teilung durch null überhaupt keine Teilung sei«. Ja, stimmt das? Da man die Multiplikation schlicht als Addition betrachten kann (5 · 4, könnte man sagen, sind fünf zusammenaddierte Vieren), könnte er an die Teilung als schlichte Subtraktion gedacht haben (20 ÷ 5 läuft darauf hinaus, die 5 viermal von 20 abzuziehen)? Wenn ja, dann bedeutete die Teilung durch null, null von dieser Zahl abzuziehen, wodurch sie tatsächlich unverändert bliebe. Natürlich hätte ihn diese Analogie zu der Frage führen sollen, wie oft 0 von 20 abgezogen werden kann, nicht, was das Ergebnis der Subtraktion mit 0 ist; aber wie gesehen verdunkelt das Rückwärtsdenken bei der Subtraktion den Geist.

Brahmagupta ist in bezeichnender Weise vorsichtig:

> »Positive oder negative Zahl, wenn durch null geteilt, ist ein Bruch mit null als Nenner [er nennt dies *khacheda*, von dem Wort für null, *kha*]. Null geteilt durch eine negative oder positive Zahl ist entwe-

der Zero oder wird als Bruch mit Zero als Zähler und der endlichen Menge als Nenner ausgedrückt (...). Null geteilt durch null ist nichts ...«

Er hat sicherlich Recht, dass $\frac{0}{a} = 0$, wenn *a* eine positive oder negative Zahl ist. Und zu sagen – wie er es zu Beginn tut –, dass *a* geteilt durch 0 gleich $\frac{a}{0}$ ist, bedeutet nur, eine Art der Schreibung durch eine andere zu ersetzen, ohne sich um das Ergebnis zu kümmern. Aber $\frac{0}{0} = 0$ ist schlicht durch und durch falsch.

Nehmen wir uns nun Bhāskara vor. Anfangs hält er sein Blatt so nahe vor die Brust wie Brahmagupta: »Eine Menge geteilt durch null wird zu einem Bruch, dessen Nenner null ist.« Aber dann fährt er fort:

»Dieser Bruch wird als unendliche Menge bezeichnet [*khahara*, synomym zu Brahmaguptas *khacheda*]. In dieser Menge, die aus der besteht, die null als ihren Teiler hat, gibt es keine Änderung, obwohl viele hinzugefügt oder abgezogen werden können; so, wie sich im unendlichen und unveränderlichen Gott kein Wandel vollzieht, wenn Welten geschaffen oder zerstört werden, auch wenn dadurch zahlreiche Ordnungen von Wesen erscheinen oder verschwinden.«

Diese wichtige Passage, die $\frac{a}{0}$ in Begriffen beschreibt, die an *brahman* erinnern, hat viel Beachtung gefunden. Einer der Kommentatoren versuchte im späten 16. Jahrhundert, den Sinn von Bhāskaras Worten mit dem Bild einer Sonnenuhr zu illustrieren. Der Schatten des Zeigers (Gnomon) sei bei Sonnenaufgang und Sonnenuntergang unendlich lang, sagt er, und dies gelte unabhängig davon, wie lang der Radius des Zifferblattes oder wie groß der Gnomon sei.

Nicht selten hört man noch heute, dass $\frac{a}{0} = \infty$. Aber stimmt das wirklich? Was soll diese Gleichheit bedeuten? $\frac{20}{5} = 4$ ergibt einen Sinn, weil es eine Gleichung zwischen Zahlen ist, wie das bezaubernde Mädchen Līlāvatī uns erklärt hätte; aber unendlich ist keine Zahl, nicht einmal eine »dumme Zahl«, wie manche Schulkinder glauben, die das lateinische *infinitus est numerus stultorum* falsch mit »unendlich ist die Zahl der Dummen« übersetzen. Also was sollen wir mit $\frac{a}{0}$ anfangen? Die Antwort sagt uns eine Menge über das Handwerk der Mathematik.

Es wäre völlig absurd zu glauben, alle Zahlen seien gleich. Die Erfahrung lehrt uns, dass 6 zum Beispiel nicht 17 ist, und ob wir die Erfahrung nun wirklich gemacht haben oder nicht, unser Verstand scheint solche Unterscheidungen von vornherein zu treffen. Aber wenn man wirklich durch null teilen könnte, dann *wären* alle Zahlen gleich. Warum? Unsere indischen Mathematiker kommen uns hier zu Hilfe. Jede Zahl mal null ist null: Also ist $6 \cdot 0 = 0$ und $17 \cdot 0 = 0$. Folglich ist $6 \cdot 0 = 17 \cdot 0$. Wenn man durch 0 teilen könnte, erhielte man $\frac{6 \cdot 0}{0} = \frac{17 \cdot 0}{0}$, die Nullen würden sich aufheben und 6 wäre gleich 17. Sie sind nicht gleich, deshalb kann man vernünftigerweise nicht durch 0 teilen. $\frac{a}{0}$ hat keinerlei Bedeutung.

Diese Art von Beweis durch den Nachweis der Widersprüchlichkeit war schon im alten Griechenland bekannt. Warum kam in dem Moment, als man ihn brauchte, niemand in Indien darauf? Das lag sicherlich zum Teil daran, dass sich Beweise ebenso wie Kunstwerke nicht auf Befehl schaffen lassen, sondern durch das immer noch unergründliche Wirken der Eingebung entstehen. Zum Teil hatte es auch damit zu tun, dass der Stil der indischen Mathematiker die Feststellung von Prinzipien, nicht ihr Beweis war. Ebenso mag eine Rolle gespielt haben, dass die Feststellung, etwas sei bedeutungslos, sich so anhört, als wisse man nicht, was es bedeute. Wie bemerkte der arabische Reisende al-Bīrūnī, dem wir schon zuvor begegnet sind, über die Inder: »(…) sie hassen es, ihre Unwissenheit mit einem freimütigen ›Ich weiß nicht‹ einzugestehen – ein Satz, der für sie in jedwedem Zusammenhang schwierig ist.« Die Hindus ihrerseits nannten al-Bīrūnī »so sauer, dass Essig im Vergleich süß ist«.

Nicht nur führten die Hindus weitere Operationen mit null aus – Bhāskara stellte richtig fest, dass $0^2 = 0$ und $\sqrt{0} = 0$ ist –, sondern sie weiteten sie auch auf irrationale Zahlen wie $\sqrt{3}$ aus, indem sie schlicht erklärten, mit diesen könne man rechnen wie mit ganzen Zahlen. Und wie wir beim Bakhshālī-Manuskript sahen, stellten sie Regeln für das Spiel von Unbekannten mit Zahlen jeder Art auf, so dass Bhāskara fragen konnte: »Nennen Sie mir, gelehrter Herr, das Produkt von fünf ›so viel wie‹ minus eins mal drei ›so viel wie‹ plus zwei«, oder, wie wir sagen würden: Was ist $(5x - 1)(3x + 2)$?

Obwohl sie vor imaginären Zahlen zurückschreckten, selbst vor negativen Wurzeln positiver Zahlen, »die die Leute«, wie Bhāskara, in demokratischer Stimmung, bemerkte, »nicht billigen«, konnte Mahāvīra Gleichungen wie diese bilden:

$$\frac{x}{4} + 2\sqrt{x} + 15 = x.$$

Noch beeindruckender war, dass er sie auch lösen konnte: Denn auch hier gilt, dass es eine Sache ist, solche Geister aus der wüsten Tiefe zu rufen, aber etwas ganz anderes, über sie zu gebieten.

Was wir hier sehen, ist eine im Entstehen begriffene Sprache für Arithmetik und Algebra, deren Entwicklung weit reichende Konsequenzen haben sollte. Der hinderliche Abstand zwischen Zahlen, die für Dinge standen, und der Null, die für nichts stand, verkleinerte sich, als sich die Aufmerksamkeit vom Wesen der Zahlen auf ihr Verhalten verlagerte. Dieses Verhalten war in Gleichungen zu beobachten, denn die Auflösung einer Gleichung, die Zahl, die sie erfüllt, konnte ebenso gut null sein wie etwas anderes. Da Werte, die x verbarg, alle der gleichen Art waren, bedeutete dies, dass sich der Abstand zwischen null und anderen Zahlen noch stärker verringerte. Aber der wirkliche Paradigmenwechsel in der langen Zeitspanne zwischen 500 und 1500 n. Chr. war folgender: Das unsichtbare Haus des Gedächtnisses, wo die Mathematik so lange gewohnt hatte, machte einem noch abstrakteren Gebäude Platz. Denn eine Vielzahl von Bezeichnungen hatte zuvor dazu gedient, die Zahlen und ihre Beziehungen in denkwürdigen Versen festzuhalten. Nun zogen sich die Zahlwörter zu Symbolen zusammen, die niedergeschrieben werden mussten. Dies machte sie gleichzeitig konkreter und für Nichteingeweihte noch unzugänglicher, weil sie stark abkürzten, wofür sie standen. Außerdem erlaubten sie auszudrücken, was man zuvor nicht einmal hatte denken können. $x^2 + 3x - 22 = 0$ bringt Flächeninhalte (x^2), Längen (x) und Konstanten (22) in einem Satz zusammen, was man sich schon kaum bildlich vorstellen kann. Aber nun konnte man genauso leicht $x^4 + 3x - 22 = 0$ schreiben und auflösen. Doch wie sollte man sich noch die Dimension vorstellen, die x^4 ausdrückt? Kein Wunder, dass William of Malmsbury von »gefährlicher sarazenischer Magie« sprach.

Die Geheimnisse mathematischer Zeichen verliehen dem Beruf Glanz und stärkten die Autorität und priesterliche Würde, die er bereits besaß. Aber noch etwas viel Wichtigeres geschah im Inneren des Tempels der

Mathematik. Die Zahlen wurden wie die Null unsichtbar: Sie beschrieben nicht länger Objekte, sondern wurden selbst zu Objekten – zu verfeinerten Objekten. »Drei« war einst so viel wie »klein«: Sie konnte Schuhe, Schiffe oder Siegelwachs näher bestimmen. Nun aber hatte sie sich vom Pöbel der Dinge so weit gelöst, dass stattdessen diese flüchtigen Dinge kurzzeitig an ihrer Dauerhaftigkeit Teil hatten. Zahlen erwarben ihre eigenen Adjektive: positiv, negativ, natürlich (das offizielle Wort für positive ganze Zahlen oder Zählziffern), rational (von ratio, da dies die Brüche waren), reell (rationale und irrationale Zahlen). Zahlen bewegten sich und lebten inmitten der Operationen, die mit ihnen ausgeführt wurden und im Vergleich zu denen selbst diese sich entwickelnde Sprache äußerlich erschien. Alles, was wir sahen, alles, was wir spürten, ging von den Ursachen der Zahlen zu ihren Wirkungen über. Sie waren die Platzhalter, die Gefäße für unsere Rechensteine, die hektisch hierhin und dorthin geschoben wurden. Indem wir uns in sie vertieften – indem wir die Gleichung begriffen, die den Sturzflug des Falken beherrscht –, konnten wir schließlich alle Zufälle des Lebens in das Theater des Denkens tragen.

Ich habe in Kapitel 4 beschrieben, dass die fortgesetzte Abstraktion der Stoff ist, aus dem die Mathematik gemacht ist: Kaum haben wir Ereignisse in ein kohärentes Netz gewebt, reduzieren wir dieses wieder zu einem Knoten in einem anderen Netzwerk auf einem noch allgemeineren Niveau. Wenden wir diesen Prozess hier an. Der gewaltige Paradigmenwechsel in der Mathematik entfaltete sich, so möchte ich nahe legen, innerhalb eines breiteren Paradigmenwandels, der entsprechend länger dauerte, vielleicht um das 5. Jahrhundert v. Chr. begann und sich etwa 1000 Jahre später fest etablierte. Es war, wie bei allen mächtigen Veränderungen, nicht mehr als ein Wandel der Betonung: eine Frage des Akzentes und worauf er in unseren Analogien fiel.

Denn wir leben von Vergleichen. So viele unserer Wörter sind Metaphernhülsen, so viele unserer Argumente und Überzeugungen fußen auf Ähnlichkeiten: A ist wie B. Bevor dieser Wandel begann, dienten unsere Vergleiche, wie ich behaupte, dazu, ein A, das zu schattenhaft war, zu bekräftigen und zu erhellen. Wenn wir sagten, dass dies hier etwas anderem ähnelt, war es das »dies«, das schärfer gefasst werden sollte, während die Qualität von B darin lag, in anderer Weise lebendig oder vertrauter oder verständlicher zu sein: »Was wohl ein Löwe grübelt voll Furcht im

Getümmel der Männer / Wenn sie die Falle ihm stellen und rings ihn im Kreise umgehen / All das bedachte auch sie [Penelope] (...).« Das stammt aus Homers *Odyssee* und das Folgende ist aus Vergils *Aeneis*: »Die Toten drängten heran / Wie beim ersten Froste des Herbstes die Blätter / Niederfallen (...)«. Die Vergleiche konnten kurz wie ein Wort sein oder sich in ganzen Parabeln, Fabeln und Allegorien entfalten.

Langsam jedoch begann sich der Akzent zu verlagern, bis »A ist wie B« uns Einsicht in jenen Teil geben sollte, auf den es nun ankam, B, das überhaupt nicht hier, sondern in einem unerreichbaren Dort war. Was wir um uns herum sahen, war eine Nachahmung oder Andeutung des Wirklichen, das unter, hinter und jenseits des Sichtbaren lag. »Was hier wir sind, kann dort ein Gott ergänzen«, um mit dem romantischen Dichter Hölderlin zu sprechen. Und tatsächlich sind diese verschobenen Vergleiche das Wesen der Romantik, die aus dieser Perspektive nicht erst im 19. Jahrhundert, sondern zwei Jahrtausende zuvor aufblühte.

Es erfordert nur geringe Mühe, scheinbar sehr verschiedene Religionen und Philosophien unter einem Banner zu vereinen, auf dem steht: »Nicht hier, sondern dort.« Man findet es schon bei Heraklit, wenn es in einem seiner Sprüche heißt, der Gott des Orakels in Delphi bejahe und verneine nicht, sondern bedeute. Es ist das Wesen von Platons Vision, dass Erscheinungen nur flüchtig an den Ideen teilhaben, die ewig sind. Wir finden es in der buddhistischen Lehre der *śūnyatā* verkörpert, die etwa im 1. Jahrhundert n. Chr. entstand und die Auffassung vertritt, dass kein irdisches Wesen ein eigenes Sein hat und insofern leer (*śūnya*) ist. »Eine neue Schwelle in der Geschichte des indischen Denkens«, bemerkt dazu ein Forscher. Am vertrautesten ist es uns aus dem Christentum und dem Islam, die anders als die ältere Religion, das Judentum, diese Offenbarung verkünden.

Wo jemand auf die Frage nach der Bedeutung eines Wortes eine Wörterbuchdefinition zur Antwort erhält, kann man die Verlagerung des Akzents in der Erwiderung heraushören: »Ja, aber was *bedeutet* es?« Erst in jüngerer Zeit erschütterten kritische Positionen – von so verschiedenartigen Denkern wie Nietzsche und Wittgenstein – die Vorstellung von einer anderen Welt, die bedeutsamer als unsere eigene ist, zutiefst und nährten den Verdacht, dass die unsrige alles ist, was es *gibt* – oder, wenn sich die Betonung abschwächt, dass die unsrige *alles* ist, was es gibt.

Der Wandel in der Mathematik, den wir verfolgen, bei dem sich Zahlenbezeichnungen zu Zeichen für Zahlen verdichten und die Zahlen selbst den Gesetzen untergeordnet werden, denen sie gehorchen, begann, als das fortlaufende Projekt der Ableitung solcher Gesetze aus einer möglichst sparsamen Reihe von Axiomen in Angriff genommen wurde. In Übereinstimmung mit dem Wandel des Hintergrundparadigmas wurde das Wechselspiel der Zahlen bald als Manifestation solcher Axiome begriffen, die wie der Rahmen eines Trampolins das Gewebe unseres Verständnisses straff halten. Das tiefe Geheimnis besteht hier darin, dass wir diese Axiome zwar erfinden – ihre Schöpfer haben Namen, das Gezänk über sie hat Narben hinterlassen –, doch andererseits wächst unsere Überzeugung, dass wir sie auf die einzig mögliche Art erfinden, so dass sie am Ende wie entdeckt wirken. Wir erfahren sie, als lägen sie hinter der Erfahrung; und dies folgt aus dem großen Paradigmenwandel und verstärkt ihn zugleich.

Natürlich wälzte sich dieser Wandel nicht wie eine Flutwelle unerbittlich voran, sondern staute sich und bildete Wirbel wie ein Fluss, und genau wie ein Fluss formte er das Terrain ebenso, wie er sich ihm anpasste. Manche wiesen auf Künftiges voraus, andere machten Rückschritte: Platon verwies nach oben, aber Aristoteles richtete das Augenmerk auf die Vielfalt um ihn herum. Während Hegel beobachtete, wie der Geist sich von der Materie löste, sahen die Pantheisten Gott in der alten Eiche und im Fels. Zu unserer eigenen Zeit, wo die Prinzipien hinter den Dingen beständig weniger geworden sind, hat sich die Hölle – die unerreichbar tief unter allem war – zu den Leuten von nebenan verdinglicht, wie die Nachrichten uns jeden Abend deutlich machen. Der adamitische Impuls der Benennung ist in uns noch immer lebendig und lässt uns, wie Darwin, als er ein Kind war, hoffen, dass uns die Pflanzen ihre Namen nennen und ihre Bezeichnungen uns ihr Wesen offenbaren. Doch es hat einen Wandel in der Art gegeben, wie wir unsere Vergleiche formen und diese uns selbst. Bei allen Schwankungen an der Oberfläche hat sich das Gravitationszentrum unseres Denkens in dem Zeitraum, den wir hier betrachten, entschieden von der Koordinierung der Bedeutung von Fakten zur Unterordnung von Fakten unter ihre Bedeutung verschoben.

Ich kann meine Behauptung über das Große Paradigma nicht Hypothese nennen, weil sie nicht falsifizierbar ist: Jedes Beispiel, das sich dafür anführen lässt, exemplifiziert entweder den Wandel oder gehört zur gegenläufigen Bewegung, die ihn konterkariert. Nehmen wir sie also als einen weiteren Vergleich jener Art, zu der wir uns, wie ich behaupte, hinbewegt haben. Warum wir es so auffassen sollten? Weil dadurch die Hoffnung entsteht, die dieser Wandel inspiriert, nämlich den Dingen einen Sinn zu geben.

Ein Intermezzo bei den Maya: Die dunkle Seite des Zählens

Das Symbol der Maya für null war ein tätowierter Mann mit einer Halskette und zurückgeworfenem Kopf. Oder dies war zumindest eines aus ihrem erstaunlichen Aufgebot von Nullsymbolen. Da ihre Kultur von etwa 300 v. Chr. bis 900 n. Chr. auf der Halbinsel Yucatan abgeschirmt von jedem Kontakt nach Übersee blühte, ist sie ein lebendiges Zeugnis für einen unabhängigen Ursprung des Konzeptes der Null und ihrer Zeichen. Und warum sollte diese Idee nicht in verschiedenen Kulturen aufgetaucht sein, um hier und dort bewahrt zu werden, aufzuflackern und mit dem Geist vieler stummer, ruhmloser Newtons wieder zu erlöschen? Da die Mathematik unsere universelle Sprache *ist* – verdunkelt nur durch Schichten zufälliger Sprachen, die Zeit und Ort unserer Herkunftsregionen kolonisieren –, warum sollte sie nicht mit einem Glorienschein zum Durchbruch kommen? Warum sollten die in ihr ausgedrückten Beziehungen unsere sterbliche Natur nicht überdauern, auch wenn die Ausdrücke ihrer Konstruktionen durch diese Zufälle verändert werden? Müssten wir den Stammbaum der Null angeben wie den eines Rennpferdes, könnten wir sagen, dass sie von der Vorstellungskraft und der Notwendigkeit abstammt.

Obwohl unser Bild der Maya zu einem Teil aus Fakten und zu drei Teilen aus Vermutungen besteht, die noch dazu von den Moden ihrer Entstehungszeit beeinflusst sind, kann man sich nur schwer der Vorstellung entziehen, dass sie zählten, als hinge ihr Leben davon ab. Und was sie zählten, war die Zeit. Ihr Anfangsdatum des Universums wäre nach unserem Kalender der 13. August 3114 v. Chr. Das war ihr Tag null. Sie mögen sich nun fragen, wie sie darauf kamen, und da Ihre Neugier kaum zu befriedigen sein dürfte, könnte sie sich stattdessen auf James Ussher richten, den Erzbischof von Armagh, der Mitte des 16. Jahrhunderts entdeckte, dass die Welt am 22. Oktober 4004 v. Chr. um sechs Uhr abends erschaffen wurde. Welch eine Meisterleistung! Denn wenn sich der Anfang des Universums überhaupt denken lässt, muss man in der Lage sein, sich beide Seiten dieses Momentes vorzustellen – einmal gelingt es, dann wieder nicht –, eine Aufgabe, die zu lösen für Ussher ganz offensichtlich ein Leichtes war. Ich stelle ihn mir im Kerzenlicht an seinem Schreibtisch vor, um ihn herum die Schatten seiner lateinischen, hebräischen und griechischen Folianten. Verblüfft beugt er sich über seine Kalkulationen, errechnet eine Endsumme, blickt zur Flamme hoch, und plötzlich kommt ihm die Erleuchtung – natürlich! Der 22. Oktober! Um sechs Uhr abends! Er wurde zu seiner Zeit und später für seine Leistung hoch gelobt. Für mich sind seine leidenschaftlichen Bemühungen ein Musterbeispiel für Exzentrizität.

Nulltage

Die Maya verzeichneten die Daten wichtiger Ereignisse gewissenhaft nach Maßgabe ihres Tages null in der von den Archäologen so genannten Langzählung. Statt die Tage der Reihe nach von Anfang an zu zählen – ein schlechter Gebrauch des Gehirns, das so versessen auf Muster ist – teilten sie die Zeit in Jahre von 18 Monaten (*unial*) mit je 20 Tagen (*kin*). Das ergab ein Jahr von 360 Tagen, *tun* genannt, und dieses gruppierten sie dann zu Zwanzigern (*katun*), so dass ein *katun* $20 \cdot 360 = 7200$ Tage hatte. 20 *katun* ergaben ihrerseits ein *baktun* oder 400 *tun* (144 000 Tage), und sie hatten noch größere Einheiten als diese bis hin zu *alautun* (64 000 000 Jahre). Es gab unterschiedliche in Stein gemeißelte Zeichen (Glypte) für jeden dieser Sammelbegriffe. Um auf einem Monument zu zeigen, dass es zum Beispiel genau 1 101 611 Tage nach dem Anfang der Zeit errichtet wurde, schrieben sie: 7 *baktun* 13 *katun* 0 *tun* 0 *uinal* 11 *kin* ($7 \cdot 400 + 13 \cdot 20 = 3060$ Jahre, davon jedes mit

360 Tagen = 1 101 600 Tage, plus 11 Tage ergibt 1 101 611 Tage). Die 7, 13 und 11 bestanden, wie alle ihre Zahlen, aus Balken, die für 5 standen, sowie Punkten für die Einer darüber, also war 7 $\overset{\cdot\cdot}{-}$, 13 $\overset{\cdot\cdot\cdot}{=}$ und 11 $\overset{\cdot}{=}$. Aber die Glypten für null, entscheidend, um fehlende Zahlenglieder darzustellen, waren manchmal Gesichter, manchmal ganze Figuren, zuweilen eine halbe Blume; in Manuskripten waren die Symbole dafür manchmal Schneckenhäuschen, dann wieder etwas, wofür wir keinen Namen haben.

Einige Symbole der Maya für null

Gab es keine Zähler in der letzten Einheit, den Tagen, verzeichneten die Maya dies ebenso sorgsam mit einer Nullglypte. Wir erinnern uns, dass die Sumerer dies nicht taten. Das lässt darauf schließen, dass es für sie um etwas Bedeutsameres ging, als das Datum korrekt aufzuschreiben: um etwas mit einer formalen, rituellen Bedeutung. Man sollte dies in Erinnerung behalten, wenn man das Puzzle ihrer Welt zusammenzusetzen versucht.

Zweifellos ist Ihnen aufgefallen, dass 360 für die Länge eines Jahres mathematisch bequem sein mag, aber der widersetzlichen Natur der Dinge nicht standhält. Das siderische Jahr ist grob gerechnet 365,242 198 Tage lang, so dass man bei der Berechnung der Tageslänge, der Jahreszeiten und der Jahrestage in weniger als einem *katun* um 100 *kin* zurückläge. Vielleicht war das der Grund, warum die Maya neben der Langzählung noch einen weiteren Kalender hatten: ein »ziviles« Jahr (*haab*), das ebenfalls aus 18 Monaten zu 20 Tagen bestand, in das man jedoch fünf »Phantomtage« an seinem Ende einfügte, so dass es nur etwa einen Vierteltag kürzer war als das Sonnenjahr – weshalb man das *haab* heute abfällig das »vage Jahr« nennt.

So wichtig die Null war, um die Langzählung zu verankern, nahm sie beim *haab* eine neue und seltsame Bedeutung an. Der erste Tag jedes Monats hatte nicht die Zahl 1, sondern 0, der zweite 1 und so weiter bis zum 20. Tag: 19. Der Fünftagemonat am Jahresende schloss sich direkt daran an. Ich kenne keinen anderen Kalender, bei dem die Tage des Monats mit null beginnen. Wir zählen selbst Jahre nur selten auf diese retrospektive Weise: Nur das düstere Beispiel des Führers der Roten Khmer in Kambodscha, Pol Pot, kommt einem in den Sinn, der 1975 das Jahr null seiner Herrschaft nannte – das Jahr, in dem er seine Feinde beseitigte.

Eine solche Zählung legt immer einen Anfang nahe, der kein Anfang ist: eine falsche Morgendämmerung oder eine Ouvertüre. Es ist die Art von Zählung, die hinter einem besonders cleveren Trick der modernen Magie steht. Jeder aus dem Publikum schreibt einen geheimen Satz auf ein Papier, versiegelt es und wirft es in einen Hut. Mit verbundenen Augen greift sich ein Hellseher aufs Geratewohl einen davon, versucht durch Intuition angestrengt den Inhalt zu ergründen und gibt ihn bekannt. »Ja! Das ist genau das, was ich geschrieben habe!«, ruft daraufhin jemand aus dem Publikum. Der Gedankenleser nimmt seine Binde ab, bricht das Siegel des Zettels und liest den Satz laut vor: Er lautet genau so, wie er es gesagt hat. Die Augen erneut verbunden, wählt er einen zweiten, hält ihn ungeöffnet in Händen, doch irgendwie, vielleicht mit einem dritten Auge, kann er seine Wörter entziffern und verkündet sie laut.

Verblüfft bestätigt eine andere Person die Richtigkeit des Satzes. Der Gedankenleser sieht sich wieder den Zettel an und bestätigt seine Vision. Und so geht es weiter, mit einem Zettel nach dem anderen, bis alle wissen, dass sie Zeugen des Übernatürlichen geworden sind. Oder etwa nicht? Es ist die Macht der Null, die sie erfahren haben. Die erste entschlüsselte Botschaft hatten der Gedankenleser und sein Komplize im Publikum zuvor miteinander abgesprochen. Das war die Nullbotschaft. Als er seine Binde abnahm, las er auf dem zufällig gewählten Zettel den Satz, den er als Nächstes mit seinem geistigen Auge »sehen« würde, und auf so gerissene Weise geht es weiter, indem er immer den vorangehenden Satz zur Botschaft des Zettels erklärt, der an die Stelle des alten gerückt ist.

Im *haab*-Kalender war es der Tag null, an dem der Gott des vorangehenden Monats die Last der Zeit niederlegte und der Gott des gegenwärtigen seinen Platz einnahm, um sie aufzunehmen. Für uns geschieht dies in einem Augenblick, wenn wir etwa daran denken, wie der alte Janus, der Hüter der öffentlichen Tore und Durchgänge, seine Wochen an den Sühne- und Reinigungsmonat Februar übergibt. Für die Maya muss diese Übergabe, wenn Zip den Thron von Zotz oder Zotz den Thron von Zec bestieg, weit bedenklicher gewesen sein. Der Gott, der diese Ereignisse beaufsichtigte, war Null. Und die Übergabe beanspruchte einen vollen Tag! Man fragt sich, was die Leute taten, während sich dieser Tag langsam voranschleppte. Wir wissen, dass sich während der fünf »nutzlosen« Phantomtage am Jahresende Männer wie Frauen weder wuschen noch kämmten noch irgendeine Arbeit in Angriff nahmen, auf dass sie nicht misslinge.

Da nun die Langzählung ausreichte, um jedes Datum festzulegen, und der *haab* den Monatszyklus mit dem Sonnenjahr versöhnte, welches Bedürfnis bestand für die Maya da noch nach einem weiteren Kalender? Und doch hatten sie noch einen dritten, und er war ihnen sehr wichtig: Ein heiliges Jahr (*tzolkin*) von 260 Tagen. Seine seltsame Konstruktion sagt viel über die Rechenobsession der Maya. Das Zusammentreffen dieser drei Kalender weist auf die Quelle dieser Angstobsession.

Bei diesem dritten Kalender können wir eher von zwei Zyklen als von Monaten spreche: einer von zwanzig Tagbezeichnungen (*imix*, *ik*, *akbal* usw.) und ein anderer mit den Zahlen 1 bis 13. Man wird begreifen, warum bei den Maya die Mathematiker so hohes Ansehen genossen, wenn man erfährt, dass die Zahlen zu den ersten 13 Bezeichnungen passten und ab der 14. wieder neu begannen, so dass die Tagbezeichnungen 14 bis 20 (*ix* bis *ahau*) Hand in Hand mit den Zahlen 1 bis 7 gingen. Dann kam wieder die Tagbezeichnung (*imix*), der nun die Zahl 8 zugeordnet wurde, und so weiter bis zur sechsten Tagbezeichnung (*cimi*), die mit 13 verbunden wurde. *Manik*, der siebente Tag, wurde nun mit der Zahl 1 gepaart – und dieser schwankende, unregelmäßige Rhythmus ging weiter bis $13 \cdot 20 = 260$ nach seinem Beginn, wenn *imix* wieder mit der Zahl 1 zusammenfiel und ein neues heiliges Jahr begann. Jede Kombination von Zahl und Bezeichnung sagte einem genau, für welchen Tag des Jahres sie stand – wenn man das System durch tiefere Einsicht oder hartes Training begriffen hatte.

Warum ein solch bizarrer Kalender? Vielleicht weil es für die Maya 13 Götter der Oberwelt gab, während 20 die Zahl des Menschen war – keine ungewöhnliche Zuordnung angesichts der Tatsache, dass wir zehn Finger und zehn Zehen haben. Diese Verflechtung von zwei Zyklen sollte daher möglicherweise das Säkulare und das Göttliche in Harmonie bringen. Es gab im Pantheon der Maya außerdem neun Götter der Unterwelt; sie hatten skelettierte Unterkiefer und wurden vom Todesgott regiert. Ist es also ein Wunder, dass sie einen vierten Kalender hatten, einen Zyklus von neun Glypten, mit denen die Herrscher der Nacht dargestellt wurden, die jeden Tag abwechselnd walteten? Überrascht es, dass sie auch einen Mondkalender mit Monaten von 29 und 30 Tagen hatten und einen sechsten, der sich auf den 584 Tage langen synodischen Zyklus der Venus bezog, ihren scheinbaren Wechsel von einer Seite der Sonne zur anderen?

Obwohl die Mayakultur die einzige ist, die eine solch komplexe »Zahlen-« oder »Zählobsession« institutionalisiert hat, ist jeder von uns wohl schon einmal dem Zwang erlegen, die Sekunden, die Risse im Bürgersteig oder die unregelmäßigen Löcher in der Decke der Zahnarztpraxis zu zählen; und immer endet im Ernst, was als Spaß begann, und es kostet schon einige Anstrengung, die Maschine wieder abzustellen, nachdem wir begonnen haben, ihre Zählung nachzuzählen, sie anzuzweifeln und nochmals durchzurechnen, um dann vom Weg abzukommen und uns – vergeblich – zu wünschen, es hinter uns zu haben, bis wir erkennen, dass Diener und Herr die Rollen vertauscht haben und wir nicht mehr als das Gehäuse eines unerbittlichen Automaten sind. Einige haben sich mit ihrem Monster arrangiert: Sir Francis Galton, Vetter von Charles Darwin und Vater der Eugenik, zählte alles, was in sein Blickfeld geriet, und ließ sich sogar eigens Handschuhe mit einer speziellen Zählvorrichtung für zehn Zählungen anfertigen, um unauffällig den Prozentsatz schöner Frauen in mazedonischen Dörfern im Auge zu behalten, während er die Durchschnittspreise in den Schaufenstern durchkalkulierte. Andere ergaben sich einfach ihrem Laster, wie der sonst behäbige Landarbeiter Jedediah Buxton im 18. Jahrhundert, der nicht umhin konnte zu errechnen, wie viele Haaresbreiten alle Gegenstände auf seinem Weg maßen und der, zur Belohnung nach London eingeladen, um den großen Schauspieler David Garrick spielen zu sehen, am Ende verkündete, wie viele Wörter jeder der Schauspieler exakt gesprochen hatte und wie viele Schritte sie in ihren Tänzen gemacht hatten. Es gibt Berichte, die Autismus mit einer außergewöhnlichen Faszination für das Zählen in Verbindung bringen; man erinnert sich an Sigmund Freud, der im Alter rhythmische Wiederholung selbst jenseits des Lustprinzips als Ausdruck unseres Wunsches nach Eintönigkeit deutete, und diese Eintönigkeit war für ihn ein Sendbote des Todes.

Wir können die Maya jedoch nicht als Opfer einer kollektiven Arithmomanie abtun, da es nicht so sehr das Zählen selbst war als vielmehr die Koinzidenzen der Zählungen, um die es ihnen ging. Und auch hier müssen wir wieder ihr mathematisches Können bewundern. Wenn das *haab* mit 365 Tagen und das *tzolkin* mit 260 Tagen gemeinsam begannen, wann würde der erste Tag beider erneut zusammenfallen? Betrachten wir das Problem mit überschaubareren Zahlen, um zu sehen, wie es zu lösen wäre: Wann fallen ein Zweitageszyklus und ein Fünftageszyklus zusammen? Eindeutig nach $2 \cdot 5 = 10$ Tagen: 10 ist ihr kleinstes gemeinsames Vielfaches. Und wie steht es mit einem Vier- und einem Sechstageszyklus? $4 \cdot 6 = 24$ ist ihr Produkt, doch 24 ist nicht die Antwort: Sie werden zuerst nach 12 Tagen wieder zusammenfallen, weil man das Produkt durch 2 teilen muss, da 2 der größte gemeinsame Teiler von 4 und 6 ist. Die Maya verstanden, dass *haab* und *tzolkin* wieder nach $\frac{260 \cdot 365}{5} = 18\,960$ Tagen gemeinsam beginnen würden, was 52 *haab*- und 73 *tzolkin*-Jahren entsprach, weil 5 der größte gemeinsame Teiler von 260 und 365 ist. Diese Zeitspanne wird die Kalenderrunde genannt, und es scheint, dass es schrankenlose Grausamkeiten mit sich brachte, wenn sich der Kreis schloss. Warum? Ich möchte hier die verstreuten Vermutungen der Forschung, die unsere Vorstellung von den Maya prägen, mit der dünnen Patina einer vereinheitlichenden Hypothese überziehen.

Ihre große Angst war, dass die Zeit zum Stillstand kommen könnte; da diese all ihre Söhne nach dem Puls der Langzählung mit sich fortriss, warum sollte ihr Reich, die Erde, der Himmel mit seinen zahllosen Sternen und das Universum selbst nicht ebenfalls untergehen? Um dies zu verhindern, ergriffen sie drastische Maßnahmen, die ebenso raffiniert wie abscheulich waren. Erstens übertrugen sie die Zyklenhaftigkeit, die sie am Himmel sahen, in lineare Zeit, die auf diese Weise nicht mitten in einem Zyklus anhalten konnte – was freilich an ihrem Ende immer noch möglich blieb. Wenn man nun aber einen weiteren Zyklus zeitversetzt zum ersten in Gang setzte, konnte die Zeit bis auf die seltenen Gelegenheiten, wenn ihre Enden zusammenfielen, nicht mehr zum Stillstand kommen. Und in solch bösen Momenten – alle 52 Ziviljahre – boten die Maya den Göttern die Essenz der Vitalität: Blut, Jungfrauen, Herzen, die aus lebenden Opfern geschnitten wurden, damit die Götter sich an diesen erquickten und so wieder gewillt wären, die Last der Monate auf sich zu laden, die sie an Nulltagen müde niederlegten.

Das Problem mit Obsessionen ist, dass nichts je genug ist, wenn man ihnen einmal verfallen ist. Immer mehr Zyklen mussten her, um die Gefahr zu immer größeren Vielfachen zu verschieben! Fünf Venusjahre ergaben 8 Jahre des *haab*; 405 Monde machten 46 *tzolkin*-Jahre; ihr Kodex, heute in Dresden, listet Vielfache von 78 auf: Das synodische Marsjahr beträgt 780 Tage. Ein Archäologe legt sogar nahe, dass die Maya auch das synodische Jahr des Merkur berechnet haben müssen, das 116 Tage lang ist, da 9 die Zahl ihrer Unterweltgötter und 13 die Zahl ihrer Oberweltgötter war und $9 \cdot 13 = 117$ ist. Man sollte hierbei im Gedächtnis behalten, wie lebendig und ungeheuerlich der Nachthimmel für Menschen gewesen sein muss, für die er noch nicht von den Lichtern der Stadt verborgen wurde. Andererseits musste man sich über die Unterteilungen der Zyklen Sorgen machen: Alle fünf Jahre, die Viertel eines *katun*, verstümmelte sich der König in spektakulärer Weise selbst, um die durstigen Götter zum Weitermachen zu bewegen. Wie zwei Forscher es ausdrückten, war Blut bei den alten Maya der Mörtel des Lebens.

Nichts ist je genug. Ihre Langzählung barg das Versprechen in sich, dass die Zeit für eine wahrhaft immense Spanne nicht zum Stillstand kommen würde. Eines der Datierungssysteme, das sich auf manchen Stelen findet, hatte eine ähnliche Funktion wie die Service-Gutscheine, die es bei manchen Autokäufen dazu gibt: Wenn es einen Gutschein für eine Inspektion nach 150 000 Kilometern gibt, ist man zuversichtlich, dass der Wagen zu dieser Zeit erst eigentlich zur Reife kommt. Wenn es *keinen* Gutschein nach 300 000 Kilometern gibt, erschaudert man. Ihr System schien zu demonstrieren, dass sie sich seit Anbeginn der Zeit in einer Spanne – nach einer Rechnung – von etwa $2 \cdot 10^{27}$ Jahren noch kaum voranbewegt hatten. Im Vergleich dazu sind seit dem Big Bang unserer Kultur nur belanglose zirka 12 Milliarden Jahre vergangen ($1{,}2 \cdot 10^{10}$). Aber wie einige postmoderne Romane, die wie Schubladen eines wackeligen alten Schreibtisches ineinander verschachtelt sind, dachte man schließlich selbst die Langzählung nicht mehr als linear, sondern als die letzte Periode dieser immens langen Spannen, die zyklisch zurücklief und für immer zyklisch in die Zukunft reichen würde. Es war, als hätten die Maya eine Versicherung auf ihre Versicherung abgeschlossen.

Die Langzählung selbst als periodisch zu verstehen hatte einen wundervollen Vorteil. Nicht nur verminderte sich dadurch die Drohung, die Zeit könne zum Stillstand kommen, sondern nun konnte, wenn die eigenen Mathematiker gewandt genug waren, auch bewiesen werden, dass sich die Geburt eines großen Herrschers exakt eine bedeutsame Zahl von Jahren nach der Geburt zum Beispiel einer mythischen Vorfahrin ereignet hatte, wobei die Bedeutsamkeit darin lag, dass die Zeitspanne ein vollständiges Vielfaches von gleich mehreren Zyklen war: des *haab* und des *tzolkin* und zusätzlich vielleicht noch der synodischen Perioden des Mars und des Merkur. Ein derartiges Glück, den Schnittpunkt verschiedener Zeitrhythmen zu treffen, galt offenbar als Ausweis, dass die Geburt eine Wiedergeburt war: der Mensch Pacal, der größte aller Herrscher von Palenque, *war selbst* seine göttliche Vorfahrin.

Sobald man aus dem Vergleich »A ist wie B« die Ineinssetzung »A *ist* B« macht, verhärten sich Vorstellungskraft und Überzeugungen, und es kommt zu wahnhaften Exzessen. Der Verschluss der Kiste, wo die bissigen Dämonen eingeschlossen waren, springt auf und lässt die Hölle los. Ich habe bereits erwähnt, dass die Götter der Unterwelt, die neun Herrscher der Nacht, vom Gott des Todes regiert wurden, aber verschwiegen habe ich dabei, wer dieser Todesgott war: Es war die Null. Sein war der Tag des *haab*, wenn die Zeit stillstehen würde. Sein war das Ende jedes geringeren und größeren Zyklus, die bedrohliche Pause. Wenn man aber einen Menschen fand, der in die Rolle der Null schlüpfen konnte und man *ihn* rituell töten konnte, dann würde der Tod selbst sterben! Und dies ist, wie es scheint, genau das, was die Maya taten. Sie hatten ein rituelles Ballspiel zwischen einem Spieler, der wie einer ihrer beiden Heldenzwillinge gekleidet war, und einem, der wie der Gott der Null aussah. Der Ball war eine wichtige Geisel, etwa ein besiegter König, der viele Jahre gefangen gehalten worden war und nun für diesen Anlass zusammengeschnürt wurde. Die beiden Spieler warfen ihn sich geschickt zu, traten und schlugen ihn zu Tode oder töteten ihn am Ende, indem sie ihn eine lange Treppe hinunterstießen; und es war der Heldenzwilling, der dabei immer die Null austrickste. Bei anderen Spielen dieser Art wurde der Verlierer geopfert. Aber den Tod auszutricksen war nicht genug. Ein Mensch wurde mit den Insignien des Gottes der Null ausgestattet und dann geopfert, indem man ihm seinen Unterkiefer abriss. Wie bei den meisten Religionen führte das Scheitern des Rituals nicht dazu, es zu ändern, denn selbst die Barbaren leben mit der Hoffnung.

Anthropologen einer anderen Generation hätten im Gefolge von Ruth Benedict die Hochkultur der Maya dionysisch genannt – aber das macht, wie ich meine, Dionysos Schande. Die in Blut getränkte Gesellschaft mit ihrem glyptischen Geist, die so geschickt mit Zahlen umging, so kunstvoll baute und so gewandt in Astronomie war, erinnert mich an einen brillanten und sehr neurotischen Freund, den ich hatte. Eines Tages erschien er ohne seine Ticks und Zuckungen. Was war passiert? »Ich habe all meine Neurosen«, so erklärte er, »gegen eine kleine Psychose eingetauscht, und jetzt hat mein Leben einen Sinn.«

9 Viel Lärm um nichts

Abgesandte der Leere

All ihr grausamer Erfindungsreichtum hielt Null, den Todesgott, nicht davon ab, schließlich über die Maya zu triumphieren. Als ihre Kultur unterging, breitete sich eine halbe Welt entfernt eine andere Kultur aus. Arabische Kaufleute trugen exotische Waren, Geschichten und Fertigkeiten in alle Himmelsrichtungen. Wir neigen dazu, sie nur als Beobachter zu sehen, deren Augen sich allein auf die Sterne und den leeren Horizont richteten. Aber die Leere, die sie mitbrachten, war kein Hauch des »leeren Raums«. Nur enttäuschte Romantiker stoßen in der Ödnis auf nichts als sich selbst. Für jene, die dort leben, ist die Wüste voller Ereignisse und Zufälle und hat so viele Dünen wie Kamele. Vielmehr war es die Null der Stellenwertschreibung, die sie in Indien gefunden und bis 773 n. Chr. zusammen mit den anderen Hindu-Zahlen nach Bagdad gebracht hatten. Sie war es, die ihnen solche Gewandtheit im Schätzen, Handeln und Rechnen verlieh. Während sie nämlich anfangs diese Zahlen nur benutzt haben mögen, um die Ergebnisse des Rechenbretts aufzuzeichnen, rechneten sie um 825 direkt mit ihnen, als al-Ḫwārizmī sein Werk über Arithmetik schrieb. Ihr Handel war nicht nur materieller Natur: Mit ihrem religiösen Eifer ging eine jugendliche Bewunderung für die Vielfalt der Gelehrsamkeit und Erfindungen einher, die sie auf ihren Reisen entdeckten. Diese geistigen Güter breiteten sich, übertragen in eine gemeinsame Sprache, von den neuen Horten der Gelehrsamkeit in Damaskus, Bagdad und später Cordoba so schnell und so umfassend aus wie Seide und Stahl.

Die Verbreitungswege waren zuweilen weitschweifig. Die Hindu-Zahlen gelangten zum Beispiel über ismailitische Missionare aus Ägypten um 990 n. Chr. nach Südrussland, wie wir aus der Autobiographie des großen persischen Gelehrten Avicenna (Ibn Sina) erfahren. Er war ein Mann, der sich das Anrecht auf eine Autobiographie mehr als erworben hatte. Geboren in Buchara, lernte er mit zehn von einem Gemüsehändler Arithmetik und hatte mit 17 die *Metaphysik* des Aristoteles vierzigmal gelesen – verstand sie aber erst, nachdem er für ein paar Pfennige einen kleinen Kommentar erworben hatte. Er war der berühmteste Arzt des Mittelalters, ebenso bekannt für seine kühne Sinnlichkeit wie für seine Gelehrsamkeit.

Vielleicht waren es arabische Händler auf den Elfenbein- und Gewürzstraßen oder noch früher buddhistische und hinduistische Reisende, mit denen die Null nach China gelangte, denn in ihrem Roman *Die hundert verborgenen Sinne* hat Amy Tans heiliger Unschuldiger, Kwan, Unrecht, wenn er den Chinesen nicht nur die Erfindung des Bleistiftes, des Schießpulvers und der Nudeln, sondern auch der Null zuschreibt.

Die indische Abstammung der chinesischen Null zeigt sich nicht nur an ihren Formen – Punkte, perfekte Kreise, selbst Kreise innerhalb von Kreisen –, sondern auch an *ling*, einem Schriftzeichen für die Null, in dem die Bedeutung von etwas Zurückgelassenem mitschwingt, wie die letzten Regentropfen nach einem Sturm oder jene Tröpfchen, die wie Perlen an Blättern und Regenschirmen hängen. Erinnern wir uns, dass zu den vielen Synonymen Mahāvīras für null *nabhas* (»Dampf«) und, wichtiger noch, *bindu* gehörte, das auch »Tröpfchen« oder »Kügelchen« bedeutete.

Es gab eine Zeit, als Gelehrte mit der Idee spielten, dass die Null aus der Leere des Taoismus entstanden sei und sich dann mit dem hinduistischen *śūnya* vermischt habe – wenn man sich überhaupt vorstellen kann, ein Hohles mit einem anderen zu vermischen –, aber diese Zeiten sind vergangen und jene Sätze, die wie Petersilie um diese Vermutungen gelegt waren: »Es könnte sein, dass …«, »Wir dürfen daher die Möglichkeit in Betracht ziehen …« etc., haben sie überwuchert und erstickt.

Mir gefällt die Vorstellung – sage ich und schiebe klugerweise die Petersilie an den Tellerrand –, dass das vielleicht populärste Brettspiel der Welt mit dem Namen Mancala – oder Kalaha oder Warri oder welchen

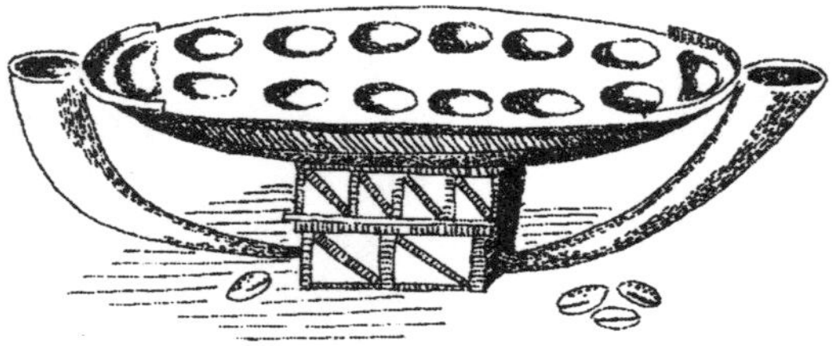

Ein Mancala-Brett

anderen der Hunderte von Namen von Abalala'e bis Yovodji man vorzieht – zuerst als Rechenbrett in den Satteltaschen arabischer oder indischer Händler nach Afrika gelangte. Denn wenn diese Rechenbretter nicht Linien gehabt hätten, sondern jene Reihen von Vertiefungen, die wir auf diesen Spielbrettern sehen, stützte dies meine Vermutung, dass der hohle Kreis der Null seinen Ursprung in solchen flachen Einbuchtungen hatte – nun nicht länger der Abdruck eines Steins, den man aus dem Sand nimmt, sondern die Positionen selbst, auf denen die Rechensteine lagen oder durch die sie geschoben wurden, so dass eine leere Vertiefung das passendste Symbol für null gewesen wäre. Eine solche Vergangenheit ist für ein Spiel sicherlich nicht ungewöhnlich. Man denke nur an die Münztafeln zur Errechnung der Steuern in Großbritannien (*exchequers* oder *checker-boards*). Denn wenn sich die ernste Nutzung überlebt hat – wie das Rechenbrett durch die »arabischen« Zahlen – durchleben sie eine zweite Kindheit und werden wieder spielerisch. In Anbetracht des Alters dieser Mancala-Bretter könnte man sich sogar fragen, ob sie nicht ebenso alt wie die Rechenbretter mit Linien oder sogar noch älter sind. Solche Bretter sollen an den Basen der Säulen des Amun-Tempels im oberägyptischen Karnak abgebildet sein und finden sich auch an den Felswänden entlang der Karawanenstraßen. Ich werde der Versuchung widerstehen, die Kaurimuscheln, die auf solchen Brettern als Rechensteine benutzt wurden, mit der fast identischen Form der Null bei den Maya zu vergleichen, die man lange für die Darstellung einer Art von Muschel hielt, denn dann würden wir in verrückte Spekulationen abgleiten.

Die Null war mit Gewissheit schon 970 n. Chr. in den Westen gelangt, vielleicht sogar bereits ein Jahrhundert früher. Ihre schillernden Namen, von denen manche aus ihrer Bedeutung, andere aus ihrer Form abgeleitet waren, stammten aus verschiedenen Quellen. Die meisten Namen verraten ihre Herkunft in ihrer Etymologie, einige trugen ein täuschendes Gefieder, aber alle flatterten sie schließlich in das Astwerk der seit dem Mittelalter bis in unsere Tage überkommenen Bezeichnungen. Mit ihren irisierenden Federn wirkten sie wie ein ganzes Vogelhaus.

Der Vorläufer so vieler dieser westlichen Bezeichnungen war das arabische *ṣifr* oder *as-ṣifr*, selbst eine Übersetzung des indischen *śūnya* (»leer«). Aber auch das griechische *psēphos* für »Rechenstein« machte hier und da seinen Einfluss geltend und ihr *theca* (»Gefäß«) zeugte eigene Nachkommen. Wundervolle lautliche und inhaltliche Ähnlichkeiten zwischen Wörtern aus verschiedenen Sprachen trugen ihren Teil bei und gaben jeder neuen Bezeichnung eine reizvolle Resonanz. So verband sich das hebräische *sifra* mit *ṣifr*, während es möglicherweise andere Verbindungen zu Wörtern für »Krone« und »zählen« hatte. Verschiedene lateinische Bezeichnungen aus dem Mittelalter für Kreis einerseits (wie *rotula* und *circulus*) und Leere andererseits (*nulla*, *nihil*) hatten ihre Sprösslinge. Das kraftlose *zephyrs*, das in seiner Jugendzeit in Italien als *zefiro*, *zefro* und *zevero* wiederkehrte, hatte sich zu der Zeit, als es Venedig erreichte, in *zero* verwandelt, das zum Beispiel im Französischen und Englischen Verwendung findet, während im Deutschen *nulla figura* der Vorläufer war.

Eine Ziffer aus Augrim

Waren das Bezeichnungen für überhaupt keine Anzahl oder für Zahlen im Allgemeinen, wie *chiffre* im Französischen und *Ziffer* im Deutschen? Standen sie für die öffentliche Kunst des Zählens der Händler, wie das englische *ciphering*, oder für die Geheimberichte von Spionen – ein Unterton, der noch in den Wörtern *chiffrieren* und *dechiffrieren* oder *entziffern* erhalten ist? Zweifellos wies dieses Durcheinander auf Probleme hin, die, wie ich vermute, aus drei Quellen sprudelten: Aberglaube, Verwirrung und Misstrauen.

Alles, was in die damals noch weitgehend bäuerliche Kultur des Westens importiert wurde, hatte gute Chancen, misstrauisch beäugt zu werden. Und alles, was aus dem Osten kam, war besonders gefährlich, war

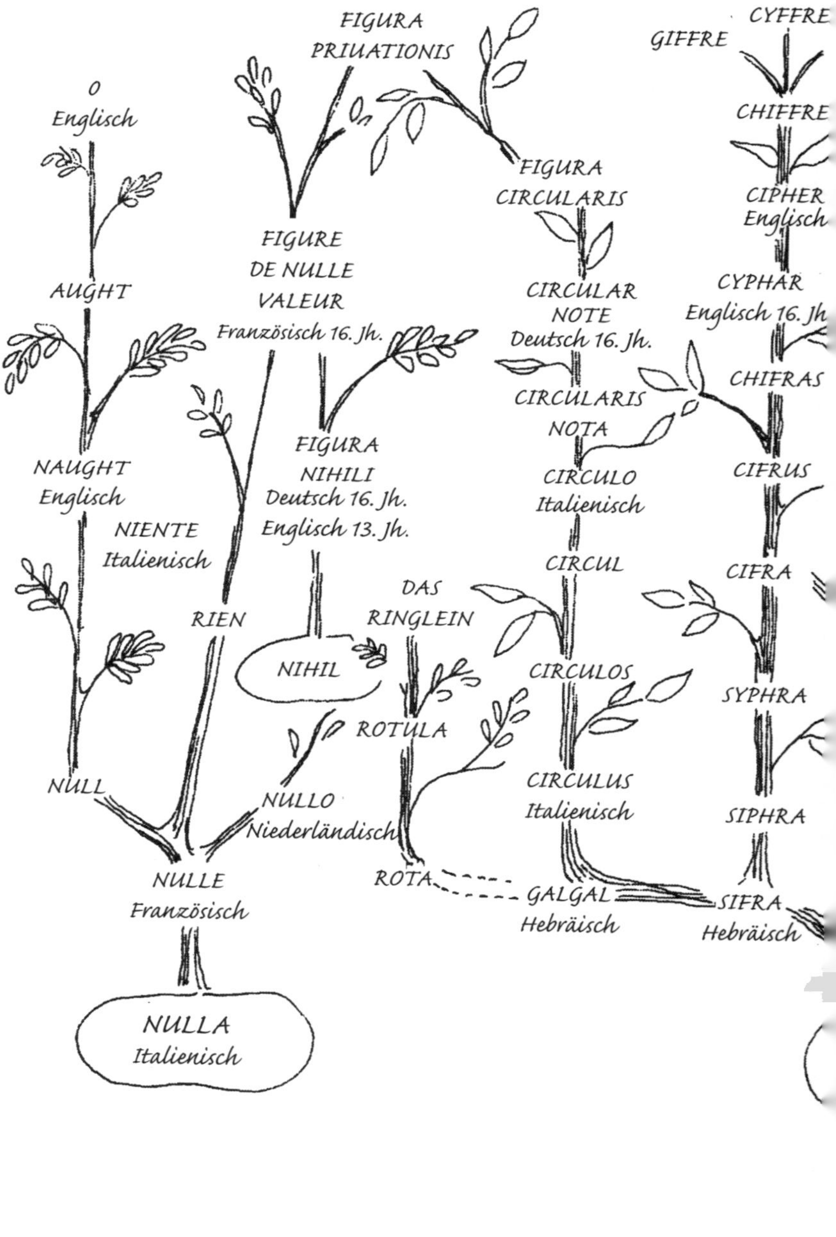
FIGURA
PRIUATIONIS
CYFFRE
GIFFRE
O
Englisch
CHIFFRE
FIGURA
CIRCULARIS
CIPHER
Englisch
FIGURE
DE NULLE
VALEUR
Französisch 16. Jh.
AUGHT
CIRCULAR
NOTE
Deutsch 16. Jh.
CYPHAR
Englisch 16. Jh
CHIFRAS
CIRCULARIS
NOTA
NAUGHT
Englisch
FIGURA
NIHILI
Deutsch 16. Jh.
Englisch 13. Jh.
CIRCULO
Italienisch
CIFRUS
NIENTE
Italienisch
CIRCUL
CIFRA
DAS
RINGLEIN
RIEN
NIHIL
CIRCULOS
SYPHRA
ROTULA
CIRCULUS
Italienisch
NULL
NULLO
Niederländisch
SIPHRA
NULLE
Französisch
ROTA
GALGAL
Hebräisch
SIFRA
Hebräisch
NULLA
Italienisch

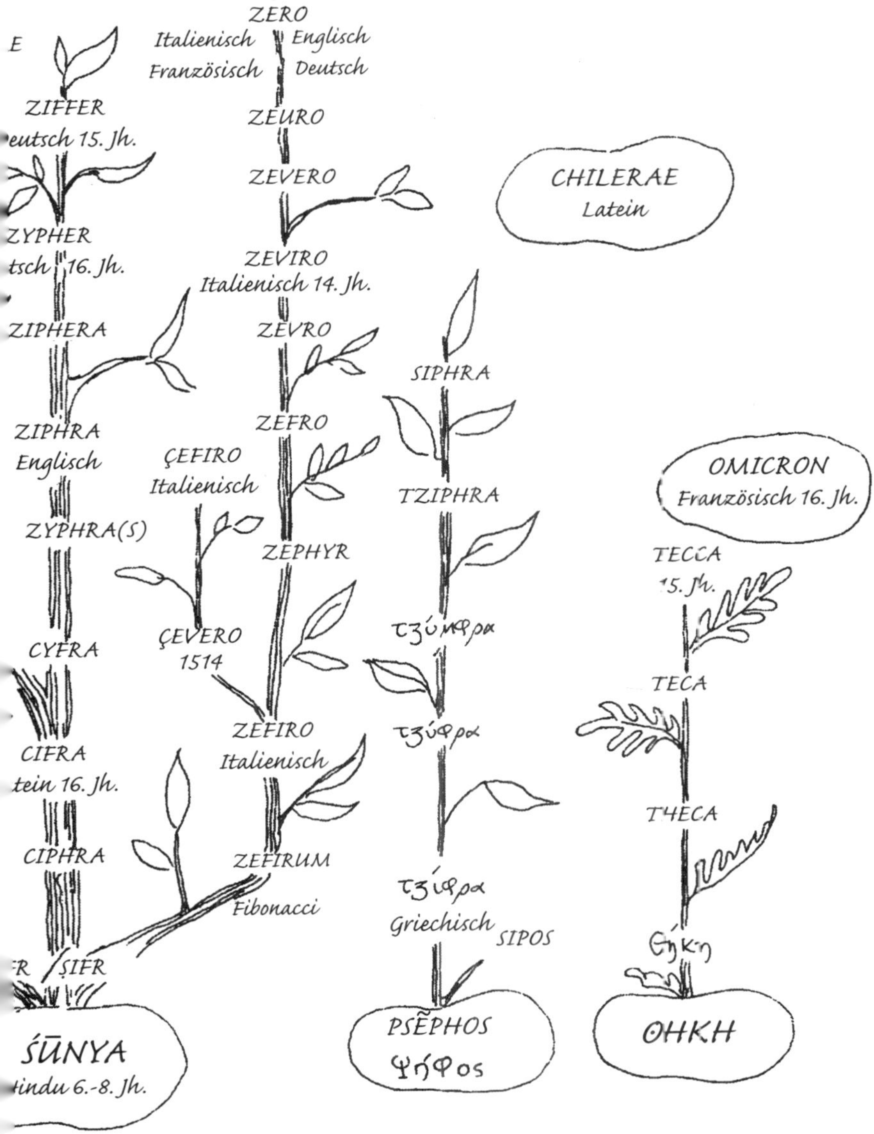
ZERO
Italienisch
Englisch
Französisch
Deutsch
ZIFFER
eutsch 15. Jh.
ZEURO
ZEVERO
CHILERAE
Latein
ZYPHER
tsch 16. Jh.
ZEVIRO
Italienisch 14. Jh.
ZIPHERA
ZEVRO
SIPHRA
ZIPHRA
Englisch
ZEFRO
ÇEFIRO
Italienisch
OMICRON
Französisch 16. Jh.
TZIPHRA
ZYPHRA(S)
ZEPHYR
TECCA
15. Jh.
ÇEVERO
1514
CYFRA
TECA
ZEFIRO
Italienisch
CIFRA
tein 16. Jh.
CIPHRA
ZEFIRUM
Fibonacci
Griechisch
SIPOS
ṢIFR
ŚŪNYA
Hindu 6.-8. Jh.
PSĒPHOS
ψῆφος
ΘΗΚΗ

er doch die Heimstatt alter und noch mächtiger Ketzereien. Die verhassteste und gefürchtetste von ihnen war der Manichäismus, jene Mischung aus persischer Mythologie und gnostischer Theologie aus dem 3. Jahrhundert, die in verschiedenen Formen durch das Mittelalter fortlebte. Das Gute und das Böse waren darin in gleichrangigem Kampf verstrickt, Gott und der Teufel kämpften auf dem Schlachtfeld des Menschen um den Sieg. Als sich die Schlussfolgerungen zu einem System verdichtet hatten, hielten sich zwei Merkmale, die für uns wichtig sind: Erstens wurde die Leere mit dem Bösen identifiziert; zweitens meinte man, Kräfte und Wesen *heraufbeschwören* zu können: Man konnte sie rufen, indem man ihren Namen aussprach. Als die Leidenschaften, die widerstreitende Glaubenslehren wecken, den manichäischen Dualismus ausgetrieben hatten, tauchten in Zeiten der Not aus dunklen Ecken seltsame Glaubenspraktiken, Umgehungsrituale und Anrufungen schattenhafter Gestalten auf. Glaubensüberzeugungen hatten sich in Aberglauben verwandelt, der umso machtvoller war, als er unerforscht blieb.

Soweit daher die Null in Form oder Bedeutung mit der Leere in Verbindung gebracht wurde, musste man, wenn überhaupt, vorsichtig mit ihr umgehen. Eine römische Eigenheit des Zählens verstärkte noch die Neigung, der Null aus dem Weg zu gehen. Die 360 Längengrade wurden zum Beispiel immer zur Frühjahrstagundnachtgleiche gemessen, die in das Tierkreiszeichen des Widders fällt. Dies hätte null Grad (0°) sein müssen, aber es war üblich, es stattdessen »den ersten Grad« (Widder 1°) zu nennen, wie es Plinius um 60 n. Chr. tat, der damit seine Berechnungen und die der vielen, die ihm nachfolgten, durcheinander brachte. Es läuft auf Folgendes hinaus: Legt man vier Markierungen auf den Boden und tritt von der ersten zur letzten, wie viele Schritte hat man dann getan, drei oder vier? Natürlich drei, auch wenn dabei vier Markierungen im Spiel waren. Um die richtige Antwort zu erhalten, ist es hilfreich, die Startlinie »null« zu nennen. Dann wird die Zahl der Markierungen, auf die man tritt, der Anzahl der Schritte entsprechen. Aber die Römer zählten so, dass drei Tage nach Sonntag Dienstag war; die italienische Bezeichnung für das 15. Jahrhundert ist *Quattrocento* (wörtlich: »vierhundert«), und wir alle nennen noch heute die zwei Noten von C nach E eine große Terz, nach den drei Tönen, die daran beteiligt sind.

Der Aberglaube machte den Frommen die Null verhasst, während sie für jene, die zum Okkulten überwechselten, zu einem Geheimnis wurde. In der Alchimie erscheint ihre Form als Ouroboros, der Drachen, der seinen eigenen Schwanz verschluckt, Symbol der *prima materia*, sowie als *rota*, der kreisförmige Verlauf der alchimistischen Transformation. Ihr Kreis findet sich in der Magie allenthalben, wo er verzauberten Boden markierte. Und dieser Kreis blieb auch nicht auf bäuerliche Riten und Partyzauberer beschränkt: Er erscheint erneut als Mandala in der von Magie erfüllten Psychologie C. G. Jungs, das Traumbild oder die von Patienten angefertigte Darstellung als Symbol der Selbstfindung. Tatsächlich leuchtet der perfekte Ring der Null immer dann vor unseren Augen auf, wenn wir an unserem Verstand zweifeln und glauben, dass er dunkel verherrlichten Kräften nicht gewachsen ist; wann immer alte Weisheit unbändiger leuchtet als modernes Wissen; wann immer die kleinlichen Unterscheidungen zwischen den Dingen verblassen und wir gewärtigen, dass alles alles und jedes sein Gegenteil sein kann: Null, die Zahl des weisen Narren in den Tarot-Karten und das Wort Tarot selbst als Anagramm, zu »Rotat« gewandelt.

Die arabischen Zahlen boten Eingeweihten eine weitere Reihe von Symbolen, die sie zu einer verschworenen Gemeinschaft verbanden und sich in einer Weise manipulieren ließen, die wer weiß welche geheimen Kräfte heraufbeschworen. Man ahnt die mit Ehrfurcht oder mit Furcht vermischte Verwirrung, die einen Laien befallen haben muss, wenn er astrologische Aufzeichnungen wie diese vor sich sah:

Was für Ratschläge waren dies, was für Vorhersagen? Es sind lediglich die Zahlen 1 bis 6 aus dem »Buch der Zahlen«, das Noviomagus 1539 schrieb. Er behauptete, sie seien chaldäisch, aber sie haben keine Ähnlichkeit mit irgendeinem Zahlensystem, das wir kennen.

Selbst für Leute, die für Aberglauben nicht anfällig waren, war die Null eine »schattenhafte«, »hinderliche« Zahl, wie es ein französischer Schriftsteller im 15. Jahrhundert ausdrückte *(donnant ombre et encombre)*. Was sie war, wie sie sich verhielt, aber vor allem, was sie *bedeutete*, war verwirrend.

Denn alles, was einen Namen hatte – und die Null hatte so viele –, musste zweifellos existieren. Nicht nur die Manichäer glaubten, dass Zahlen wirkliche Dinge bezeichneten. Doch wie konnte existieren, was es nicht gab? Dem Argument, Gott habe die Welt nicht aus dem Nichts erschaffen können, weil die unendliche Distanz zwischen dem Nichts und dem Seienden nicht überwunden werden könne, hielt Thomas von Aquin den schwachen Einwand entgegen, dass man sich einen solchen Abstand nur fälschlich vorstelle, wenn man sich die Schöpfung als Wechsel zwischen zwei Begriffen denke.

Selbst wenn man versuchte, außer Acht zu lassen, was die Null bedeutete, blieb das Problem, wie die Null und das Stellenwertsystem überhaupt funktionierten. Für uns, die Erben einer Praxis von einem halben Jahrtausend, ist dies so einfach, aber für viele Gelehrte im Mittelalter war es eine ungeheure Aufgabe. Stellen Sie sich nur einmal vor, Sie hätten diese Rechenkunst aus dem ersten uns bekannten englischen Text über das Thema, *The Crafte of Nombrynge*, geschrieben um 1300, lernen müssen:

> »Dies Buch heißt das Buch von Algorim oder, im ungelehrten Gebrauche, Augrym (...) und handelt von der Kunst des Zählens, die welche Algorym genannt. Einst gab es einen König von Indien, welcher Algor geheißen und nämliche Kunst erfand (...) Algorismus, worin wir die Zahlen Indiens benutzen (...). Jede dieser Zahlen stehet nur für sich und nicht mehr, wo sie an dem ersten Platze der Reihe erscheinet (...).
>
> Wenn sie aber am zweiten Platze der Reihe sich befindet, bezeichnet sie zehnmal sich selbst, wie diese Zahl 2 hier 20 mal sich selbst bezeichnet, das ist zwanzig, denn sie selbst bezeichnet zwo und zehn mal zwo ist zwanzig. Und daher bezeichnet sie, wenn sie auf der linken Seite und auf dem zweiten Platze stehet, zehn mal sich selbst. Und so weiter (...).
>
> Eine Null bezeichnet nichts, wohl aber bringt sie jene Zahl, die nach ihr kommt, dazu, mehr zu bezeichnen als wenn selbige allein wäre und all so 10. Hier bezeichnet die Zahl für eins zehn, und wenn die Null fortgenommen wäre und keine Zahl vor ihr stünde, würde sie nur eins bezeichnen, denn dann würde sie an der ersten Stelle erscheinen (...).«

Vielleicht sind Sie sich nun im Hinblick auf König Algors System nicht mehr ganz so sicher, besonders wenn Sie erfahren, dass es diesen König überhaupt nicht gab, sondern »Augrim« und ähnliche Wörter von al-Ḫwārizmī abgeleitet waren, der Quelle unseres Wortes »Algorithmus«. Aber wenn Sie die Anstrengungen unseres anonymen Schreibers für lächerlich halten sollten, versetzen Sie sich in seine Lage, indem sie eine kürzlich von dem Mathematiker Donald Knuth erdachte Schreibweise zu erklären versuchen. Sie wird für die außergewöhnlich großen Zahlen benötigt, die in der Ramsey-Theorie auftauchen, einem Zweig der Mathematik, der schnell wachsende Funktionen analysiert. Sie beginnt recht leicht mit $3 \uparrow 3$, was schlicht 3^3 oder 27 bedeutet. $3 \uparrow\uparrow 3$ ist als $3 \uparrow (3 \uparrow 3)$ zu verstehen, das heißt 3^{3^3} oder 3^{27}, die überschaubare Zahl 7 625 597 484 987. Dann ist $3 \uparrow\uparrow\uparrow 3$ definiert als $3 \uparrow\uparrow (3 \uparrow\uparrow 3)$, das heißt $3 \uparrow\uparrow 7\,625\,597\,484\,987$, das ist $3 \uparrow (7\,625\,597\,484\,987 \uparrow 7\,625\,597\,484\,987)$.

Und $3 \uparrow\uparrow\uparrow\uparrow 3$ selbst bezeichnet $3 \uparrow\uparrow\uparrow (3 \uparrow\uparrow\uparrow 3)$ und daher steht die Zahl 3 auf der linken Seite von $\uparrow 3$. Und … Aber vielleicht sollten wir hier aufhören, bevor sich Vergangenheit und Zukunft in der Unendlichkeit treffen.

Nehmen wir jedoch an, dass die Stellenwertschreibung verstanden wurde. Nun versperrte etwas noch Verwirrenderes den Weg. Dies waren nicht die Zeiten von Solon oder Polybius, wo der Status so sehr von der Willkür des Herrschers abhing wie die Steine auf einem Rechenbrett von der zufälligen Handbewegung des Rechners. Die Ordnung war hierarchisch, vom Dorf bis zum Universum. Die Hierarchie gab der Welt ihren Sinn und dem Einzelnen seinen Platz darin. Doch von gleicher Bedeutung wie die Hierarchie war die Allegorie. In dieser letzten Epoche des Großen Paradigmas wies alles über sich hinaus auf seine Bedeutung. Worauf aber konnte diese Veränderlichkeit der Position, die aus dem Osten kam, weisen? Im Rückblick können wir mit Gewissheit antworten: Sie deutete auf Wandel, auf das Ende der langen Erstarrung. So wie der Raum in der Malerei, der hierarchisch geordnet gewesen war – das heißt, die Größe der Gestalt entsprach ihrer Bedeutung –, bald durch den Fluchtpunkt, eine visuelle Null, in Perspektive gerückt werden sollte, war die Null der Stellenwertschreibung der Vorbote einer Neuordnung des sozialen und politischen Raums.

Zu jener Zeit wurde dies nicht so verstanden. Die besten Köpfe waren perplex. Selbst noch 1620 konnte John Donne von seiner Kanzel sagen: »Je weniger etwas ist, desto weniger kennen wir es: Was für ein unsichtbares, unverständliches Ding also ist dieses *Nichts!*« Etwa 200 Jahre zuvor war ein anderer Engländer, Thomas Usk, zu einem etwas positiveren Schluss gekommen: Zwar habe eine Null, so sagt er, selbst keine Bedeutungsmacht, sie verleihe diese jedoch anderen.

Ein wunderbares Verständnis dieser Stellenwertnull, die ganz im Rahmen des mittelalterlichen Kanons blieb, flackerte im frühen 14. Jahrhundert kurz in Köln bei Meister Eckhart auf, dem Vater des deutschen Idealismus. Eckhart – ein Dominikanermönch und radikaler Mystiker, ein Mann, der mit verwirrender Eloquenz in der Umgangssprache predigte –, lehrte, dass alle Wesen nichts sind; dass leer von Dingen zu sein bedeute, voll von Gott zu sein; dass Gott, der jenseits allen Wissens und allen Seienden stehen müsse, daher ebenfalls nichts sein muss, dass er von Anbeginn unverrückbar abgeschieden von seiner Schöpfung gewesen sei und immer noch ist. Und diese Abgeschiedenheit – Eckhart schreibt »Abgescheidenheit« – des Schöpfers kommt der Null (»Nihte«) so nahe, dass nichts außer Gott sie füllen kann. Ist das eine Botschaft stoischer Resignation in einer gottverlassenen Welt? Weit gefehlt: Eckhart hat eine ganz andere Vision im Kopf. In dieser Vision sieht er, dass er selbst Gott ist und jeder, der über die Demut hinaus zur Abgeschiedenheit gelangt, ebenfalls Gott sein wird. In einer seiner letzten Predigten verkündete er die Wahrheit, die ihm in jenem Moment entdeckt wurde, nämlich »dass ich und Gott eins sind. Da bin ich das, was ich war, und da nehme ich weder ab noch zu, denn da bin ich eine unbewegte Ursache, die alle Dinge bewegt.« Und das ist natürlich genau, was die Null ist.

Selbst wenn man die arabischen Zahlen mit ihrer Null als das akzeptierte, was sie waren und bedeuteten, wie konnte man ihnen seine Berechnungen anvertrauen, wenn sie im Vergleich zum Rechenbrett so schwierig waren? Addition war relativ leicht, sobald man damit klar kam, den Überhang von einer Stelle in die nächsthöhere zu ziehen. Die Subtraktion stellte schon die Abstraktionsfähigkeit auf den Prüfstand. Und sollte man die Multiplikation über Kreuz, mit Faktoren oder »in der Art einer Jalousie« lernen? Welchen Weg man auch wählte, man brauchte viel

Geschicklichkeit – »sie nimmt viel Kopffs«, wie der deutsche Rechenmeister Adam Riese im ersten Jahrzehnt des 15. Jahrhunderts sagte.

War man ein Kaufmann in Deutschland und nahm die Sache ernst, schickte man seinen Sohn nach Italien, wo man diese Dinge besser ordnete. Ein Nürnberger Vater schrieb seinem Sohn in Venedig, er hoffe, er werde lernen früh aufzustehen, regelmäßig zur Kirche zu gehen und die Arithmetik zu meistern. Teilen war auf dem Brett schwierig – tatsächlich war es so schwierig, dass eine Vorgehensweise »eiserne Teilung« (*divisio ferrea*) genannt wurde, weil es »so außerordentlich schwierig war, dass seine Härte die des Eisens übertraf«. Aber mit arabischen Zahlen war es genauso verwirrend, wenn man der Ausstreichmethode folgte: Dann war das Blatt bald mit durchgestrichenen Zahlen in anschwellenden und abnehmenden Reihen übersät und das Ergebnis sah wie ein Schiff unter vollen Segeln aus.

Fehler waren so verbreitet, dass in Frankreich der Ausdruck »*faire par algorisme*« (»per Algorithmus rechnen«) bald »sich verrechnen« bedeutete, eine sinnvolle Schlussfolgerung zu einer Zeit, als Bleistifte rar und Papier noch rarer war, so dass man so viele Berechnungen wie nur irgend möglich in die letzten freien Ecken kritzelte, wo kein Platz für Genauigkeit blieb. Wie sollte man leichthändig oder auch nur ächzend ein Problem wie dieses aus einem Übungsbuch von 1489 lösen:

> »Eyner geet zu wyen yn eyn wechsselpanck vnd hat 30 ₰ Nurmberger, also sprechen zu dem wechsseler liber wechssel mir die 30 ₰ vn gieb mir wiener darfür als vil sy dan wert seyn. also weyß der wechssler nit wie viel er ym wiener ßol geben. vnd begert der muncz vnderrichtung. also unterweyst jener den wechssler vnd spricht 7 wyener gelten 9 linczer vnd 8 linczer geltn 11 passawer vnd 12 passawer geltn 13 vilsshofer vnd 15 vilsshofer gelten 10 regensperger vnd 8 regensperger geltn 18 neumerker vn 5 neumerker geltn 4 nurmberger wie vil kummen wiener umb 30 nurmberger.«

Vielleicht interessiert es Sie, dass die Antwort $13\frac{23}{429}$ ist. Runden Sie es auf 13 Wiener Pfennige ab und geben Sie den Rest als Trinkgeld für den Tipp!

Einige Lehrer verwarfen alle gängigen Methoden. So sagte Prosdocimo de' Beldomandi, der um 1400 schrieb, dass er in verschiedenen

Übungsbüchern viele unterschiedliche Techniken gefunden habe, man bei allen jedoch immer wieder von vorn beginnen müsse, wenn man früh einen Fehler mache. Und wo ließen sich Zwischenergebnisse aufschreiben und wie konnte man sie ausradieren? Nein, das war ihm alles zu umständlich und mühselig, und so verwarf er alles und nahm in sein Buch nur das zum Rechnen absolut Notwendige auf.

Diese technischen Schwierigkeiten in Verbindung mit der langsamen Verbreitung des Wissens vor dem Buchdruck und volkssprachlicher Literatur förderten noch den üblen Ruf, den die arabischen Zahlen als sarazenische Magie sowieso schon hatten. Selbst als sie in Form von Daten auf Münzen und Monumenten erschienen, benutzten Banken sie noch immer nur widerwillig, und dies mit gutem Grund: Die Null war wieder der Schurke, konnten ihr doch die Skrupellosen ein oder zwei Ziffern voranstellen oder sie in eine 6 oder 9 verwandeln. So erließ 1299 der Stadtrat von Florenz eine Verfügung, wonach es illegal war, Zahlen zu schreiben, wenn man Geldsummen in Kontobücher eintrug: Summen mussten in Worten ausgeschrieben werden. Ein alter venezianischer Text über Buchführung erklärt, dass »nur die alten Zahlen [das heißt die römischen] verwendet werden, weil sie nicht so leicht gefälscht werden können wie jene der neuen Rechenweise«. An der Universität von Padua verlangte man von den Buchhändlern, die Preise ihrer Bücher nicht in Zahlen, sondern in Buchstaben auszuweisen (*non per cifras sed par literas claros*). 1494 wies der Bürgermeister von Frankfurt seine obersten Buchhalter an, »auf das Rechnen mit Ziffern zu verzichten«. Selbst noch 1594 warnte eine Vorschrift in Antwerpen die Kaufleute, Ziffern in Verträgen oder Wechseln zu verwenden. Wir lachen über jene, die nicht zählen können, aber im 13. Jahrhundert lachte man über jene, die es konnten, und gab die arabischen Zahlen und die Null aufgrund ihrer Nutzlosigkeit der Lächerlichkeit preis: »Ein gehörntes Vieh, ein Schaf, / Eine arabische Ziffer / Ist ein Priester, der an solch einem Festtag / Nicht die Gottesmutter preist.«

Dieses Jahr, nächstes Jahr, nie

Diese zügellose Horde dummer Verdächtigungen schubste und rempelte die Null auf ihrem Weg nach Westen zur Seite. Doch richteten sich längst schon subtilere und machtvollere Befürchtungen gegen sie, denn als ein Jahrhundert nach dem anderen verging, wurde es immer wichtiger zu wissen, wann die Welt enden würde.

Die römische Zählweise brachte die Dinge durcheinander, da es zwischen 1 v. Chr. und 1 n. Chr. kein Jahr null gab. Folglich mussten Chiliasten damals – wie heute – mit der Schwierigkeit rechnen, dass Jahre, die auf null endeten, die letzten ihres Jahrzehnts, ihres Jahrhunderts oder Jahrtausends waren, nicht die ersten des nächsten (so beginnt ja auch für uns das 3. Jahrtausend mit dem 1. Januar 2001, und die Festlichkeiten des Vorjahres sind lediglich Ausdruck privater Übergangsriten). Trotz zahlreicher Kalenderreformen dauerte es bis 1740, bis ein Jahr 0 zögerlich in Erscheinung trat. In diesem Jahr veröffentlichte Jacques Cassini, der zur zweiten von vier Generationen italienischer Astronomen gehörte, die das Pariser Observatorium leiteten, seine *Tables astronomiques* mit dieser Korrektur. Auch er muss ein Gefühl der Null als unbewegter Beweger gehabt haben: Wie sein Sohn und Enkel war er im Observatorium geboren worden, aus dem die Familie über ein Jahrhundert lang den Himmel und die saftigen Felder Frankreichs beobachtete.

Zu wissen, wann das Ende kommt: Dafür musste man das Datum des relevanten Anfangs genau bestimmen und verstehen, welche Zeitspanne vorherbestimmt war. Daher wurden so große Anstrengungen unternommen, durch Exegese und Berechnung eine christliche Chronologie zu schaffen, deren Zweck – wie der scharfsinnige Experte für Millenniumsfragen, Richard Landes, bemerkt – »es immer gewesen war, nicht den Anfang, sondern das *Ende* zu datieren«. Trotz all ihrer Präzision scheiterten solche Berechnungen immer wieder: Die Mitglieder der im 17. Jahrhundert gegründeten russischen Sekte der Duchoborzen brannten ihre Häuser mit all ihrer weltlichen Habe in der Nacht vor wiederholten Jüngsten Gerichten nieder; die Leute standen mit ihren Propheten bei Tagesanbruch auf Bergwiesen, nur um in der Abenddämmerung enttäuscht nach Hause zu trotten. Hale-Bopp kam – und ging wieder.

Doch die grausam enttäuschten Erwartungen hinterließen Reste von unschätzbarem Wert: ein verändertes Zeitbewusstsein und einen wachen Geschichtssinn. »*Dies irae, dies illa / Solvet saeclum in favilla*« (»Tag des Zorns, jener Tag / Wird die Jahre in Asche legen«). Wenn der Tag null sicher verstrichen war, gewann die Zeit davor und danach einen neuen Sinn, erstreckte sich diesseits und jenseits davon wie negative und positive Zahlen von der Null, die nun nicht länger das Ende, sondern der Dreh- und Angelpunkt des Zählens war. Die Vergangenheit musste genau auf Vorzeichen des Kommenden geprüft werden; und die gebrochenen apokalyptischen Verheißungen führten, wie Landes sagt, zu dem Versuch, der Zukunft einen weiteren zeitlichen Horizont zu geben. Je entfernter der letzte Tag war, desto hoffnungsvoller konnte man sich mit ihm befassen. Natürlich sollte er nicht so entfernt sein, um zu entmutigen, oder so nahe, um zu enttäuschen, aber er sollte in einer gemäßigten Zeitzone liegen, wenigstens eine Generation entfernt, aber nicht weiter als drei oder vier.

Auch hier war jedoch das Große Paradigma am Werk. Das wirkliche Ende der Zeit: der Tag, an dem, wie die Offenbarung des Johannes vorhersagte, »etwas wie eine Stimme« zu hören sein würde, die sagte: »Ein Maß Weizen für einen Denar und drei Maß Gerste für einen Denar«; und »der Himmel schwand dahin wie ein Buch, das zusammengerollt wird« und »die Sterne des Himmels fielen auf die Erde, wie ein Feigenbaum, geschüttelt von einem starken Wind, seine Feigen abwirft«, und die vier Reiter fielen über das Land her. Ein wirklicher Tag im Jahr 1000 n. Chr., 1220, 1533 oder 1843: Das zu glauben bedeutet, die sehr realen Dämonen in und um uns herum loszulassen, um zu brandschatzen und zu plündern, denn dann gäbe es kein Morgen. Aber die kühleren Köpfe wussten, dass der Preis gigantisch wäre, wenn doch ein neuer Morgen anbräche.

Nicht nur um das Zerreißen des sozialen Geflechts zu verhindern, sondern auch um das Denken vom Wort zu seiner Bedeutung umzulenken, vom Inhalt zu dem, worauf es ankam, hatten sich maßgebliche Stimmen in der Kirche schon lange gegen Voraussagen gewandt, wann die Apokalypse kommen werde. Schon im Matthäus- und Markusevangelium wird uns gesagt, dass nicht einmal die Engel diesen Zeitpunkt kennen. Augustinus und nach ihm eine ganze Tradition von Autoren einschließlich Beda Venerabilis versuchten auf vielfältige Weise, den gefürchteten Tag hinaus- oder beiseite zu schieben. Verschiedene

Berechnungssysteme mit unterschiedlichen Ausgangsdaten wurden ins Feld geführt; Fehler in Berechnungen wurden aufgespürt, die den Moment zu nahe heranrückten. Am geschicktesten von allem war, die Chronologie bei den Hinweisen auf die entscheidende Zeit bewusst vage werden zu lassen, wie es der faszinierende Mönch, Fälscher und Historiker Ademar von Chabannes tat, der in der Jahrtausendgeneration zwischen 1000 und 1033 schrieb: Er ersetzte präzise Daten in den Annalen, die er abschrieb, durch Ausdrücke wie »in jenen Tagen« und »nach einer Weile«.

Eine Folge dieser widerstreitenden Traditionen – in denen die Propheten des Untergangs wortgewaltiger, ihre Rivalen schriftmächtiger waren – war, die bereits dunklen Datierungsmethoden noch tiefer in Nebel zu tauchen, wobei die Anfangs- und Endnull unterschlagen, verschoben oder verwischt und so in den Untergrund getrieben wurde. Kein Wunder also, dass niemand aufmachte, als sie wieder an die Tür klopfte.

Man fühlt sich unweigerlich an die Maya erinnert, und doch lässt die straff gespannte Saite der Null in beiden Geschichten einen ganz anderen Unterton anklingen. Die Maya fürchteten, wie wir gesehen haben, dass die Zeit linear wäre und daher enden könnte. Um dies zu verhindern, zwängten sie ihr einen exakt umrissenen Zyklus nach dem anderen auf, in der Überzeugung, sie so immer wieder nach vorne zu treiben. Die Christen dagegen waren sich sicher, dass die Zeit linear war und daher in einem Jüngsten Tag enden werde, an dem sie zu ihrem Gott in die Zeitlosigkeit eingehen würden.

Was sollte man aber mit den Zyklen der Jahreszeiten, der Tage, Wochen und Monate anfangen? Sie wurden entweder als heidnische Relikte entwertet – der Mond, dessen Phasen in der Welt des Altertums so große Bedeutung gehabt hatte, trauerte nun nur noch mit der Sonne bei der Kreuzigung oder stützte die Jungfrau Maria im Himmel –; oder sie wurden neu besetzt, wie die Mittwinterfeuer, die mit Weihnachten zu einem einzigen Geburtsfest zusammengezogen wurden. Zyklen hielten sich hier und da, wie beim Rosenkranz. Häufiger jedoch wurden sie zu rhythmisierten, aber vorwärts strebenden Zeitabläufen gestreckt. So ahmte die Woche die sieben Tage der Schöpfung nach, an deren Sabbat Herz, Seele und Geist durch neue, nicht erneuerte Oberservanz gebessert wurde. Die Struktur der westlichen Musik illustrierte die Unterordnung des Zyklischen unter das Lineare sehr schön: Die Melodie bewegt sich, von Sabbatpausen unterbrochen, zu einem Ende, das sich von ihrem Anfang durch wiederholte Grundmuster harmonischer Form unterscheidet. Vom Anfang bis zur Koda, von Kopf bis Fuß ist jedes Stück ein einzigartiges Wesen.

Der Kontrast zwischen dem linearen Symbolismus des herrschenden Glaubens – die Stationen des Kreuzwegs, die Seelenreise – und den zyklischen Symbolen der Glaubensvorstellungen, die er überlagert hatte, jahreszeitliche und ewige Wiederkehr, führte bisweilen zu barocken Kompromissen oder Verschmelzungen. So übersetzte ein Engländer die Verszeile eines Psalms mit »Die Zeit, wie ein ewig rollender Fluss (…)«, und noch viel früher erscheinen die Rundbilder und der Heiligenschein zusammen mit dem Kreuz. Schließlich führte, wer nach Santiago de Compostela pilgerte, sowohl eine Muschelschale wie einen Stab mit sich. Die nie ganz aufgelöste Spannung zwischen den beiden gegensätzlichen Weltsichten, die sie beerbte, gab dem mittelalterlichen Verständnis der Null eine letzte Zweideutigkeit.

Und sie bewegt sich doch

Es ist verführerisch, eine Anleihe bei der linearen Metaphorik zu machen und von der Null zu sagen, sie sei sich wie Goethes Faust in ihrem dunklen Drange des rechten Weges wohl bewusst gewesen. Aber die Geschichte wandelt auf menschlichen Pfaden. Drei Gestalten ragen unter jenen hervor, die die Mystik und die Schleier der Null den Rätseln des Tages überließen und sie unverhüllt in die Renaissance trugen: ein Mann vom Haus Gottes (de Villa Dei), ein Mann aus dem heiligen Wald (Sacrobosco) und der Sohn eines guten alten Jungen (Filius Bonacci).

Alexander de Villa Dei schrieb 1240 »Das Lied von den arabischen Zahlen«, *Carmen de Algorismo*, und John Sacrobosco 1250 seinen *Algorismus vulgaris*. Beide waren an den Universitäten ungeheuer populär: Sie wurden Zeile für Zeile gelesen, kopiert, kommentiert. Noch heute gibt es Vorlesungsmitschriften in Kurzhand aus dem 13. Jahrhundert, in denen wiederholt wird, diese Wissenschaft stamme vom Philosophen Algus und benutze das Symbol *teca*, ⊗, für null. Einige Kommentatoren bekannten, dass sie bestimmte Passagen der sperrigen Klassifizierungen nicht ganz verstehen konnten, und sicherlich kratzte sich manch ein Universitätsgelehrter in den frühen Morgenstunden den Kopf, wenn er Villa Deis Verse las: *»Prima significat unum; duo vero secunda; / Tertia significat tria; sic procede sinistre / Donec ad extremam venias, quae cifra vocatur« (›Das Erste bedeutet eins, / das Zweite wahrlich zwei, / das Dritte bedeutet drei und so fahre zur Linken fort, / bis du das Letzte erreichst, das null geheißen wird«).*

Aber es war der Sohn des guten alten Jungen, Filius Bonacci – kurz Fibonacci –, dessen Studien am tiefgründigsten waren und die größte Wirkung hatten. Sein richtiger Name war Leonardo von Pisa, aber er nannte sich selbst Bigollo, was einige seither als »Dummkopf«, andere als »der Reisende« gedeutet haben. Ein Dummkopf war er beileibe nicht; vielmehr hatte er das Gesicht eines Schelmen und reiste in den letzten Jahren des 12. Jahrhunderts tatsächlich als Kaufmann durch Ägypten, Syrien, Griechenland, Sizilien und die Provence, Reisen, auf denen er viel beobachtete und das, was er sah, untersuchte, verglich und mit sich zurücknahm. 1202 veröffentlichte er sein Buch mit dem verwirrenden Titel »Buch des Abakus« (*Liber Abaci*), das gar nicht vom Abakus, dem Rechenbrett handelte, sondern von den arabischen Zahlen, dem besten Rechensystem, das er angetroffen hatte.

Anders als Villa Dei und Sacrobosco übertrug Fibonacci nicht einfach das neue Rechensystem, sondern spielte mit diesem Spielzeug wie ein Mathematiker. Die Abfolge war 1, 2, 3 … Nun gut: Er wollte einmal eine andere probieren und begann mit 1, 1, 2, 3 und fuhr fort mit 5, 8, 13, 21, 34, 55. Jeder Ausdruck war die Summe der beiden vorangegangenen. War das die Laune eines Dummkopfes? Diese Fibonacci-Sequenz wurde seither überall in der Natur gefunden, von der Teilung einer Nautilusmuschel bis zur Kreuzschraffur einer Sonnenblumenblüte. Ein Mathematikhistoriker schrieb einmal, dass nicht einmal ein Pro-

Fibonacci

fessor von der Pariser Universität, dem geistigen Zentrum der damaligen Welt, die klugen Gedanken dieses kleinen Kaufmanns aus Pisa verstanden hätte.

Doch der Fortschritt schien für jeden Schritt nach vorne zwei Schritte zurück zu tun, als hätte er einen Pilgerschwur abgelegt oder folge den Regeln eines Kinderspiels. Die Arbeit von Brahmagupta, Mahāvīra und Bhāskara, die Null auf eine Stufe mit den anderen Zahlen zu stellen, überlebte die Reise nach Westen nicht: Fibonacci spricht von neun indischen *Zahlen*, aber dem *Zeichen* 0. Erst 1300, in *The Crafte of Nombrynge*, werden zehn Zahlen genannt.

Fast weitere 200 Jahre vergingen, bis die Null wie eine tatsächliche Größe behandelt wurde: 1484 suchte ein Arzt aus Lyon, Nicolas Chuquet, nach der Auflösung der Gleichung $3x^2 + 12 = 12x$, fand, dass $x = 2 \pm \sqrt{4-4}$ ist und bemerkte: »da $4 - 4 = 0$, und $\sqrt{0}$ zu 2 hinzugefügt oder abgezogen 2 ergibt, haben wir damit die Zahl, die wir gesucht haben«. Aber sein Werk, *Le Triparty en la science des nombres*, wurde erst nach seinem Tod veröffentlicht, so dass sogar noch mehr Zeit verging, bis die Arbeitserlaubnis der Null durch eine Einbürgerungsurkunde ersetzt wurde.

In der Zwischenzeit wuchs durch die steigende Flut des Handels die Nachfrage nach sorgfältigen Rechnungen und Aufzeichnungen für Transaktionen. Die arabischen Zahlen wurden zwar gelehrt, aber, wie wir gesehen haben, man misstraute ihnen. Es hielten sich archaische, doch wunderbar raffinierte Methoden wie das Kerbholz, das noch im 18. Jahrhundert in England benutzt wurde; weil Stapel davon Feuer fingen, brannte ein Jahrhundert später das Parlament nieder. Kerben, die in das Holz geritzt wurden, zeigten die Summe an, die man schuldete; der Stock wurde dann in der Mitte gespalten, eine Hälfte bekam der Schuldner, die andere der Gläubiger: Diese einzigartige Kontrollmethode verhinderte Betrug. Müller wiesen Art und Menge des Mehls in ihren Säcken durch die Art und Weise aus, wie sie diese mit Kordeln zum Zuziehen verknoteten; und jeder, Händler wie Bankiers, Gebildete und Analphabeten, wusste, wie man Summen bis zu einer Million mit den Fingern zusammenzählte.

Aber das Rechenbrett war der Meister, den es zu besiegen galt. Als der Feudalismus unterging und in einer dynamischeren Gesellschaft die

Unsicherheit der gesellschaftlichen Stellung zurückkehrte, lebte auch die alte Metapher zwischen Höfling und Rechenstein wieder auf. Zuerst kontrastierte sie die Stabilität der Hierarchie im Diesseits mit der Gleichheit im Jenseits, wie hier Martin Luther: »Die zalpfennig sind vorm rechenmeister alle gleich, sie gelten aber wie er sie setzt. Also die Menschen vor Gott, seind nach den ständen, darein sie Gott setzt, ungleich!« Zwei Jahrhunderte später in einem anderen Land lesen wir dagegen: »Die Höflinge sind Pfenn'chen gleich, / Ihr Rang bestimmt ihren Wert; / In Gunst sind sie millionenreich; / In Ungnad' doch zur Null verkehrt!« (*»Les courtisans sont des jetons, / leur valeur dépend de leur place: / Dans la faveur, de millions, / et des zéros dans la disgrâce!«*) Als Barometer sozialer Stabilität wäre diese Metapher fast einen Essay wert, wo auch Plutarchs Version ihren Platz hätte, dass die Günstlinge der Könige bald alles, bald nahezu nichts seien, wie beim Rechnen die Finger manchmal einen Wert von 10000, ein andermal nur von 1 hätten. Man beachte, dass den Römern die Null unbekannt war und unser französischer Aphorist offenbar nicht weiß, wie ein Rechenbrett funktioniert.

Der entscheidende Schlag in dieser Schlacht fiel, bevor es noch irgendjemand bemerkte, und ausschlaggebend war er sowohl für das weitere Schicksal der Null wie für das westliche Denken insgesamt. Es passierte Folgendes: Das Bedürfnis, angesichts wuchernder Datenmengen eine akkurate Buchführung zu gewährleisten, führte einige Zeit vor 1340 in Italien zur Erfindung der doppelten Buchführung. Wie bei allen großen Erfindungen war die Idee einfach: Man trägt Soll und Haben auf derselben Seite des Hauptbuches in parallelen Spalten ein. Wenn die Differenz zwischen beiden null ist, ist das Konto ausgeglichen, was beweist, dass es akkurat geführt (oder geschickt manipuliert) wurde. Und Gewinne und Verluste? Auch sie wurden doppelt aufgeführt, indem man ein zweites, ein Erfolgskonto anlegte, in das die etwaigen Profite des ersten übertragen wurden, ein Übertrag, der somit das Hauptbuch belastete. Am Saldo dieses zweiten Kontos konnte man sofort erkennen, wie es dem eigenen Geschäft ging. *Dieses* Konto glich man dann wieder aus, indem man den Gewinn in ein drittes, ein Kapitalkonto übertrug.

Die Rolle, die die Null hierbei spielte, passt zu dem Charakter, den sie nach den gescheiterten Apokalypsen angenommen hatte: dem eines

Balancepunktes zwischen negativen und positiven Mengen, wie zwischen vergangener und zukünftiger Zeit. Zusammen machten diese Denkweisen negative Zahlen so real wie ihre positiven Gegenstücke; und die Reibung zwischen diesen sich wechselseitig ausschließenden Mengen führte ihrerseits zu einer Neudefinition der Null.

Aber dies war erst der Anfang eines Neubeginns. Daraus entwickelte sich ein Vokabular, mit dem man über die Beziehungen zur Welt in den Begriffen von Transaktionen sprechen konnte: Jede eigene Aktion oder fremde Handlung, die andere oder einen selbst berührte, war ein Handel. So schrieb Mattäus Schwartz, der Buchhalter von Jakob Fugger dem Reichen, in sein Handbuch der Buchführung von 1518, dass die doppelte Buchführung »ein Spiegel« sei, »in dem man sowohl sich selbst wie andere sieht, sowohl Fragen wie Antworten«. Sobald aber eine Redeweise etabliert ist, erlaubt und begünstigt sie Vorstellungen, die zuvor nicht verfügbar waren. Führte dieses neue Vokabular nicht mit der Zeit zur Formulierung der Erhaltungssätze in der Physik – dass Masse, Impuls und Energie weder geschaffen noch zerstört, sondern nur ausgetauscht werden – und zu solchen Einsichten wie Newtons Wechselwirkungsprinzip, wonach zu jeder Wirkung eine gleich große, ihr entgegengerichtete Wirkung gehört?

Zudem ist die einzige Art, wie doppelte Buchführung funktionieren kann, wie Luca Pacioli in seiner großen Zusammenfassung in Venedig 1494 klar machte, *allem* einen numerischen Wert beizumessen, selbst solchen Unwägbarkeiten wie faulen Krediten und gutem Willen, Schmähungen und einem gutem Ruf. Eine Wirkung dieser Entwicklung ist die langsame Unterminierung des Großen Paradigmas: Denn während die wirklichen Waren nun in den Geschäftsbüchern durch diese ätherischeren, zuweilen sogar fiktiven Summen vereint sind, so dass man meinen könnte, dies sei nur ein weiterer Fall eines Diesseits, das auf ein Jenseits weist, kann der Umstand, dass ihnen allen ein Geldwert zugeschrieben wird, nur das Ergebnis haben, sie alle gleich zu machen. So kehren wir in die Zeit vor dem Paradigma zurück, wo das B aus »A ist wie B« Licht auf das A zurückwarf. Der *Wert* wird zum Gleichmacher, ob schließlich im Gewand des dialektischen Materialismus oder als Reduktion des Wissens auf alles Quantifizierbare. Auf der Höhe des Großen Paradigmas waren Ziffern »Zahlen«, die Null aber ein »Zeichen«. Nun sind sie alle Zahlen.

Die arabischen Zahlen drangen hier und da entlang einer sehr ungleichmäßigen Frontlinie vor. Der typische Buchhalter eines Kaufmanns rechnete mit einem Rechenbrett, übertrug die Ergebnisse aber in römischen Zahlen oder Wörtern in seine Bücher. Die neuen Symbole verdrängten langsam beides: Man sieht, wie sie sich 1366 nach und nach in die Buchführung jenes gefürchteten Kaufmanns aus Prato, Francisco Datini, einschleichen, nur um immer wieder von derben Erzählblöcken verdrängt zu werden. Sie lungerten an der Hintertür herum, tauchten auf Listen von Warenrechnungen auf, die in die Geschäftsbücher übertragen wurden, wo jedoch vorerst wieder die alte Garde übernahm und die Eintragungen auf die alte Weise schrieb. Zur Zeit Luca Paciolis wurden die römischen Zahlen hauptsächlich benutzt, um das Datum anzugeben und einem Dokument eine feierliche Note zu verleihen – aber die Niederschrift von Summen war eine andere Sache als der Weg, wie man zu ihnen gelangte.

Schon früh müssen sich rivalisierende Lager aus »Abakisten« mit ihren Rechenbrettern und Rechensteinen einerseits und »Algoristen« andererseits gebildet haben, glaubt man einer volkstümlichen deutschen Ballade aus dem ersten Jahrzehnt des 12. Jahrhundert: »Nun ist auch hi gesundert / Lot vurste von Norwege / Ichn weyz, mit we vil hundert, / Ob Algorismus noch lebens plege / Unde Abakuc de geometrien kunde, / De heten vil tzo scaffen / Solten se ir allen tzal da haben funden.« (»Nun sehen wir auch hier / Lot, den Fürsten von Norwegen / Ich weiß nicht mit wie vielen Hundert. / Wenn der Algorismus noch lebte / Und Abakuc [Abakus], der Geometrie kundig, / Sie hätten viel zu tun gehabt / All jene zu zählen, die sie fanden.«)

Es gab halbherzige Versuche, beide zu verbinden. Gerberts Rechensteine mit Zahlen darauf, die wir bereits erwähnt haben, waren so eine absurde Mischung, die sich bemerkenswert lange hielt. Benutzer von Rechenbrettern wurden bis ins 12. Jahrhundert »Gerbertisten« genannt In Frankreich wurden die Linien auf den Rechenbrettern eine Zeit lang durch besondere, unmarkierte Rechensteine ersetzt, die den Stellenwert signalisierten. Führten sie oder Gerberts *apices* den französischen Dichter, den wir oben zitiert haben, mit seinem Null-Jeton in die Irre? Dagegen wurden in England Rechensteine schließlich unter Rubriken für Pfund, Shilling und Pence gruppiert, die ihren Wert angaben: Ein einzelner Stein über und links von den anderen bezeichnete 10, einer zur Rechten 5, außer unter der Rubrik Pence natürlich, wo er 12 oder 6 bedeutete. Vielleicht lässt sich an diesen Methoden auch ablesen, wie hoch Exzentrizität im Kurs stand.

Als die Schlacht hitziger wurde, setzten die klügeren Autoren ihre Einsätze auf beide Methoden. Ulrich Wagner veröffentlichte 1493 das erste Rechenbuch in Deutschland und lehrte »die Rechnung mit Linien und mit Zahlen«. Daraus wurde das Rechnen »mit Linien oder der Feder« in der Flut von Büchern, die folgte, wie etwa der *Introduction for to Lerne to Recken with the Pen or with Counters*, die 1537 in St. Albans erschien. Aber was sollte ein Vater tun: Sein Kind zu den Abakisten oder den Algoristen schicken? Die Titelseite von Adam Rieses zweitem Rechenbuch, das 1529 erschien, zeigt einen möglichen Interessenten, der zweifelnd von einem zum anderen blickt. Später kommentiert Riese:

> »Ich habe befunden in Unterweisung der Jugend, daß alleweg die, so auf den Linien anheben, des Rechnens fertiger und lauftiger werden, denn so mit den Ziffern, die Feder genannt, anfahen. In den Linien werden sie fertig des zelens und für alle exempla der kauffhendel und Hausrechnung schöpffen sie einen bessern grund. Mügen alsdann mit geringer Mühe auff den Ziffern ihre Rechnung vollbringen.«

Es muss so ähnlich gewesen sein wie die Verwirrung heutiger Eltern, ob ihre Kinder mit der Lautier- oder der Ganzwortmethode lesen lernen sollten.

Ein deutscher Holzschnitt von 1535 von einem Lehrer, der einen Jungen zum Abakisten schult, illustriert den Satz: »Wenn ein solcher Wächter Falsches tut, bestiehlt er auch den Schützling.« Etwa zur gleichen Zeit in England verkündete ein gewisser John Palegrave, er könne sechsmal schneller mit Ziffern rechnen als andere »einmal mit Rechensteinen«. Obwohl die Abakisten ein langes Rückzugsgefecht kämpften, hatte die Null sie bis Anfang des 16. Jahrhunderts besiegt. Man sieht den Triumph der Algoristen in einem Holzschnitt von Gregorius Reischs *Margarita Philosophica*, gedruckt 1503. Hier lächelt der Geist der Arithmetik Boethius an – der damals als Erfinder der Zahlen galt – und auch Boethius lächelt, seine Hand bereit, mit dem Rechnen fortzufahren, während er auf eine 0 auf seinem Tisch zeigt. Pythagoras aber – der die Abakisten repräsentiert – sitzt verlegen an seinem Brett und versucht offenbar immer noch, 1421 mit 2 zu multiplizieren, während Boethius geschwind eine weit schwierigere Rechnung löst.

Ich erkenne diese beiden Gestalten in einer wunderbar verwandelten Umgebung in Dürers Zwillingsstichen »St. Hieronimus« und »Melancholia«. Der Gesichtsausdruck beider ist gleich, das Licht, der Tisch des Heiligen, die flache Perspektive – selbst, so könnte man hinzufügen, die schwebende Figur, die die Inschrift trägt. Und wir wissen, dass Dürer mit Reischs Buch vertraut war, da sich das Beiwerk, das die Figur der Melancholie umgibt, noch in einem anderen Holzschnitt findet, dem

Der Triumph der arabischen Ziffern

des »Typus Geometriae« aus Reischs Buch, wie der Kunsthistoriker Erwin Panofsky anmerkt. Was bezweckte Dürer damit? Kontrastierte er damit nicht die Frustration der heidnischen Welt mit der Befriedigung, die das Christentum brachte, wobei aus Reischs Pythagoras die sich in

Geometrie übende Melancholie wird und aus dem christlichen Märtyrer Boethius der heilige Hieronimus?

Doch Adam Riese hatte Recht: Wer die Arithmetik mit dem Abakus oder mit den Fingern praktizierte, war weit schneller als jene, die mit der Feder über sie triumphierten – bis auf den außergewöhnlichen John Palegrave, versteht sich. Worin liegt also die Bedeutung ihres Sieges? Es geht um die Frage der Divergenz zwischen Körper und Geist, die wir eingangs gestellt haben. Die stumme Sprache der praktischen Rechenfertigkeit mit Rechenbrett und Fingern trägt uns behände und ruhmreich an die äußersten Grenzen der Rechenkunst – aber man strandet mit ihr, sobald man die Grenze zur Algebra und aller Länder der Mathematik, die dahinter liegen, überschreitet. Dort reist das Denken mit Hilfe der Zeichen einer Sprache, die sogar über sich selbst sprechen kann; die Formen von der sie zurückhaltenden Substanz löst und in ihrer Abstraktheit selbst Substanz gewinnt. Es ist eine Sprache, die es uns erlaubt, uns mit Beziehungen zu beschäftigen, die ein kühles Licht auf unsere wortlosen Werke wirft und so das Dauerhafte an ihnen heraushebt.

Diese Sprache fand zu sich selbst, als die Null in sie als Zeichen einer Operation eintrat: die Operation, den Wert einer Ziffer zu verändern, indem sie ihre Stelle verschob. Dadurch wurde es möglich, den Zeichen für Mengen und für die Operationen mit ihnen den gleichen Status einzuräumen. Gemeinsam konnten diese nun ihrerseits wieder Gegenstand von noch abstrakteren Operationen werden und diese wiederum Gegenstand weiterer – eine endlose Geschichte. Dabei trägt jede das eigentümliche, sie definierende Merkmal dieser Sprache: dass, ganz gleich, wo eine Operation oder Beziehung in ihrer Hierarchie stand, sie in der Matrix ihrer gemeinsamen Grammatik durch ein ähnliches Zeichen ausgedrückt wurde, das sich zu den übrigen gesellte. Diese Zeichen konnten so gelesen werden, dass sie über sich hinaus auf eine Sprache wiesen, deren Teil sie waren.

10 Ein Engel zu Gast

Die Macht des Nichts

Nicht nur Baucis und Philemon, das fromme alte Paar aus Ovids *Metamorphosen*, nicht nur der ehrwürdige Abraham und Sarah, sondern jeder von uns, allein oder gemeinsam, hat schon einmal unwissentlich einen Engel bewirtet. Wir wissen nicht, wer der Fremde an der Tür sein könnte. Wir wissen einfach nicht, in welchem der Tausenden von Signalen, die jede Stunde vor dem Fenster unseres Geistes vorbeihuschen, in welchem der Tausenden von Zeichen, die wir durchleuchten, flüchtig überfliegen oder übersehen, vielleicht enorme, ihrer Entfaltung harrende Kräfte schlummern, die unser verstreutes Licht bündeln könnten.

Die Null tänzelte gemeinsam mit den arabischen Zahlen sorglos in die Renaissance und wurde für unser Rechnen unverzichtbar. Aber wie die hilfreichen Kobolde im Märchen war sie so zurückhaltend und räumte unsere Probleme so unaufdringlich aus dem Weg, dass wir sie kaum beachteten und ihr kaum Respekt zollten. Einst war sie eine Zahl wie andere Zahlen; sie sollte das Haus fegen, während wir zum Tanzen gingen.

Wir wissen, was in Märchen passiert, wenn die Großen zurückkehren: die Kobolde huschen fort oder werden unsichtbar, doch sie scheinen immer die Spur irgendeiner beunruhigenden Boshaftigkeit zurückzulassen. Sehen wir einmal, was wir da finden. In Kapitel 7 waren wir zu der Überzeugung gelangt, dass $\frac{a}{0}$ nichts bedeutet, da es immer zu viel bedeutet: Es kann sich um jede beliebige Zahl handeln. Aber gilt das auch noch, wenn a ebenfalls 0 ist? Ist $\frac{0}{0}$ immer so bedeutungslos wie etwa $\frac{4}{0}$ oder $\frac{-81}{0}$? Könnte es Umstände geben, unter denen andere Zahlen wie Augen durch die hochgestellte Maske blicken, der $\frac{0}{0}$ ähnelt? Hinter den kühnen Renaissance-Fassaden bereitete sich eine Revolution in unserem ganzen Denken über Mathematik vor. Als sie ausbricht, verfliegen unsere kleinen Zweifel – oder werden zu großen neuen Gewissheiten.

Aber genießen wir, bevor sich dieser Aufruhr im Hintergrund mit Macht Geltung verschafft, zuerst das Festival beherzter Erfindungen, das in Italien, Deutschland, England und Frankreich die Entdeckungen der indischen Mathematiker erweiterte. Sie hatten ein für alle Male geklärt, wie sich die Null verhält, wenn man mit ihr addiert, subtrahiert und multipliziert; nun verstanden wir auch, wie die Null verrückt spielt, wenn man mit ihr teilt. Wenn wir bislang die kleine Frage von $\frac{0}{0}$ noch nicht lösen konnten, warum fragen wir stattdessen nicht nach dem Verhalten der Null unter den Exponenten? Diese anspruchsvolleren Interaktionen müssten bei der Null ebenso sinnvoll sein wie bei jeder anderen Zahl. 5^7 bedeutet $5 \cdot 5 \cdot 5 \cdot 5 \cdot 5 \cdot 5 \cdot 5$ oder 78 125; und 7^5 bedeutet $7 \cdot 7 \cdot 7 \cdot 7 \cdot 7$, was 16 807 ergibt. Etwas in die Potenz zu erheben ist elegante Multiplikation, so wie Multiplikation elegante Addition ist.

Es gibt kein Problem, wenn man null mit einer anderen Zahl potenziert: 0^5 bedeutet $0 \cdot 0 \cdot 0 \cdot 0 \cdot 0$, was entschieden 0 ergibt. Aber was, wenn man die Rollen vertauscht und fragt: Was bedeutet 5^0? Wenn man versucht, sich um das Problem sprachlich herumzumogeln, gerät man in eine schreckliche Zwickmühle: Ist es 5-mal kein Mal, und wenn ja, ist das Ergebnis 0 oder ist es ein sinnloser Ausdruck? Da $5^1 = 5$ ist, ist dann 5^0 fünf weniger, also wieder 0? Aber was würde dann 5^{-1} bedeuten: 5 weniger als das, also –5? Das klingt nicht wahrscheinlich. Oder bedeutet 5^0 gar nicht, dass man 5 in irgendeine Potenz erhebt, so dass das Ergebnis einfach 5 ist? Doch da $5^1 = 5$ ist, würde dies zu der unmöglichen Gleichung $1 = 0$ führen.

Der Weg des Mathematikers aus diesem Labyrinth ist, sich mit einer Hand an der Wand festzuhalten, die einen umschließt, und dahin zu gehen, wo immer einen die Schritte nun hinführen. Wir verstehen, was 5^7 bedeutet. Wir verstehen 5^4. Verstehen wir $5^7 \cdot 5^4$ ebenso gut? Natürlich: Das ist eine Kette von 11 mal 5: 7 + 4. Und $\frac{5^7}{5^4}$? Schreiben wir es einfach aus:

$$\frac{5^7}{5^4} = \frac{5 \cdot 5 \cdot 5 \cdot 5 \cdot 5 \cdot 5 \cdot 5}{5 \cdot 5 \cdot 5 \cdot 5}$$

Gibt es irgendeinen Weg, diesen Bruch zu vereinfachen, bei dem man nicht die ganze Multiplikation ausschreiben muss, um dann zu teilen? Ja, denn da $\frac{5}{5}$ einfach eine verschleierte 1 ist, haben wir hier vier Paare von $\frac{5}{5}$, also $1 \cdot 1 \cdot 1 \cdot 1$ und $5 \cdot 5 \cdot 5$ übrig. Mit anderen Worten:

$$\frac{5^7}{5^4} = 5^3$$

So einfach ist das: Bei $5^7 \cdot 5^4$ *addiert* man die Exponenten und erhält 5^{11}, bei $\frac{5^7}{5^4}$ *subtrahiert* man sie, $7 - 4$, und erhält 5^3.

Das war der rote Faden, den wir in unserem Labyrinth benötigten, und wenn wir ihm nun folgen, gelangen wir zum Minotaurus 5^0 in seinem Herzen. 0 ist jede beliebige Zahl – etwa 7 – minus sie selbst. Also $\frac{5^7}{5^7} = 5^{7-7} = 5^0$, und $\frac{5^7}{5^7}$ ist schlicht 1. Folglich ist $5^0 = 1$.

Da 5 keine außergewöhnliche Zahl ist, muss diese Regel universell gelten: $a^0 = 1$, dies gilt für jedes a. Dieses Ergebnis mag seltsam und vielleicht unerwartet anmuten, aber es ist eine sichere Lösung.

Doch höre ich schon einen Einwand, wie von einem Zuschauer bei einer kaum glaublichen göttlichen Erscheinung. »Für *jedes a?*«, fragt die Stimme. »Was, wenn $a = 0$? Ist 0^0 ebenfalls gleich 1?« Unglücklicherweise können wir unsere neue Methode nicht benutzen, weil $\frac{0^3}{0^3} = \frac{0 \cdot 0 \cdot 0}{0 \cdot 0 \cdot 0}$ ist und jedes $\frac{0}{0}$ uns leider auf das Problem zurückverweist, auf das wir gestoßen sind.

Wie das Urchaos ist die Null nun wieder entfesselt, aber im Land der Exponenten ist sie nun größer geworden. Sie sieht nun eher wie ein Raufbold auf einer Tanzgesellschaft aus, die sich in einen Händel verwandelt. Wer wird ihn bezwingen? Versuchen wir es. Wenn uns Exponenten in diese Bredouille gebracht haben, vielleicht können sie uns dann auch wieder heraushelfen. Was sind sie schließlich anderes als eine Schreibweise, die uns helfen soll? Sie erleichtern und beschwören noch mehr herauf; ihre Bedeutung dehnt sich, wie wir gerade gesehen haben, flexibel zu etwas, das jenseits der natürlichen Zahlen liegt, für die sie unser alter Bekannter, Diophantos, erfunden hat.

Das Wunderbare an Exponenten ist, dass wir, wo wir ihre Bedeutung spielerisch erweitern, dies nur auf eine Weise tun können, wenn die neuen Verwendungsweisen mit den alten in Einklang stehen sollen. Es ist wahr, sie sind unsere Erfindung und wir verfügen über einen freien Willen: aber nur solange er mit der Welt, die wir geschaffen haben, vereinbar bleibt. Dies ist eine der großen Einsichten in die menschliche Natur, die wir der Mathematik verdanken.

Wir werden versuchen zu verstehen, was 0^0 ist, indem wir unsere Exponenten zu noch allgemeineren Zahlen erweitern, wie negative Zahlen und Brüche. Unsere Einsichten über die Subtraktion von Exponenten sagen uns, dass $\frac{5^2}{5^3} = 5^{2-3} = 5^{-1}$ ist. Andererseits ist $\frac{5^2}{5^3} = \frac{5 \cdot 5}{5 \cdot 5 \cdot 5}$, was $\frac{1}{5}$ ergibt, sobald man jedes $\frac{5}{5}$ in 1 verwandelt. Wir *müssen* 5^{-1} als $\frac{1}{5}$ definieren, und ebenso 5^{-2} als $\frac{1}{5^2}$ und so weiter: Für fast jedes *a* gilt somit $a^{-n} = \frac{1}{a^n}$.

Und Exponentenbrüche wie $\frac{1}{2}$? Erinnern wir uns daran, dass bei der Multiplikation von $5^3 \cdot 5^4$ die Exponenten addiert werden und 5^7 ergeben. So ist $5^{\frac{1}{2}} \cdot 5^{\frac{1}{2}} = 5^{\frac{1}{2}+\frac{1}{2}} = 5^1$. Aber das muss bedeuten, dass $5^{\frac{1}{2}}$ eine Zahl ist, die *mit sich selbst malgenommen* 5 ist – und die einzige solche Zahl, die positiv ist, ist $\sqrt{5}$. Also ist $5^{\frac{1}{2}} = \sqrt{5}$. Ebenso ist $5^{\frac{1}{3}} = \sqrt[3]{5}$ und so weiter. Solchermaßen gewappnet können wir nun versuchen, 0^0 aus dem Weg zu räumen.

$0^3 = 0$, da werden Sie zustimmen (da $0^3 = 0 \cdot 0 \cdot 0$). Somit ist $0^2 = 0$ und $0^1 = 0$. Nun haben wir gerade herausgefunden, dass $0^{\frac{1}{2}} = \sqrt{0}$, und Bhaskara hatte demonstriert, dass $\sqrt{0} = \sqrt{0}$. Ebenso ist $\sqrt{0} = \sqrt[3]{5}$ gleich 0, und so verhält es sich auch mit $0^{\frac{1}{4}}$, $0^{\frac{1}{5}}$ etc. Wenn wir uns jetzt auf diese Weise an 0^0 heranmanövrieren, indem wir den Exponenten auf null hinuntergleiten lassen, was könnte da überzeugender sein als die Behauptung, $0^0 = 0$?

Noch überzeugender oder genauso überzeugend ist dies: 5^0, so haben wir bewiesen, ist 1. Ebenso ist es mit 4^0, 3^0 und 2^0: Sie alle ergeben 1. Auch bei 1^0 ist dies der Fall. Tatsächlich muss $(\frac{1}{2})^0$ ebenfalls 1 sein, desgleichen $(\frac{1}{3})^0$, $(\frac{1}{4})^0$ und so weiter. Schleichen wir uns also auf *diese* Weise an 0^0 heran, wobei wir immer den 0-Exponenten behalten, aber die Basis bis auf 0 schrumpfen lassen, dann ist es schmerzlich offenkundig, das 0^0 gleich 1 ist.

Was sollen wir nun tun? Ist das Ergebnis 0 oder 1 oder keins von beidem? Die Geister jener, die zur Erfindung der Exponenten beitrugen, drängen sich heran. Da ist Nicole Oresme, der Bischof der Normandie, der sich etwa um 1360 Brüche als Exponenten ausdachte – aber keinen Exponenten 0. Da ist hundert Jahre später der Arzt Nicolas Chuquet, den wir im letzten Kapitel kennen gelernt haben. Ihm fiel a^0 ein, aber nicht mit gebrochenen Exponenten. Die beiden schütteln den Kopf, während sie einander ihre Methoden erklären, denn mit der frechen Ziffer, die sie anlacht, wissen sie nichts anzufangen. Da ist der lutherische Geistliche Michael Stifel: Er wurde zum Mathematiker, als er versuchte, die Zahlen aus der Offenbarung und dem Buch Daniel zu entwirren. 60 Jahre nach Chuquet erkannte er, wie man sowohl 0-Exponenten als auch negative Exponenten benutzen konnte. Vielleicht weiß er, was zu tun ist? Doch alles, was wir von ihm hören, ist: »Ich könnte ein ganzes Buch über die wundersamen Dinge schreiben, die mit Zahlen in Beziehung stehen, aber ich muss davon absehen und diese Dinge auf sich beruhen lassen.«

Zu Anfang mussten wir dem hungrigen kleinen Kobold Null noch eine Schale Milch hinstellen, und nun ist sie ein Kraftprotz geworden. Ist sie dabei, sich als fledermausflügelige Zerstörerin unserer Vernunft zu erweisen? Das wohl nicht, doch eine mächtige Verwandlung ist hier am Werke. Die Null hatte sich seit langem zu einer Art von Zahl entwickelt, die anderen Zahlen einen bestimmten Wert zuweist. Nun, unter dem unaufhörlichen Drang der Mathematik zum Abstrakten und Allgemeinen, verwandelt sie sich auch in eine Art von Wissen, die anderem Wissen Wert gibt. Was für eine Art von Wissen ist das? Nullwissen, natürlich. Aber um ihre Rolle spielen zu können, muss sie sich zunächst verkleiden.

Eine kleine Weinprobe

Diese Verkleidungen der Null entwickeln sich in Umgebungen, die wir bislang noch nicht betrachtet haben: Umgebungen, die Eigenschaften von Zahlen im Allgemeinen zum Vorschein bringen. Weil die Mathematik eine Kunst ist, genießen es ihre Schöpfer, neue Szenarios zu schaffen, in denen sie auftreten kann – genau wie Romanciers ihre Charaktere in bestimmte Situationen stellen und die Entfaltung der Handlung danach gestalten, wie sich Menschen üblicherweise verhalten, da der Charakter Schicksal ist. Das ist weniger künstlich, als es klingt, denn unsere natürlichen Situationen sind begrenzt: Man muss nur die selbstvergessene Vielfalt des Lebens in einem Baumstumpf betrachten, um zu erkennen, wie lokal begrenzt das Leben ist. Man könnte jedoch meinen, dass sich die

Mathematik wie die Astronomie mit ihren gigantischen Größen und endlosen Zahlenprogressionen in nichtmenschlichen Dimensionen bewegt.

Doch man stelle sich nur die Seifenblasen vor, die ein Kind in die Sommerluft bläst. Klein oder groß, ist jede eine perfekte Welt für sich mit Farben, die wie Kontinente über ihre Oberfläche gleiten. Auch ein Mathematiker kann solche Seifenblasenwelten schaffen: kleine Zahlenuniversen, die bis zu einem bestimmten Punkt gehen und dann zurückkreisen. Was etwa, wenn man zum Beispiel das unendliche Universum auf die Zahlen 0 bis 11 zusammenschrumpft? Werden sich diese Zahlen nun absonderlich verhalten, oder werden sich die tiefen Wahrheiten über Zahlen auch in diesem Mikrokosmos zeigen? Nehmen wir die Addition: 2 + 3 wird immer noch 5 ergeben und 1 + 8 wird 9 sein. Und 6 + 7? Das kann nicht 13 sein, weil es in dieser Welt keine 13 gibt. 6 + 7 werden wieder 1 ergeben, da 13 mit 1 zusammenfällt, wenn wir zum Ausgangspunkt zurückkreisen. Das ist so, als würden wir mit dem Zifferblatt einer Uhr rechnen, das gleichmäßig von 0 bis 11 unterteilt ist. Und das *ist* ja tatsächlich unsere vertraute Uhr, wenn wir die Zahlen nur um eine Einheit nach oben verschieben und von 1 bis 12 zählen. Aber das bedeutet, dass in dieser Puppenhauswelt 12 die Rolle der 0 spielt: Man füge sie irgendeiner Zahl hinzu, und man erhält wieder die Ausgangszahl zurück; 12 Stunden nach 3 Uhr ist 3 Uhr; und 11 + 12 = 11.

Wenn Ihnen dieses Spiel zu simpel ist, bedenken Sie, dass Schnellrechner, diese erstaunlichen Leute, die Sache ernst nehmen und Ihnen in einem Moment sagen können, wie viel Uhr es in einer Millionen Stunden sein wird. Sagen wir, es ist jetzt 10 Uhr: Die Millionen Stunden werden nun in 12er-Einheiten zerlegt, die nichts ändern, plus die Zahl der Stunden, die übrig bleibt und uns sagt, wie viel Uhr es sein wird. Man teilt also eine Million durch 12 und der Rest ist die Antwort. Da 4 Stunden übrig bleiben, wird es 4 Stunden nach 10 Uhr, also 14 Uhr sein. Diese Teilung im Kopf ist keine kleine Leistung, aber man bedenke, dass 100 geteilt durch 12 einen Rest von 4 lässt, und während man die Teilung fortführt und die folgenden Nullen herunterholt, wird der Rest immer wieder 4 sein: Wir hätten also schon nach unserer ersten Teilung wissen können, dass die Antwort 10 + 4 Uhr oder 14 Uhr sein würde.

Welcher Wochentag wird es in zehn Millionen Tagen sein, wenn heute Dienstag ist? In der Welt, in der diese Frage auftaucht, ist 7 gleich 0, weil sie uns zu dem Tag zurückbringt, mit dem wir angefangen haben. Und wieder teilen wir 10 000 000 durch 7. Der Quotient spielt keine Rolle, wohl aber der Rest, der 3 beträgt: Drei Tage nach Dienstag ist Freitag, und das ist unsere Antwort.

Im 17. Jahrhundert gehörten französische Mathematiker zu den ersten Europäern, die solche glitzernden Blasen schufen und erkundeten. Die Maya gingen ihnen jedoch lange voraus, da sie wahrscheinlich ihre komplizierten Kalender in den Griff bekamen, indem sie nur auf den Rest sahen, nachdem sie gewaltige Zeitspannen durch 13 oder 20 oder die anderen Größen ihrer Basisperioden geteilt hatten. All diese Einteilungen haben eine biologische Basis, da unsere innere Uhr nach einem zirkadianischen (24-Stunden-)Rhythmus arbeitet und jeder der fein gestimmten Organismen um uns herum seine eigene Zahl für null hat; und doch passen diese unterschiedlichen Takte so gut genug zusammen, dass das gewaltige Geflecht des Lebens fortbestehen und sich sogar weiterentwickeln kann.

Diese Miniaturwelten zeigen lebhaft, wie die Kunst vom Leben abstrahiert und die Mathematik von der Kunst. In den beiden Jahrhunderten, bevor die Franzosen ihre leuchtenden Globen ersannen, hatten deutsche und niederländische Holzschnitzer herrliche Miniaturlandschaften aus Buchsbaum geschnitzt: Lot und seine Töchter; eine detaillierte Jagdszene mit Ebern und Kaninchen; die Königin von Saba zu Besuch bei König Salomon, alles von der Größe einer Handfläche. In den *numerischen* Miniaturlandschaften kann jede ganze Zahl die Rolle der Null übernehmen und uns dadurch Aufschluss über Phänomene geben, die sich wiederholen.

Es wäre wunderbar, wenn es wichtige strukturelle Ähnlichkeiten zwischen all diesen Universen gäbe, die in unterschiedlichen Kadenzen pulsieren. Sie lassen sich aufspüren, wenn wir uns wieder den Exponenten zuwenden und sehen, wie überraschend sie sich unter diesen Bedingungen verhalten: überraschende Verhaltensweisen, die zum Beispiel in der neuesten Kryptographie eine Rolle spielen. Denn nun führt uns unsere Reise vom Wissen über die Null zum Nullwissen.

Denken wir an die 7-Tage-Uhr, die wir gerade betrachtet haben, mit ihren Einheiten von 0 bis 6. Wählen Sie nun irgendeine beliebige positive Zahl aus, zum Beispiel 3, und erheben Sie sie in die sechste Potenz: $3^6 = 729$. Ziehen Sie davon nun 1 ab, so dass Sie 728 erhalten. Wenn Sie nun 728 durch 7 teilen, erhalten sie keinen Rest: $3^6 - 1$ ist auf dieser Uhr das Gleiche wie null. Versuchen wir es mit einer anderen von diesen Zahlen, zum Beispiel 2: $2^6 - 1 = 63$, was wieder das Gleiche wie null in diesem System ist. Das gleiche Ergebnis erhält man, wenn man 1, 4, 5 oder 6 in die sechste Potenz erhebt und dann 1 abzieht.

Ist dies eine Besonderheit, die sich nur dem Umstand verdankt, dass wir mit einer 7-Tage-Uhr gearbeitet haben, oder ist es eine Eigenheit der Zahl 6 (= 7 – 1), die wir als Exponenten benutzt haben? Bemerkenswerterweise ist die Antwort nein. Wenn man mit einer Uhr mit fünf Zahlen (0 bis 4) arbeitet, wird jede der positiven Zahlen, die zur vierten Potenz erhoben wird und von der man dann 1 subtrahiert, 0 ergeben, wie etwa $3^4 - 1$, was 80 ergibt, und es wird keinen Rest bei der Teilung durch fünf geben. Warum sollten wir hier aufhören? Eine Uhr mit den 19 Zahlen von 0 bis 18 ergibt 0, wenn man von irgendeiner ihrer in die achtzehnte Potenz erhobenen positiven Zahlen 1 abzieht und das Ergebnis durch 19 teilt, zum Beispiel $2^{18} - 1 = 262\,143$, was $19 \cdot 13\,797$ entspricht. Ohne die Rechnung zu machen weiß ich, dass $13^{22} - 1$ genau durch 23 teilbar ist und dass, wenn Sie wahrhaft archimedische Dimensionen wollen,

$$(273\,889\,154\,767\,432)^{1\,111\,111\,111\,111\,111\,110} - 1$$

genau durch 1 111 111 111 111 111 111 teilbar ist. Aber wie kann ich mir da so sicher sein? Weil der französische Rechtsanwalt und Amateurmathematiker Pierre de Fermat, dessen so genannter großer Satz in jüngster Zeit so spektakulär bewiesen wurde, 1640 auf seinen »kleinen Satz« kam. Er sagt etwas aus, das wir viel leichter verstehen können, wenn wir erkennen, dass der Zahlenmischmasch 5, 7, 19, 23 und die Monsterzahl oben *Primzahlen* sind: Zahlen, die nur durch 1 und sich selbst teilbar sind. Fermat vermutete und bewies dann, dass jede beliebige Primzahl (nennen wir sie p) exakt jede

Pierre de Fermat

ganze Zahl (nennen wir sie *a*), von der man sie abzieht, teilt, wenn *a* zur Potenz *p* -1 erhoben wird und dann 1 von ihr subtrahiert wird.

So ausgedrückt klingt seine Einsicht zu kompliziert und abstrakt. Etwas lebensvoller wird sie vielleicht, wenn wir sagen: Kein Rest bleibt, wenn wir a^{p-1} -1 durch *p* teilen. Oder wenn Sie das zu sehr an einen der frustrierenden, weil unlösbaren Zen-Sprüche (Koan) erinnert, versuchen wir einfach, das Rätsel auf sich beruhen zu lassen, aber das für den Zen typische Lachen über die Leere zu bewahren:

In der Welt von *p*
kann man nicht a^{p-1} weniger 1
vom Nichts unterscheiden.

Pのくにでは
Pひく一乗したら
一だとさ

Wir scheinen von einer Welt, in der die Null für alle Arten von verschiedenen Zahlen stand, in eine Welt gelangt zu sein, in der alle Arten von verschiedenen Zahlen nun für null stehen, jede in ihrer eigenen Miniaturwelt. Besonders erstaunlich ist an Fermats kleinem Satz, dass er nicht nur ein gemeinsames Merkmal dieser Welten von einer Kreislänge *p* offenbart, sondern dass ihm dies auch noch trotz unserer erschreckenden Unkenntnis über Primzahlen gelingt. Wir nähern uns dem Nullwissen: Denn wenn wir eine Primzahl vor uns haben, haben wir keinerlei Erkenntnis darüber, wie wir auf die nächste kommen oder sie vorhersagen können. Wir wissen, dass sie für die gesamte Mathematik entscheidende Bedeutung haben, aber ihr Muster, wenn sie eins haben, entzieht sich weiterhin unserer Kenntnis, obwohl viele ihr Leben der Suche danach gewidmet haben. Vorerst haben wir nicht den Hauch einer Ahnung von diesen Bausteinen der Multiplikation.

Wie könnte diese Ignoranz unser Wissen in anderen Bereichen der Mathematik vergrößern? Nehmen wir fünf verschiedene Beispiele, die zeigen, wie dies zu verschiedenen Zeiten gelang. Machen Sie es sich bei unserer Weinprobe mit einem Baiser oder einem ähnlich schaumigen Gebäck, in elisabethanischer Zeit »leere Speisen« (*empty dishes*) genannt, bequem.

Entkorken wir zuerst die jüngste Erfindung von Kryptographen. Auf der Basis unserer Unwissenheit über Primzahlen haben sie einen nahezu undechiffrierbaren Code entwickelt. Der köstlich diabolische Trick besteht hier darin, aller Welt den Schlüssel bekannt zu machen, mit dem sich der Code anscheinend knacken lässt: zwei Zahlen, n und e. Wenn Ihre Spionin im Ministerium Ihnen die Details des Torpedolenksystems schicken will, benutzt sie einfach n und e, um ihre Botschaft zu verschlüsseln, und nur Sie werden in der Lage sein, sie zu dechiffrieren. Warum? Weil e in umständlicher Weise von n abhängt und n das Produkt der zwei geheimen und sehr großen Primzahlen ist, die Sie selbst gewählt haben und die wir p und q taufen (»sehr groß« heißt heutzutage, dass sie je etwa 150 Ziffern haben). Jeder, der sie kennt, könnte die Botschaft entschlüsseln.

Warum kann sich die Gegenaufklärung nicht einfach daran machen, n in Primfaktoren zu zerlegen? Weil n so groß ist – etwa 300 Ziffern lang –, dass nicht einmal die schnellsten verfügbaren Rechnerbanken sie rechtzeitig klein bekämen, um Sie und Ihre Komplizin im Ministerium dingfest zu machen oder auch nur zu erfahren, dass die Pläne gestohlen wurden.

Es gibt allerdings ein kleines Hindernis bei dieser Konspiration, das ein altes Rezept für Kaninchenbraten treffend auf den Punkt bringt: »Fangen Sie zuerst Ihr Kaninchen.« Um diesen Code zu benutzen, müssen sie nämlich erst die beiden großen Primzahlen, p und q, fangen. Es gibt unendlich viele Primzahlen, aber wir kennen nur einen Bruchteil davon. Fermat steht jedoch mit seinem kleinen Satz bereit, um uns zu helfen. Wir wissen, wenn p eine Primzahl und a eine natürliche Zahl kleiner als p ist, dass a^{p-1} -1 gleich 0 in einem Zyklus von der Länge p ist. Aber das heißt auch, wenn a^{p-1} -1 *nicht* 0 ist, dass es sich hier bei p nicht um eine Primzahl handelt! Das gibt uns eine Methode an die Hand, um die große Primzahl zu finden, die wir benötigen: Man wähle zufällig irgendeine große Zahl als Kandidaten für p, wähle dann ein a wie etwa 2, erhebe sie zur Potenz p–1 und subtrahiere 1. Das ist die Art von Aufgabe, über die Computer frohlocken, weshalb Sie diese Arbeit Ihrem Rechner überlassen sollten, während Sie noch ein Sahnebaiser zu sich nehmen. Lassen Sie den Computer auch das Ergebnis durch p teilen. Wenn es einen anderen Rest als 0 gibt, kann p keine Primzahl gewesen sein. Nun müssen Sie eine zweite Zahl wählen – was sie ebenfalls Ihrem Computer überlassen können – und es damit erneut versuchen.

Wenn es keinen Rest gab, ist p sehr wahrscheinlich eine Primzahl: Die Chancen, dass es sich nicht um eine Primzahl, sondern eine zusammengesetzte Zahl handelt, stehen 1 zu 10^{13}. Wenn Ihnen dieses Risiko noch zu groß ist, testen sie p erneut mit einer anderen Zahl a, zum Beispiel 3. Die positive Aussage jedes neuen Zeugen a, die belegt, das $a^{p-1} - 1$ äquivalent zu 0 ist, verbessert ihre Chancen erheblich. Einmal zufrieden gestellt, können Sie ein q auf die gleiche Weise finden. Nun multiplizieren Sie p und q, behalten die Summe für sich, veröffentlichen aber n und die mit ihr verbundene Zahl e und warten. Die codierte Botschaft, die niemand außer Ihnen lesen kann, ist auf dem Weg und das Spiel – in der Hoffnung, dass der Trick nicht auffliegt – kann beginnen.

Öffnen wir die zweite Flasche. Sie enthält einen »Beweis für Nullwissen«: einen Weg, um herauszufinden, ob jemand der ist, der zu sein er vorgibt, obwohl Sie selbst die richtigen Antworten auf die Fragen, die Sie ihm stellen, nicht erfahren werden. Halten Sie einen Moment inne, um das Bouquet einer so absurden Situation auszukosten. Lassen Sie uns nun in der besten Tradition des seriösen Rätsels annehmen, dass ein glaubhafter Fremder auftaucht, der behauptet, der lange verschollene Bruder der Zwillinge Ann und Anne zu sein. Die beiden haben Sie gerade als Rechtsanwalt angeheuert, und es gelingt Ihnen partout nicht, sie auseinander zu halten – aber ihm sollte es gelingen. Nun gut. Sie bitten ihn, im überladenen Empfangszimmer Platz zu nehmen, und rufen einen der Zwillinge herein. »Wer von beiden ist sie?«, fragen Sie. Er sagt sofort: »Ann.« Sie bestätigt das. Nachdem sie gegangen ist, wiederholen sie die Prozedur. »Ann«, sagt er wieder und hat Recht. Sie fahren fort, bitten die eine oder die andere nach dem Zufallsprinzip herein, und ein ums andere Mal rät er richtig. Sie können sie noch immer nicht auseinander halten, aber nach etwa 30 erfolgreichen Identifizierungen schätzen Sie, dass die

Chancen eine Million zu eins stehen, dass der Kerl kein Fremder ist und die Wahrheit sagt. Sie führen die Familie zusammen und stecken das Honorar ein, das Ihnen Anne gibt – oder ist es Ann? Die Moral unserer Geschichte ist, dass Sie nicht nur weiterhin keine Ahnung haben, welcher Zwilling wer ist, sondern auch nicht den geringsten Schimmer, wie ihr Bruder es wissen konnte. Trotzdem wissen Sie, dass er der Richtige ist.

Wenden wir uns der dritten Flasche zu: eine Riesenweinflasche. Sie muss groß sein, weil sie mathematische Beweise enthält, die zu lang und zu kompliziert sind, um sie zu überprüfen. Sie fragen sich vielleicht, wie so etwas überhaupt möglich ist, da ja, was sich ein Mensch ausdenkt, ein anderer nachvollziehen können muss. Der Grund dafür ist, dass einige Beweise aus jüngster Zeit so viele Fälle enthalten, dass nur ein Computer sie alle überprüfen kann – und dann sind wir der Gnade möglicher logischer Mängel, Programmfehler oder einer fehlerhaften Ausführung ausgeliefert. Sei's drum: Was ein Mensch in Bewegung setzen kann, das kann auch ein anderer mit genügender Raffinesse kontrollieren. Die Raffinesse besteht darin, zuerst den vermeintlichen Beweis so umzuschreiben, dass sich ein Widerspruch an irgendeiner Stelle praktisch überall zeigt, als breite sich der Irrtum mit all jener Kraft aus, die ihm die Inquisition zuschrieb. Dann programmiert man den Computer, um ein paar zufällige Beispiele des umgeschriebenen Beweises auszuwählen. Wenn sich keine Widersprüche zeigen, ist der Beweis fast mit Sicherheit einwandfrei. Die Chance, einen fehlerhaften Beweis mit einem gültigen zu verwechseln, ist nach Meinung eines Experten geringer als 1 zu einer Billiarde. Auf diese Weise, so sagt derselbe Experte beiläufig, könnte man »einen Beweis, der das gesamte bekannte Universum ausfüllen würde, wenn er mit Buchstaben von der Größe eines Wasserstoffatoms geschrieben wäre, mit einer SUN-Workstation in ein paar Minuten verifizieren«. Eine spektakulärere Demonstration der Reichweite des menschlichen Geistes lässt sich schwerlich denken – um den Preis, einfach nicht zu wissen, *worin* der Fehler besteht, wenn die roten Lämpchen flackern.

Die vierte Flasche ist winzig und selbst vom Aroma der Essenz, die ihr entsteigt, wird einem schwindelig. Dieser Jahrgang wurde aus nichts anderem gekeltert als der Vermutung, dass etwas entweder ist oder nicht ist. Kein dritter Zustand ist dabei vorstellbar. Wenn man diesen auf Aristoteles zurückgehenden »Satz vom ausgeschlossenen Dritten« (*Principium exclusi tertii*) akzeptiert, akzeptiert man *indirekte* Beweise, die auf dem Nachweis logischer Widersprüchlichkeit gründen, wie jenen (siehe Seite 85 f.), der zeigte, dass die Teilung durch 0 unmöglich ist. Mit dieser Beweismethode kann man zum Beispiel zeigen, dass eine unendliche Zahl von Punkten, die man in eine kleine geschlossene Schachtel stopft, sich hier und da ausdünnen kann, aber um wenigstens einen Punkt werden so viele andere herumwirbeln, dass man eine unendliche Zahl von Punkten um ihn herum vorfindet, egal wie nahe man ihm kommt. Wo ist dieser Punkt? Der Beweis kann es uns nicht sagen. Warum sollten sich die anderen hier sammeln und nicht dort? Auch hier hilft uns der Beweis nicht weiter. Tatsächlich zeigt er nur, dass der besondere Punkt existieren muss und gibt uns nicht den leisesten Hinweis auf irgendetwas anderes. So ist es immer bei indirekten oder apagogischen Beweisen, die sich so hochmütig jeder weiteren Nachfrage entziehen wie jene Behauptungen, es müsse einen Gott geben, ohne dass man uns Näheres über seine Eigenschaften mitteilt. Das ist so unbefriedigend wie einen Fremden zu fragen, ob er wisse, wie spät es sei, nur um als einzige Antwort zu erhalten: »Ja, das weiß ich.« Einige Mathematiker wenden ein, dass man nicht hoffen könne, tiefe Einsichten zu konstruieren, indem man nichts anderes beweise als ihre logische Notwendigkeit. Seit den alten Griechen haben die meisten, wo es ihnen nicht gelang zu konstruieren, was sie brauchten, zu dieser Art von Beweis Zuflucht genommen, der wenigstens zeigt, dass das Gesuchte existieren muss. So erhielten sie zumindest eine Art Ermutigung, weiter nach dem Körper zu suchen, dessen blassen Schatten sie erblickt hatten.

Die Flasche, die ganz hinten verstaut liegt und solch dickes, dunkles Glas hat, dass wir nicht einmal sagen können, ob sie voll oder leer ist, hat ein Etikett, das mit der Geheimschrift mathematischer Logik bedruckt ist. Hier befinden sich die Sätze, die der österreichische Logiker Kurt Gödel vor mehr als einem halben Jahrhundert fand. Sie haben unserer Unwissenheit eine Art Übelkeit erregenden Drall versetzt, wie ein abgefälschter Tennisball, der uns nach unserem Hechtsprung ins Leere hilflos strampelnd auf dem Rasen zurücklässt. Denn obwohl wir immer wussten, dass unsere Gewissheiten ein Lichtkegel in der Dunkelheit waren, glaubten wir doch, dass sich der Kreis stetig vergrößere und sich weiter vergrößern werde: Die Helligkeit breitete sich aus, so dachten wir, bis die Dunkelheit nicht mehr als ein entfernter Horizont wäre.

Gödel – von dem die rätselhafte Geschichte erzählt wird, dass er nie etwas Falsches sagte, indem er jeden Satz, den er misslingen sah, unvollendet ließ, so dass der Korpus seiner Äußerungen durch Unvollständigkeit konsistent blieb – bewies durch einen Akt der kühnsten und gelenkigsten Geistesakrobatik, dass es Aussagen gibt, deren Wahrheit in einem hinreichend angereicherten, konsistenten formalen System aufgrund des Wesens der Beweisführung selbst dort nicht entschieden werden können: Innerhalb dieses Systems lassen sie sich nicht als wahr oder falsch beweisen. Seltsamerweise zeigt eben die Art, wie bewiesen wird, dass solche Aussagen unentscheidbar sind, auch, dass sie tatsächlich wahr sind. Sie ließen sich beweisen, nicht im System, aber in einer hinreichend natürlichen Erweiterung desselben, auch wenn dadurch neue unentscheidbare, doch wahre Aussagen entstehen, die wieder in einer Erweiterung des neuen Systems *ad infinitum* bewiesen werden können. Ein Remis im Schach bestätigt die Spielregeln; aber hier sind Züge und Regeln ebenbürtig.

Hätte Thomas Usk unserer Weinprobe beigewohnt, käme er nun zu dem gleichen Urteil wie über die Null und würde er sagen, dass nichts zu wissen selbst keine Bedeutungsmacht habe, doch anderem Bedeutungsmacht verleiht?

Das Gebäude dieser Vision

Diese fünf Exkursionen in die Kunst der Mathematik wurden vom Geist der Null im Körper der Ignoranz geleitet. Obwohl Mathematik zuerst und vor allem eine Kunst ist, wird sie von der Wissenschaft angewandt, um die Welt zu enträtseln: Und nun wird die Null wieder als sie selbst hervortreten und diese Enträtselung anführen. All unsere Fortschritte in der Physik, Chemie und Biologie, all unsere Triumphe im Ingenieurwesen und den Wirtschaftswissenschaften rühren davon, das Verständnis der Dinge in der Sprache der Formeln und Zahlen auszudrücken. Hier in Cambridge, Massachusetts, wo ich lebe, saß ich einmal an einem frischen Frühlingstag am Fluss Charles. Ein weißhaariger Mann blieb stehen und setzte sich auf die Bank neben mich. »Sehen Sie die Bögen dort?«, fragte er und wies zur Anderson-Brücke. »Ich habe sie 30 Jahre lang gelehrt.«

Jene Bögen waren so entworfen worden, dass sie Lasten mit Anmut und Sicherheit trugen, und sie zu entwerfen bedeutete, zuerst die Lasten zu quantifizieren: Teil der Mathematisierung der Natur und unserer Erfindungen, die begann, noch bevor Luca Pacioli allem, was man sich vorstellen kann, einen Zahlenwert zuwies. Die Art, wie wir uns die Welt zu unserer Bequemlichkeit unterwerfen, die Art, wie wir ihre Richtung erkennen, indem wir die Bahn der Planeten zusammen mit dem Steinbogen erfassen, besteht aus Gleichungen, jenen minimalistischen Strukturen, die so sorgsam austariert sind wie ein Mobile von Alexander Calder. In ihnen paaren wir die Unbekannte, die wir herausfinden wollen – wie hoch kann dieses Gebäude angesichts seines Grundstücks sein? –, mit den in Zahlen ausgedrückten Beschränkungen, denen sie unterliegt.

Das Gedränge und den Lärm um uns herum in Gleichungen zu übersetzen, ist nur die Hälfte der Kunst: Sie zu lösen, die andere. Das ist kein Zuckerschlecken und barg für die Mathematiker der Vergangenheit die gleiche schreckliche Faszination in sich wie für jeden, der heute Algebra lernt – nur hatten sie keine helfenden Lehrer oder Lösungsbücher in der Schublade. Lösungen fanden sich, indem man die Gleichungen umschmeichelte und ihnen die richtigen Fragen stellte, die wie ein »Sesam öffne dich« wirkten. Und auf diesem Feld spielte die Null ihre entscheidende Rolle. Jahrelang hatten arabische Mathematiker ihre quadratischen Gleichungen mit scharfsinnigen Methoden wie der »Quadratischen Ergänzung« zerlegt. Tatsächlich stammt unser Wort »Algebra« vom Titel des Buches von al-Ḫwārizmī, *Al-ǧabr wa'l muqābalah*, den ich schon in den verschiedensten Übersetzungen von »Wiederherstellung und Reduktion« bis »Vervollständigung und Vergleich« gefunden habe. (*Algebrista y Sangrador* stand einst über spanischen Barbierläden, aber dort hieß es »Knocheneinrenker und Aderlasser« – so blutig brauchen wir es hier dann doch nicht.)

Wie funktionierte *al-ǧabr*? Die Methode wurde häufig mit folgender Gleichung illustriert:

$x^2 - 39 + 8x = -2x$

Diese Gleichung zog sich seit al-Ḫwārizmī (825 n. Chr.), wie ein Historiker sagte, als roter Faden durch vier Jahrhunderte – und heute durch zwölf. Zuerst »stellte« man sie »wieder her« (*al-ǧabr*), indem man die negativen Terme auf die andere Seite zog und positiv machte. So erhält man:

$x^2 + 8x + 2x = 39$

Dann »reduzierte« man sie zu $x^2 + 10x = 39$; das heißt, man fasste gleiche Terme zusammen. Nun konnte man Strategie und Hinterlist einsetzen, um die Unbekannte wie Rumpelstilzchen zu zwingen, ihren Namen preiszugeben: in diesem Fall 3 – und auch -13, wenn Sie negative Wurzeln besser ertragen als Bhāskara.

Das einzige Problem war, dass man verschiedene Methoden für verschiedene Fälle brauchte, die wir heute niemals für unterschiedlich halten würden. Omar-e Khayyam hatte eine Methode, um diese Art von Gleichung, deren Formel $x^2 + px = q$ ist, in den Griff zu bekommen, eine andere hielt er in petto, um $x^2 + q = px$ zu lösen; und eine dritte hatte er für $px + q = x^2$ parat. Wir haben bereits oben Bekanntschaft mit einer solch verstreuten Vielzahl von Partikularmethoden gemacht, die nur auf eine vereinheitlichende Einsicht wartete: Und wir warten immer auf eine solche Eingebung, da wir nun einmal die Kinder des Großen Paradigmenwandels sind, wonach verstreute Spezies zwangsläufig unter einen gerechten, wenn auch entfernten Gattungsbegriff subsumiert werden können. Wir sollten nicht enttäuscht werden, obwohl es dazu schon eines bemerkenswerten Mannes bedurfte, der weitab im Nebel Schottlands lebte. Er erkannte, dass sie sich alle mit einer einzigen allgemeinen Methode lösen ließen, wenn man sie und ganze Familien ähnlicher Gleichungen mit null gleichsetzte.

Dieser Mann war John Napier, Baron von Merchiston nahe Edinburgh, und lebte im 15. Jahrhundert. Wenn seine Burg nicht gerade belagert wurde, Plünderer vom Land zu jagen oder Nachbarn vor Gericht zu bekämpfen waren, versuchte er sich in Okkultismus, entwarf »Vorrichtungen, um unter Wasser zu segeln« und »einen Metallstreitwagen von doppelter Musketenstärke«, verhexte Tauben, suchte mit Hilfe von Zauberei nach vergrabenen Schätzen, leitete – in 36 Schritten streng logischer Behauptungen apokalyptischer Algebra – die Beziehung zwischen prophetischer und historischer Zeit ab, wobei er zu dem Schluss kam, dass der Tag des Jüngsten Gerichts zwischen 1688 und 1700 liegen müsse; und er erfand die Logarithmen. Seine Nachbarn munkelten, er stünde mit dem Teufel im Bunde. Dass er sich grundsätzlich schwarz kleidete und immer einen pechschwarzen Hahn mit sich führte, trug vermutlich wenig dazu bei, diese Gerüchte zum Schweigen zu bringen.

John Napier

Napiers Magie war jedoch von besonders scharfsinniger Art – vielleicht weil, wie Sir Francis Bacon bemerkte, Geschichtsschreibung die Menschen weise und Dichtung sie geistreich macht, die Mathematik aber kunstfertig. Als offensichtlich wurde, dass einer seiner Diener lange Finger hatte, soll er die gesamte Dienerschaft versammelt haben, um ihr zu erklären, dass sein schwarzer Hahn den Dieb entdecken werde. Er band ihn in einem verdunkelten Raum an, und nun musste jeder Diener einzeln hineingehen, den Hahn streicheln und wieder herauskommen. Er fing seinen Mann: Es war der Einzige, dessen Hände sauber waren, weil er Angst gehabt hatte, den Vogel zu berühren, den Napier zuvor mit Ruß bestäubt hatte.

Es war Zauberei, was Napier mit Gleichungen anstellte. Er nahm eine mit ein paar gleichen Termen und brachte alle durch wiederholte *al-ǧabr*-Schritte auf die linke Seite, so dass auf der rechten nur null zurückblieb. Das waren seine »Gleichungen mit nichts«, wie er es nannte. Warum war der Trick so wichtig? Das lag an etwas, was zu Anfang recht unbedeutend scheint. Wenn ein Produkt von zwei oder mehr Faktoren gleich null ist, dann muss wenigstens einer davon selbst null sein. Tatsächlich hilft es dem Verständnis, wenn man dies in die Sprache der Mathematik übersetzt:

Wenn $ab = 0$, dann sind a, b oder beide $= 0$.

Gleich wird man jedoch einwenden, dass er nach diesem Meisterstück keine Produkte von Faktoren, sondern Summen von Termen mit Variablen und Koeffizienten darin und noch eine zusätzlich angehängte Konstante hatte. Wie also lässt sich diese Einsicht fruchtbar anwenden, und welche Bedeutung hat dies, selbst wenn es gelingen sollte?

Einen Hexenmeister sollte man nicht unterschätzen. Wenn wir uns ansehen, wie er al-Ḫwārizmīs Gleichung in $x^2 + 10x - 39 = 0$ umformt, werden wir sehen, worauf Napier hinauswollte. Was, wenn wir die linke Seite der Gleichung zu einem Produkt umformen könnten? Nun, das geht tatsächlich, und zwar mit einem kleinen, geschickten Manöver: $x^2 + 10x - 39$ ist das Gleiche wie $(x - 3)(x + 13)$. Aber wenn $(x - 3)(x + 13) = 0$ ist, dann muss einer dieser beiden Faktoren null sein: also entweder $x - 3 = 0$ oder $x + 13 = 0$, und dadurch wissen wir sofort, dass $x = 3$ oder $x = -13$ ist.

Diese Methode funktioniert immer, wenn das x, das wir suchen, eine rationale Zahl ist. In jedem Fall setzt man, sobald man die Faktoren gefunden hat, deren Multiplikation die ursprüngliche »Gleichung mit nichts« ergibt, jeden wiederum mit null gleich und liest den resultierenden Wert von x ab, der die Gleichung erfüllt. Das ist der Grund, warum unsere Brücken stehen bleiben und unsere Raketen genau dort niedergehen, wo wir wollen.

Es gehörte ein Hauch von Genie dazu, die Null in dieser Weise zu benutzen, eine Weise, die die Erhaltungsätze in der Physik vorwegnimmt, indem sie zeigt, dass alle Wechselfälle, denen die Variable unterlag, am Ende keine Veränderung bewirken. Für uns ist das heute allzu selbstverständlich, aber wie war es Napier gelungen, darauf zu kommen? »Mein Vorfahre lebte an der Grenze zwischen Märchen und Wahrheit«, sagte der Lord Napier von 1857. Vielleicht braucht die Vorstellungskraft eine solch schattenhafte Umgebung, damit ihre versuchsweisen Konstruktionen gedeihen können.

Doch ein ernstes Problem bleibt bei Napiers Methode bestehen. »Sobald man die Faktoren gefunden hat« – ja, aber wie findet man sie?!

Aus welchen Verschiebungen und Finten besteht dieses geschickte Manöver? Ebenso gut kann man einen Tai-chi-Meister um den Computerausdruck seiner Bewegungen bitten. Es gibt einige Faustregeln, die helfen, einige Tricks der Kunst, aber wenn man versucht, einen Ausdruck auszuklammern, also in Faktoren umzuformen, muss man wieder erkennen, dass die Mathematik eine gewagte Sache ist.

Betrachtet man diese Techniken genauer, die irgendwo zwischen Handwerk und Kunst liegen, wird man nicht überrascht sein, den Verwandlungskünstler null in einer weiteren Rolle immer wieder am Werk zu sehen. Wir haben hier ein ovales Fenster, durch das man blicken kann: Der Ausblick verliert sich in der Ferne immer weiterer Erfindungen. Wenigstens liegt im Vordergrund ein Problem, das aus dem ersten Schuljahr Algebra vertraut ist: die Lösung der Gleichung

$$x^2 - 1 = 0.$$

Wenn man hoffnungsvoll die zwei Klammern setzt, in denen vorne jeweils ein x steht:

$$(x)\ (x) = 0,$$

dann scheint es ebenso vernünftig, hinten in jede eine 1 zu setzen.

Aber

$$(x + 1)\ (x + 1) = 0$$

ergibt $x^2 + 2x + 1 = 0$, so dass man zusätzlich $2x$ erhält und 1 das falsche Vorzeichen bekommt. Wenn man es mit $(x - 1)\ (x - 1) = 0$ versucht, erhält man $x^2 - 2x + 1 = 0$, und das ist genauso schlecht. Da die einzige Zahl, die man in jede Klammer setzen kann, eindeutig 1 ist und sich diese mittleren Terme beim Ausmultiplizieren aufheben müssen, muss die Lösung +1 im einen Faktor und -1 im anderen sein, denn dann bekommt man:

$$(x + 1)\ (x - 1) = x^2 - x + x - 1 = 0,$$

und $-x + x$ ergibt 0, so dass man auf diese Weise wie gewünscht die ausgeklammerte Version unserer Ausgangsgleichung erhält.

Man beachte, dass 0 flüchtig als $-x + x$ verkleidet auf den Plan tritt, um ihre Aufgabe zu erfüllen, und dann verschwindet. Sie taucht nicht einmal im Namen auf, der diese Technik adelt, »die Differenz zweier Quadratzahlen«, in diesem Fall x^2 und 1, was das Gleiche ist wie 1^2. Diese *Differenz* von zwei Quadraten, $r^2 - s^2 = 0$, so stellen wir nun fröhlich fest, lässt sich in $(r + s)\ (r - s) = 0$ ausklammern. Ein gut Teil der Magie verdankt sich dieser Möglichkeit, Unvertrautes so schnell auf Vertrautes zurückzuführen.

Wann immer man nun etwas sieht wie $x^2 - 64 = 0$, zerlege man es in die Faktoren $(x + 8)\ (x - 8) = 0$. Selbst $x^4 - 64 = 0$ passt in dieses Schema, da man sich x^4 als $(x^2)^2$ vorstellen kann, so dass sich $x^4 - 64 = 0$ in die Faktoren

$$(x^2 + 8)\ (x^2 - 8) = 0$$

ausklammern lässt.

Aber was, wenn man, wie es gelegentlich geschieht, einen Ausdruck wie $x^4 + 64 = 0$ ausklammern will? Rufen wir wieder die 0 zu Hilfe. Aber nun erscheint ihr Wirken noch verwirrender und abgehobener. Denn $x^4 + 64 = 0$ wirkt höchst widerspenstig. Man ist wieder versucht, skeletthafte Faktoren mit x^2 in jedem zu bilden: $(x^2)\ (x^2) = 0$. Aber was tut man als Nächstes? Man muss die Leerstellen mit Achten füllen, um 64 zu erhalten, doch nun will dies mit keiner Zeichenkombination mehr gelingen:

$$(x^2 + 8)\ (x^2 + 8) = x^4 + 16x^2 + 64,$$
$$(x^2 - 8)\ (x^2 - 8) = x^4 - 16x^2 + 64$$

und

$$(x^2 + 8)\ (x^2 - 8) = x^4 - 64.$$

Wir rennen mit unserem Kopf gegen eine Summe, keine Differenz, von zwei Quadraten an: $(x^2)^2 + 8^2$.

Um uns da herauszuhelfen, können wir an die Methode zurückdenken, mit der wir $x^2 - 1 = 0$ in Faktoren umgeformt hatten. Kehrt man die Prozedur um, könnten wir sagen, dass wir 0 in Form von $-x + x$ zwischen x^2 und -1 eingefügt haben. Von da aus ließ sich

$$x^2 - x + x - 1 = 0$$

in $(x + 1)\ (x - 1) = 0$ ausklammern. Auf die gleiche Weise müssen wir 0 zwischen x^4 und $+ 64$ einfügen.

Die zusätzliche Raffinesse besteht nun darin, eine Quadratzahl hinzuzufügen und abzuziehen, in der Hoffnung, auf diese Weise am Ende die

Differenz zweier Quadratzahlen zu erhalten, die wir, wie wir wissen, in Faktoren umformen können. Diese Strategie ist die einzige Spur, die ihr namenloser Erfinder hinterlassen hat. Aber mit welcher Taktik führen wir sie aus? Ein anderer anonymer Jemand stieß auf die glückliche Kombination: $16x^2 - 16x^2$. Wenn wir dies in die Gleichung $x^4 + 64 = 0$ einfügen, erhalten wir

$$x^4 + 16x^2 - 16x^2 + 64 = 0.$$

Das sieht nicht besonders hilfreich aus, bis die Erfahrung nahe legt, die Terme folgendermaßen umzustellen:

$$x^4 + 16x^2 + 64 - 16x^2 = 0.$$

Man füge ein paar Klammern hinzu, um es richtig zu sehen:

$$(x^4 + 16x^2 + 64) - 16x^2 = 0.$$

Auf den ersten Term sind wir eben schon gestoßen. Er lautet:

$$(x^2 + 8)\ (x^2 - 8),$$

also eine Quadratzahl $(x^2 + 8)^2$. Und

$$16x^2 = (4x)^2.$$

$x^2 + 8$ ist das r, $4x$ das s in $r^2 - s^2$, und da daraus die Faktoren $(r + s)\ (r - s)$ werden, ergeben sich nun aus

$$(x^2 + 8)^2 - (4x)^2 = 0$$

die Faktoren

$$(x^2 + 8 + 4x)\ (x^2 + 8 - 4x) = 0.$$

Auf diese Weise erlaubt uns 0,

$$x^4 + 64 = 0$$

in Faktoren umzuformen.

Entlang der Perspektivlinien, die wir aus unserem ovalen Fenster erblicken, verliert sich 0 langsam in der Ferne, während sie leichthändig immer widerspenstigere Ausdrücke zerlegt.

$$x^4 + x^2 + 1 = 0?$$

Fügen wir 0 in Form von $x^2 - x^2$ ein und stellen die Gleichung folgendermaßen um:

$$x^4 + 2x^2 + 1 - x^2 = 0.$$

Das ist:

$$(x^2 + 1)^2 - x^2 = 0,$$

und so sehen dann die Faktoren aus:

$$(x^2 + 1 - x)\,(x^2 - x + 1) = 0.$$

Und wie steht es mit $x^5 + x + 1 = 0$?

Hier kann man 0 in der monströsen Form

$$(x^4 + x^3 + x^2) - (x^4 + x^3 + x^2)$$

hinzufügen und wird schließlich den ursprünglichen Ausdruck mit den Faktoren

$$(x^2 + x + 1)\,(x^3 - x^2 + 1) = 0$$

erhalten.

Beinahe außer Sichtweite tanzt die Null, die Choreografin des Ausklammerns, nun mit ihren Pirouetten in die Differenzial- und Integralrechnung und weiter in die unzugänglichsten Gefilde der Mathematik: die Zahlentheorie. Hier half sie uns mit den grazilsten Operationen, widerspenstige Gleichungen zu entschlüsseln. In ihren vielen Verkleidungen ist die Null selbst verkleidete Vorstellungskraft. Sind die Tatsachen, die wir mit ihrer Hilfe verstehen gelernt haben, daher zum Teil Einbildung? Vielleicht hatte William Blake Recht. Man täusche sich eindeutig, sagte er, wenn man glaube, Phantasiegebilde fänden sich nicht in der Welt: »Für mich ist diese Welt eine einzige Vision der Phantasie oder Vorstellungskraft.«

Diesseits des letzten Grundes

Ein Unterschied zwischen Phantasie und Fakten besteht darin, dass sich Gebilde der Vorstellungskraft nach Gutdünken schaffen lassen, Fakten aber dem Gutdünken des Universums gehorchen. Wo steht dann aber die

Mathematik, die wir bauen, wie wir wollen, die aber doch gleichzeitig mit der Welt zusammenpasst? Umfängt sie den Geist wie die Hirnhaut das Gehirn, eine Membran, durch die Innen und Außen ihre Währung austauschen? Und drücken ihr beide irgendwie den Stempel ihrer Zustimmung auf und verleihen so der Mathematik größere Gewissheit als irgendeinem anderen Erfahrungsgegenstand? Denn wir akzeptieren ihre Schlussfolgerungen weder durch Glauben noch durch Autorität, sondern erkennen ihnen letzte Beweiskraft zu. Diese Beweise sind zuweilen täuschend einfach wie ein Walzer von Chopin, zuweilen so monumental wie ein Beethoven-Quartett – aber wenn sie nicht musikalisch sind, sind sie keine Mathematik.

Dr. Johnson sagte einmal, das Gute am Zählen sei, dass es allem eine Gewissheit verleihe, das zuvor verschwommen im Kopf umherschwirrte. Aber auf welcher Grundlage ruhen die Gesetze des Zählens ihrerseits? Als wir gerade die Lösung von Gleichungen analysierten, kreiste diese komplexe Arbeit um die Wahrheit, dass a oder b gleich null sein müssen, wenn $ab = 0$. Und woher kommt *diese* Wahrheit nun wieder? Spüren wir dieser Frage nach, nicht historisch, sondern über die Erkundungen, die zur Untermauerung mathematischer Sätze angestellt wurden. Dabei könnten wir ein paar Überraschungen zu Tage fördern.

Wir möchten uns überzeugen, dass b gleich 0 ist, wenn a nicht gleich 0 ist, wohl aber ab. Alle Schrecken einer Gleichung lassen sich vertreiben, indem man sich das schlichte Bild einer Wippe vorstellt: Nehmen wir an, $ab = 0$ bedeutet, sich eine solche perfekt ausbalancierte Wippe vorzustellen, mit ab auf einer Seite und 0 auf der anderen.

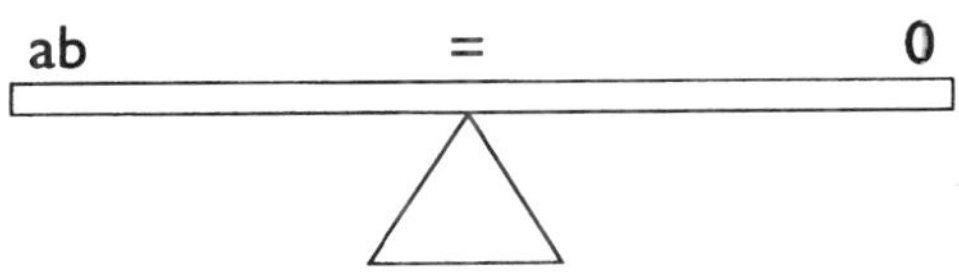

Um diese Wippe im Gleichgewicht zu halten, muss man alles, was man mit der einen Seite tut, auch mit der anderen machen. Wir nehmen an, dass a nicht 0 ist, und wollen beweisen, dass dies daher für b gilt. Da a nicht 0 ist, können wir durch a teilen. Also teilen wir beide Seiten durch a, wodurch wir

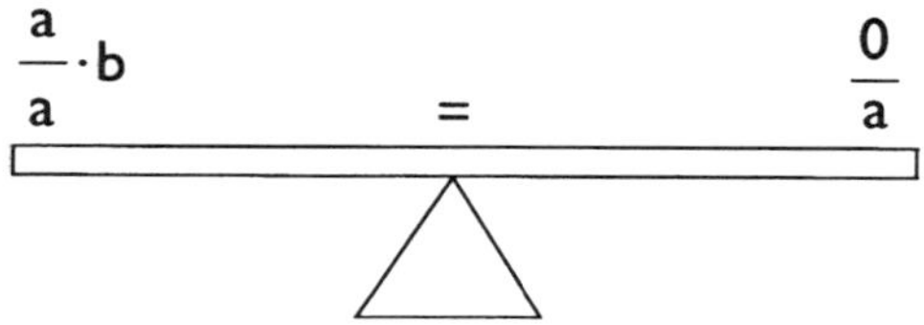

erhalten. $\frac{a}{a}$, das wissen wir, ist schlicht 1, so dass wir auf der linken Seite tatsächlich $1 \cdot b$ haben, und $1 \cdot b$ ist einfach b:

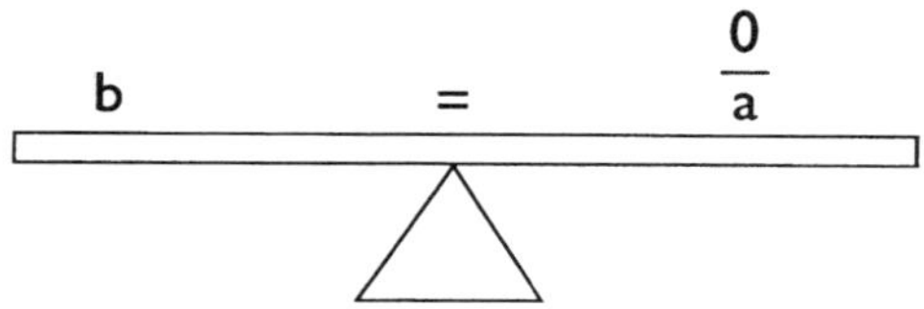

Der letzte Schritt ist angenehm. $\frac{0}{a}$ ist unsere Kurzschreibung für $\frac{1}{a} \cdot 0$. Da wir annehmen, dass a nicht 0 ist, ist $\frac{1}{a}$ irgendeine Zahl. Aber irgendeine Zahl mal null ist einfach 0. So zeigt uns unsere letzte, ausgeglichene Wippe, dass $b = 0$ ist:

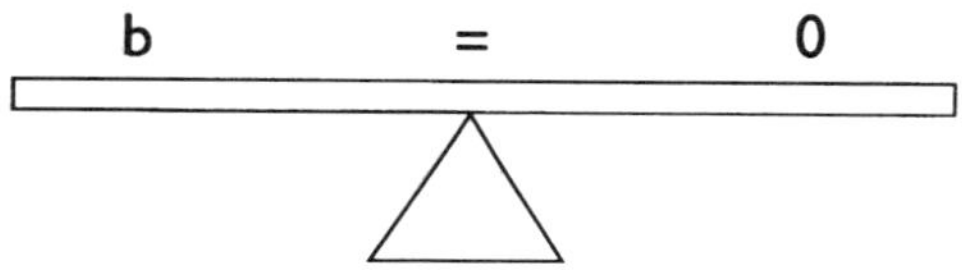

und da dies genau das ist, was wir uns erhofft hatten, sind wir fertig.

Oder etwa nicht? Eine Wahrheitssuche, die nicht unerbittlich ist, ist überhaupt keine Suche. Ich habe leichthin gesagt, dass $\frac{1}{a} \cdot 0 = 0$ ist, weil *jede* Zahl mal null immer 0 ergibt. Warum sollen wir das wie eins der zehn Gebote akzeptieren? Können wir nicht fragen, *warum* es wahr ist? Gehen wir der Sache nach. Wir wollen uns auf die sicherste Weise überzeugen, das $n \cdot 0 = 0$ für jede beliebige Zahl n ist – oder a, k, oder welchen Namen wir unserem anonymen Kläger auch geben möchten: Wir wollen lediglich für Klarheit sorgen, wenn wir von »jeder beliebigen Zahl« in Bezug auf jede *andere* Zahl sprechen. Nun kennen wir noch zwei weit tiefere

Wahrheiten. Die erste ist, dass man nichts erhält, wenn man irgendeine Zahl von sich selbst subtrahiert: $k - k = 0$ gilt für jede beliebige Zahl k. Die andere Wahrheit handelt von der Verschränkung von Multiplikation und Addition: Wenn man eine Zahl mit der Summe zweier anderer multipliziert, erhält man dieselbe Antwort, als wenn man jede Zahl der Summe zuerst mit der anderen Zahl einzeln multipliziert hätte, um dann die Ergebnisse zu addieren:

$$d \cdot (e + f) = d \cdot e + d \cdot f.$$

Diese Wahrheit heißt Distributivgesetz und ist eigentümlich, weil sie ebenso fundamental wie schwer zu behalten und anzuwenden ist: Kinder irren sich häufig bei Aufgaben wie $5 \cdot (7 + 13)$. Die Antwort ist $5 \cdot 20 = 100$, was das Gleiche ist wie

$$5 \cdot 7 + 5 \cdot 13.$$

Aber oft vergessen sie, die 5 mit einer der beiden Zahlen zu multiplizieren.

Aber wir werden das jetzt im Gedächtnis behalten. Wir schlagen unsere beiden Wahrheitssteine zusammen, um den Funken zu erhalten, dass $n \cdot 0 = 0$ ist. Da 0 und $k - k$ das Gleiche ist, können wir $n \cdot 0$ zu $n\ (k - k)$ umformen. Nun benutzen wir das Distributivgesetz:

$$n \cdot 0 = n \cdot (k - k) = n \cdot k - n \cdot k.$$

Aber $n \cdot k$ ist einfach irgendeine Zahl, so dass $n \cdot k - n \cdot k$ diese Zahl minus sie selbst ist, was nach unserer Wahrheit 0 ergibt. Und da sind wir nun:

$$n \cdot 0 = n \cdot (k - k) = n \cdot k - n \cdot k = 0$$

Wenn man alle Brücken der Gleichheit überschritten hat, taucht $n \cdot 0$ auf der anderen Seite als 0 auf.

Haben wir nun endlich die Basisnull der Gewissheit berührt? Sind Sie überzeugt, dass die 0 in der Multiplikation immer der Vernichter ist? Eine große Einsicht in die menschliche Natur tauchte aus den Säuberungen der Französischen Revolution auf: »Ein Reiner findet immer noch einen Reineren, der ihn reinigt« (*»Un pur trouve toujours un plus pur qui l'épure«*). Müssen wir nicht noch grundlegendere Wahrheiten finden, von denen wir diese letzten beiden Gesetze ableiten können? Und wenn wir das tun, brauchen diese nicht ihrerseits Vorgänger und so weiter, in einer ewigen

Abwärtsspirale zu jenem Ort, wo das Feuer der Wahrheit noch nicht erloschen ist? Eine Wahrheit, die noch tiefer ist als jene, die wir Robespierre und dem Revolutionsmob verdanken, besteht darin, dass die Art von Gewissheit, die das deduktive Denken verlangt, aufgrund des Wesens des deduktiven Denkens unerreichbar ist. Um dem unendlichen Regress Einhalt zu gebieten, müssen wir an einem Punkt sagen, was am Anfang der amerikanischen Unabhängigkeitserklärung steht: »Wir halten *diese* Wahrheiten für *aus sich selbst heraus einleuchtend.*«

Eine solche Wahrheit ist das »Distributivgesetz« und die Wahrheit, dass für alle Zahlen k gilt: $k - k = 0$. Man kann diese letzten Haltepunkte Axiome nennen (nach dem Griechischen »was für würdig gehalten wird«), wenn man will; oder Postulate, ein Wort mit dem Beigeschmack eines römischen Gerichtssaals, das heißt, dass etwas nur um der Argumentation willen akzeptiert wird; oder man kann ihnen die Eigenschaften von intuitiven oder tautologischen Wahrheiten beimessen, die jenseits der Deduktion liegen. Man kann sie als willkürliche Regeln eines Spiels auffassen, das wir zufällig spielen, oder als Offenbarungswahrheiten, oder man kann sie, indem wir die Frage umgehen, als Reflexionen der zufälligen Funktionsweise unseres besonderen Gehirns betrachten: All dies sind Eingeständnisse, dass wir kein höheres Gericht haben, das wir anrufen können; dass *wir selbst* diejenigen sind, denen diese Wahrheiten aus sich selbst heraus einleuchten.

Hinter dem Vorhang unserer Vision sind wir selbst die Kulissenschieber und Puppenspieler: eine ätherische Spieltruppe aus der Perspektive des Hin und Her der Welt. Diese Abstraktion ist eine unvermeidliche Konsequenz des Großen Paradigmas, in dem immer Realeres mit immer Unaussprechlicherem gleichsetzt wird. Und in dieser dünnen Atmosphäre wird die Null noch eine weitere Metamorphose durchleben, um sich dem asketischen Leben der Axiome anzupassen.

Wir haben bereits gesehen, wie die Null eine Zahl wie andere wurde, als die indischen Mathematiker die Betonung von der Frage, was Zahlen waren, dahin verlagerten, was sie taten. Dann, als sie zu Werten wurden, nach denen man Gleichungen auflöste – so dass sie den Status von Zeichen einer Sprache gewannen, die von Struktur handelt –, gewannen Zahlen eine Realität, die über die Wirklichkeit bloßer Dinge hinausging: Wir konnten nicht nur von »vier Bäumen« sprechen, sondern von der

Vier allein; nicht nur von »null Tausendern«, sondern von der Null selbst. Nun, da wir zu verstehen suchen, wie sich all diese Zahlen verhalten, sehen wir und stellen in unseren Axiomen fest, dass ihre Kombinationen wichtiger sind als sie selbst: Wenn wir die Operationen des Addierens und Multiplizierens vollständig verstünden, dann müssten die Ergebnisse der Addition und Multiplikation verschiedener Zahlen so gewiss auf dem Fuße folgen, wie Obst in der Sommersonne reift.

Das Distributivgesetz sagt uns, wie die Operationen von Addition und Multiplikation interagieren. Die anderen Axiome, die wir benötigen, entwickelten sich aus dem, was ich gerne als Newtons Blickwinkel bezeichne. Denn als er über Gravitation nachdachte, entschied sich Newton, nicht länger zu fragen, was sie *ist* – eine Flüssigkeit, eine Substanz, eine Kraft? –, sondern danach, *wie sie sich verhält*. Indem er den Schwerpunkt von der mittelalterlichen Frage zu einer viel abstrakteren und dynamischeren verschob, gelang es ihm zu entdecken, dass sich zwei Körper unter dem Einfluss der Gravitation im umgekehrten Verhältnis zum Quadrat ihrer Entfernung anziehen. Dies erwies sich am Ende als weit nützlicher für das Verständnis der Welt und die Vorhersage der Position von Himmelskörpern.

Im gleichen Geist wandten sich Mathematiker schließlich von der Frage ab, was Addition und Multiplikation *waren*, und machten sich stattdessen daran, zu kodifizieren, wie sie *agierten*. Besorgt, sie könnten sich durch Namen und Symbole für diese Operation zu sachfremden Assoziationen verführen lassen, sprachen sie nur von »einer Operation« mit Zahlen und bezeichneten sie mit dem neutralen Symbol »*«. Schließlich kamen sie auf die folgenden Axiome:

1. Wenn man eine Operation * mit beliebigen zwei Zahlen a und b ausführt, ist das Produkt eine andere Zahl, c. Kurz: $a*b = c$.
2. Die Reihenfolge der Operation mit a und b fällt nicht ins Gewicht, da das Ergebnis dasselbe ist, das heißt: $a*b = b*a$.
3. Nimmt man die Operation mit drei Zahlen a, b und c vor, wird das Ergebnis dasselbe sein, wie immer man sie gruppiert: $a*(b*c) = (a*b)*c$.
4. Es gibt eine besondere Zahl – nennen wir sie e –, die so beschaffen ist, dass man bei der Operation * mit einer beliebigen Zahl a und e die Zahl a zurückerhält: $a*e = a$.

5. Für jede Zahl a gibt es eine andere Zahl – nennen wir sie a' –, die so beschaffen ist, dass bei der Operation $*$ mit beiden das Produkt die besondere Zahl e ist: $a*a' = e$.

Diese Axiome sagen uns alles über die Operation $*$. Aber es waren ja Addition und Multiplikation (+ und ·), an denen wir interessiert waren. Welche von beiden bezeichnet $*$? Seltsamerweise offenbar beide! Doch Addition *ist nicht* Multiplikation: $2 + 3 \neq 2 \cdot 3$. Sind unsere Formulierungen nicht so abstrakt geworden, dass wir diese Unterscheidung hinter uns gelassen haben?

Hier kommt uns die Null zu Hilfe. Was ist diese besondere Zahl, die in Axiom 4 beschrieben wird? Bei der Addition ist e gleich 0, das heißt $a + 0 = a$. Bei der Multiplikation ist e jedoch 1: $a \cdot 1 = a$. So schüttelt 0 die ganze historische Last vom Rücken, um der Ministrant der Addition zu werden, das *neutrale Element der Addition*. Ebenso entfremdet sich 1 von der Eins, die eins und ganz allein ist und in Ewigkeit sein wird, um das *neutrale Element der Multiplikation* zu werden. In dieser Wiederkehr des Bodhisattwa $*$ auf die Erde müssen wir seine beiden Inkarnationen unterscheiden und sagen: $0 \neq 1$.

Dies anzuerkennen verlangt auch nach einer Modifikation des 5. Axioms, das für die Addition wahr ist, wo $*$ ein verkleidetes + ist und e gleich 0: Jede Zahl hat ein additives Inverses a', das wir natürlich »$-a$« schreiben, so dass sich $a*a' = e$ in $a + (-a) = 0$ verwandelt. Dieses Axiom ist der Astralkörper der Einsicht, die zuerst aufleuchtete, als der Jüngste Tag ausblieb: Denn 0 stand als Geschenk zwischen den sich weitenden Ausblicken auf Vergangenheit und Zukunft. Die Einsicht kehrte als Doppeleintrag in der Buchhaltung zurück, wo 0 der Balancepunkt zwischen Soll und Haben wurde. Durch diesen wundersamen Springreifen der Null hindurch verwandeln sich positive in negative Zahlen, obwohl Winston Churchill einst nach dem Essen diese Vision nicht recht weiterverfolgen mochte:

> »Ich hatte einst im Hinblick auf die Mathematik ein Gefühl: dass ich alles sah. Die Tiefe jenseits der Tiefe, der Grund jenseits des Abgrunds wurden mir geoffenbart. Ich sah – wie man den Durchgang der Venus oder selbst das Erscheinen des Bürgermeisters von

London sieht –, wie eine Menge durch die Unendlichkeit ging und ihr Vorzeichen von plus zu minus wechselte. Ich sah genau, wie es passierte und warum diese Verkehrung unvermeidlich war – aber es war nach dem Dinner und ich ließ es dabei bewenden.«

Bei der Multiplikation ist das 5. Axiom jedoch nicht länger die ganze Wahrheit. Wir müssen sagen, dass jede Zahl *außer* dem neutralen Element der Addition (0) ein multiplikatives Inverses hat, das gewöhnlich $\frac{1}{a}$ geschrieben wird, so dass $a * a' = e$, das heißt $a \cdot \frac{1}{a} = 1$. Null mag der Messdiener der Addition sein, aber die Multiplikation bewahrt ihren Status als Renegat.

Übrigens erkennt das Distributivaxiom, mit dem wir diese Exkursion begonnen haben, in seiner Asymmetrie die Unterscheidung zwischen Addition und Multiplikation an. Es sagt uns, dass $a \cdot (b + c) = a \cdot b + a \cdot c$. Man kann hier jedoch nicht die Rollen von + und · umkehren: Es ist nicht wahr, dass $a + (b \cdot c) = (a + b) \cdot (a + c)$ ist.

Sahen wir uns selbst zunächst schon in Ruhmeswolken gehüllt, mussten wir schmerzlich auf den Boden der Tatsachen zurückkehren, um diese strengen Gesetze, in denen 0 und 1 die einzigen tatsächlichen Zahlen sind, zu finden oder wieder zu finden. Diesen Gesetzen – und einem schwer fasslichen letzten, aus dem die irrationalen Zahlen folgen – entspringen alle anderen Zahlen auf der Welt, und ihr ganzes Verhalten wird von ihnen geregelt. Wer noch weiter zurückgehen möchte, um diese Gesetze selbst in Frage zu stellen, muss sich wie die Spartaner bis zur Rückkehr ihres Gesetzgebers gedulden und sich an das Versprechen halten, sie bis dahin zu achten. Aber Lykurg kam nie zurück: Das war sein Abschiedsgeschenk an Sparta.

11 Beinahe nichts

Gebückt nach Bethlehem

Nur das selektive Vergessen der Vergangenheit erlaubt uns voranzukommen, indem wir das einst Zweifelhafte wie ein erstrittenes Geburtsrecht als banalste Gewissheit nehmen. So ist es auch mit der Null. Die Predigten, die sie in ihrer Position als Platzhalterin verkündete, schrumpften auf einen Buchstaben im Alphabet unseres Denkens zusammen, ihre Bände über die Lösung von Gleichungen auf einen Satz in Einführungsbüchern der Mathematik.

Im 17. Jahrhundert begann sich unsere Haltung gegenüber den Gleichungen selbst zu verändern. Die Schnappschüsse mathematischer Beziehungen machten Funktionen Platz – dynamische Bewegungsbilder der Welt –, als sich unser Interesse von der Frage, was die Dinge sind, dahin verlagerte, wie sie entstehen. Das Wesen der Null selbst war dabei, eine höchst erstaunliche Wandlung durchzumachen, wie es auf andere Weise auch das Große Paradigma tat, das ihre Evolution durch die vorangehenden 1500 Jahre gestützt hatte.

Die Probleme, die nun ins Blickfeld rückten, waren Probleme der Bewegung. Wie konnte man eine Planetenbahn oder die Flugbahn einer Granate vorhersagen? Die Schwierigkeit lag darin, dass beide gekrümmten Bahnen folgten, während sich unser ganzes Verständnis seit der griechischen Geometrie auf gerade Linien beschränkte. Wenn wir zum Beispiel wüssten, was die Steigung einer Kurve an einem ihrer Punkte ist, könnten wir bestimmen, wohin sie führt – aber wie sollte eine Kurve überhaupt eine Steigung an einem ihrer Punkte haben können? Es könnte helfen, die Kurve auf ein Koordinatensystem zu legen, das glücklicherweise gerade von Fermat, den wir schon kennen gelernt haben, und seinem Zeitgenossen René Descartes erfunden worden war.

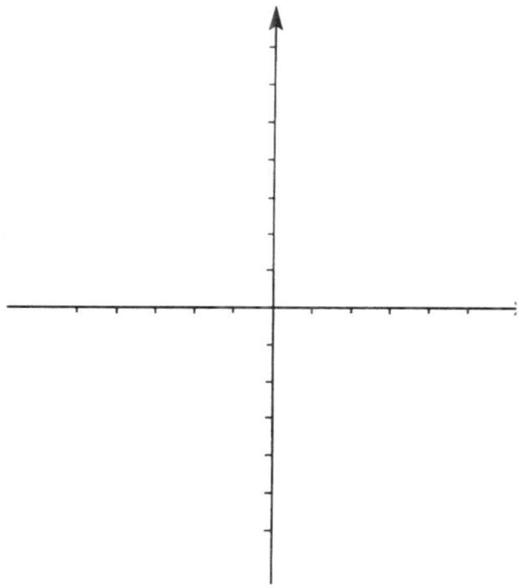

Das Koordinatensystem

So würde die Kurve wie folgt aussehen:

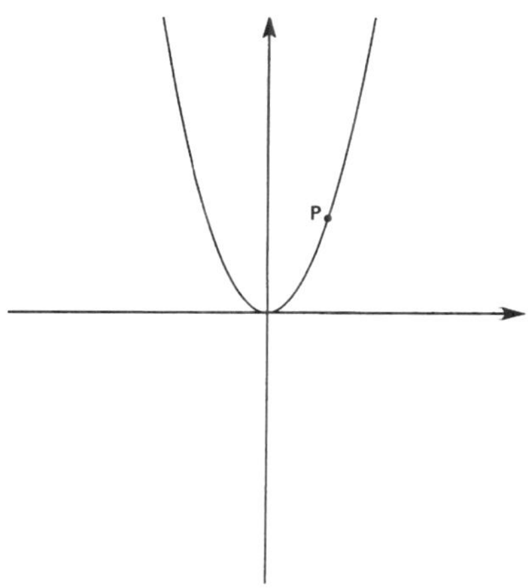

Aber Steigungen gehören zu Geraden wie in der folgenden Grafik, wo der Weg von A nach P um eine vertikale Größe *y* ansteigt, während er eine horizontale Distanz *x* zurücklegt. Wir sagen daher, dass ihre Steigung den Wert $\frac{y}{x}$ hat; also steigt zum Beispiel ein Hügel mit einer zehnprozentigen Steigung auf einer Länge von zehn um eine Einheit: unerheblich für ein Auto, aber anstrengend für einen Radfahrer.

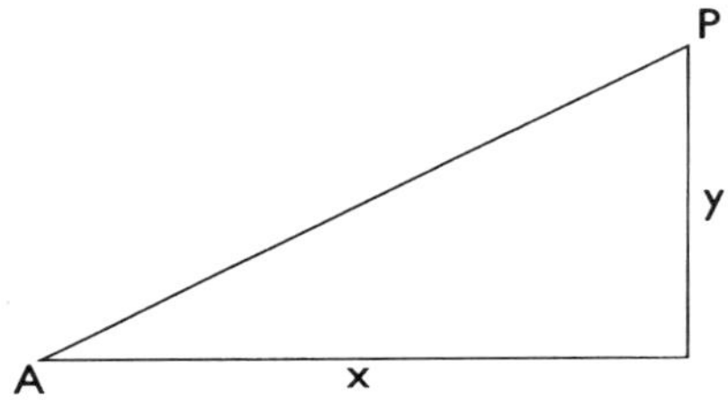

Auch nur eine Schätzung zu wagen, was die »Steigung« einer sich sanft krümmenden Kurve an einem bestimmten Punkt ist, indem man dort eine Tangente zieht, lässt manchen die Haare zu Berge stehen und andere in Gelächter ausbrechen. Noch im 19. Jahrhundert führte Schopenhauer in einer pessimistischen Stimmung den darin liegenden Humor als Beweis für seine Theorie des Lächerlichen an. Der Witz scheint gewesen zu sein, dass es hier einen Winkel sowohl gibt wie nicht gibt. Es muss an der Art gelegen haben, wie er ihn erzählte.

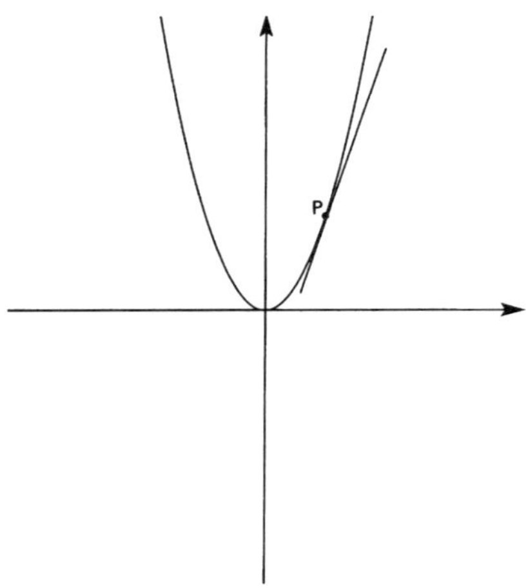

Die erstaunliche Lösung dieses Problems beruhte auf Gedanken, die längst aufgekeimt waren: Sie hatten griechische Wurzeln, die im Mittelalter den einen oder anderen Trieb entwickelten; Mythen der kleinsten Elemente, die wieder belebt und überarbeitet wurden; die Vorliebe eines Handwerkers für Keilstücke und Kurvenlineale; unsere wachsende Geschicklichkeit bei der Teilung und eine größere Aufmerksamkeit für die geringen Reste, die dabei übrig blieben. In den ersten Jahren des 17. Jahrhunderts begann man, mit einer Idee zu spielen, die im Wesentlichen so aussah: Die in Frage stehende Kurve wird durch eine Gleichung oder Formel angegeben. Ich benutze unsere moderne Ausdrucksweise und Schreibung, um zu sagen, dass es sich um den Graphen einer Funktion $f(x)$ handelt und werde als Beispiel die Quadratfunktion $f(x) = x^2$ beibehalten. Wir wollen die Steigung an einem bestimmten Punkt P darauf finden.

Dieser Punkt P auf der Kurve wirft einen Schatten auf die x-Achse, den ich r nenne: Ein Punkt, der r von 0 entfernt ist. Die Höhe von P über r ist die gleiche wie das Ergebnis der Funktion, deren Weg die Kurve ist, wenn man sie mit r speist: In unserem Beispiel ist die Höhe von P, $f(r)$ gleich r^2. Ziehen wir nun eine Linie von r nach P, wird ihre Länge $f(r)$ sein.

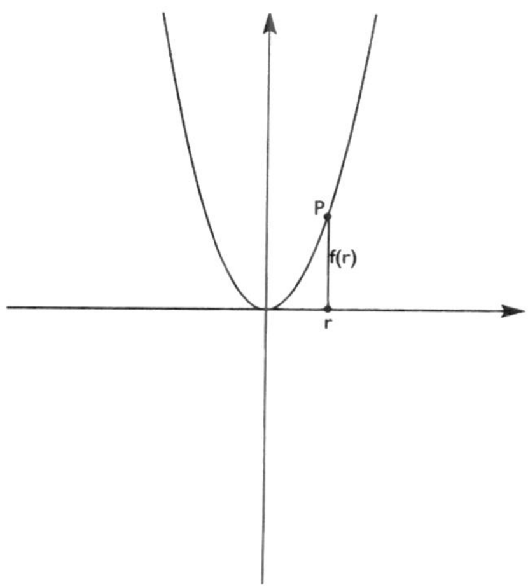

Wir haben nun die beiden Koordinaten von P: die horizontale Koordinate r; die vertikale $f(r)$, in unserem Beispiel r und r^2.

Da die Tangente eine gerade Linie ist, wird sie von zwei Punkten bestimmt. Wir wissen, dass *P* einer davon ist. Wenn wir wüssten, wo die Tangente die *x*-Achse schneidet – ich nenne diesen Punkt *A* –, dann würden wir auch die Länge der Linie von *A* nach *r* (nennen wir diese Länge *k*) und daher den Quotienten *f(r)/k* kennen, welcher die Steigung der Tangente zur Kurve bei *P* angibt: die gesuchte Steigung.

Man beachte, dass *f(r)* und *k* zwei Schenkel eines rechtwinkligen Dreiecks sind, dessen Hypotenuse *AP* Teil unserer Tangente ist. Und hier beginnt die Magie.

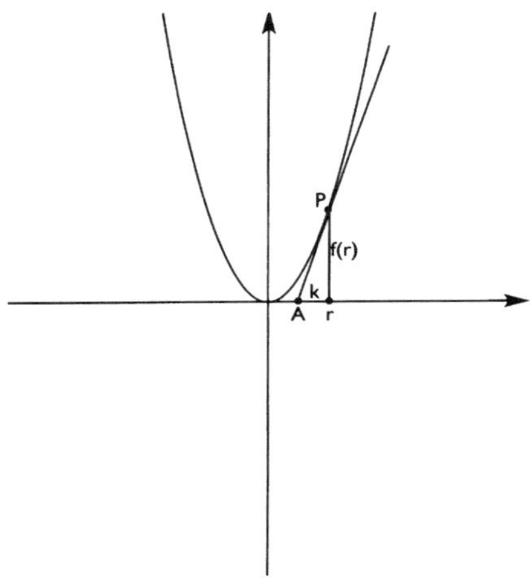

Man wähle irgendeinen Punkt auf der *x*-Achse in einer geringen Entfernung *h* zur Rechten von *r* – so dass dieser Punkt die *x*-Koordinaten *r* + *h* hat – und ziehe von diesem Punkt eine vertikale Linie hoch, die am Punkt *C* die Tangente und am Punkt *D* die Kurve selbst schneidet. Man ziehe nun außerdem eine horizontale Linie von *P*, die diese neue Vertikale am Punkt *B* trifft. Ihre Länge ist ebenfalls eindeutig *h*.

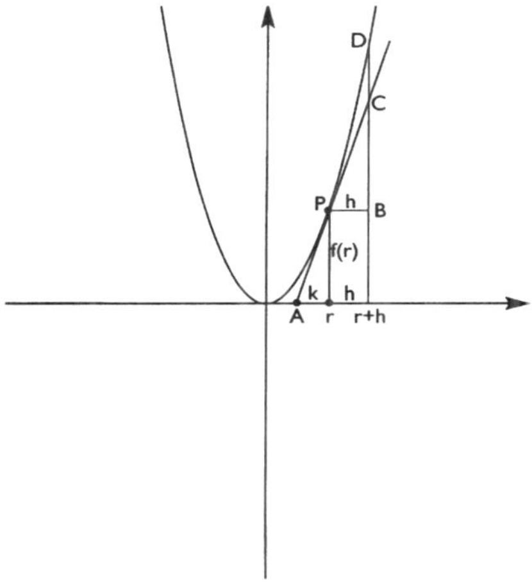

Wir kennen nicht die y-Koordinaten von C, aber wir wissen, dass B dieselben hat wie P: $f(r)$; und D ist $f(r + h)$.

In unserem Beispiel heißt das:

$$f(r + h) = (r + h)^2,$$

und das ist

$$r^2 + 2rh + h^2.$$

Warum haben wir so einen Dschungel aus neuen Konstruktionen geschaffen? Weil sie ein Dreieck PBC ergeben, das dem Dreieck ArP ähnelt und dessen Schenkelquotienten $\frac{f(r)}{k}$ wir wissen wollen.

Nun waren schon lange vor Euklid ähnliche Dreiecke das tägliche Brot von Geometern, und sie wussten bereits, dass die Quotienten der korrespondierenden Schenkel gleich ist. Daher haben wir hier $\frac{BC}{h} = \frac{f(r)}{k}$, so dass wir die Aufgabe gelöst hätten, wenn wir nur die Länge von BC kennen würden. Aber natürlich kennen wir sie nicht. Wir kennen jedoch die Länge von BD: Es ist die Länge des ganzen Liniensegments von der x-Achse aufwärts, das heißt $f(r + h)$ minus die Distanz bis zu B, die $f(r)$ beträgt. Kurz, sie ist

$$f(r + h) - f(r).$$

Reicht uns das? Nein, weil *C* nicht *D* ist. Aber wir können sehen, dass der Quotient, den wir benötigen, $\frac{f(r)}{k}$, das Gleiche ist wie $\frac{f(r + h) - (r)}{h}$. Wenn wir also unseren Punkt $r + h$ nehmen und ihn langsam zur Linken in Richtung r verschieben – also h verkleinern –, würde sich die vertikale Linie mit ihm zusammen verschieben, und siehe da: Die Länge *CD* würde immer kleiner werden, bis sie schließlich verschwände! Das Dreieck *PBC* und die Form *PBD* wären identisch.

Aber hier stößt die Magie auf ernste Schwierigkeiten. Wir haben h hinreichend schrumpfen lassen, damit es verschwindet. Aber das ergäbe $h = 0$, und wir wissen, dass wir nicht durch null teilen können.

Mathematik macht den Geist kunstfertig. Richten wir sein Licht auf die Quadratfunktion, die wir die ganze Zeit als Beispiel benutzt haben, in der Hoffnung, einen Lösungsweg zu finden. In diesem besonderen Fall ist der Quotient

$$\frac{f(r + h) - f(r)}{h}$$

gleich

$$\frac{(r + h)^2 - r^2}{h}.$$

Da das h im Nenner nicht 0 sein darf, sollten wir nun zuerst den Zähler quadrieren und dann unsere Daumen drücken. Wir erhalten:

$$\frac{r^2 + 2rh + h^2 - r^2}{h}.$$

Streichen wir r^2 und $-r^2$ aus, wodurch wir

$$\frac{2rh + h^2}{h}$$

bekommen. Nun folgen wir blind unserem Glück und klammern aus dem Zähler ein h aus. Jetzt haben wir:

$$\frac{h(2r + h)}{h}.$$

Ein Wunder! Streichen wir die beiden h, und wir bekommen einfach

$$2\,r + h.$$

Jetzt lassen wir h zu 0 schrumpfen (Fermat sagt an diesem Punkt einfach: »nehmen wir sie weg«), und man behält $2r$ übrig. $2r$ ist die Steigung der Tangente zu $f(x) = x^2$ am Punkt (r, r^2), oder, wie man auch sagt, die Ableitung der Funktion $f(x) = x^2$ an der Stelle r. Also ist zum Beispiel bei (3,9) der Neigungswinkel $2 \cdot 3 = 6$. Versuchen Sie es: Sie werden finden, dass Ihre Messungen unsere Lösungen bestätigen. Und wenn Sie energiegeladen sind, versuchen Sie zu zeigen, dass die Ableitung von $f(x) = x^3$ am Punkt (r, r^3) gleich $3r^2$ ist.

Herrlich! Revolutionär – und äußerst umstritten. Können wir wirklich durch 0 teilen, solange wir es im richtigen Moment tun? Können wir unserem Verschieben und Schrumpfen und der Tatsache, dass ein Dreieck am Ende dasselbe ist wie eine Figur mit einer gekrümmten Seite, einen logischen Sinn geben? Und was genau meint »am Ende«?

Solche Antworten, Einwände und Widerlegungen, die um das Wissen des »beinahe Nichts« kreisten und seine Sprache erweiterten, wurden – höflich oder erbittert – seit dem späten 17. Jahrhundert vorgebracht und setzten sich über die folgenden 150 Jahre fort. Wenn schon der kluge Landmann weiß, dass viel Kleinvieh großen Mist macht; wenn nur unsichtbare Feen und winzige Kobolde größere Macht haben als wir selbst; wenn weniger mehr ist – warum sollte nicht das Wenigste das Meiste sein? Warum beschwören wir hier nicht das gleiche Bild und denken uns das Nichts in neuer Weise als Spur der Gegenwart von etwas? Dies war der Ansatz, den ein Mathematiker des 17. Jahrhunderts nach dem anderen wählte, zu Recht überwältigt von der einladenden Aussicht, die Bewegungsgesetze zu meistern. Die Geschichte ist sowohl in mathematischer wie in menschlicher Hinsicht zu verwickelt, um sie hier mehr als oberflächlich wiederzugeben. Dem Ratschlag Emersons folgend, dass man beim Schlittschuhlaufen auf dünnem Eis die Geschwindigkeit zum Verbündeten hat, werde ich mich dabei nicht so lange aufhalten, wie ich möchte; dafür muss ich das Risiko eingehen, zu verwischen, was sauber geschieden war, und Lösungen in der Ferne aufleuchten zu lassen, ohne dass die Wege, die zu ihnen führten, noch erkennbar wären.

Es ist gewiss richtig, dass jeder, der darüber nachdachte, die Meinung teilte, dass die Kurve und die Tangente immer näher aneinander rückten, wenn h sehr klein wurde. Da das Problem in der Differenz zwischen »sehr klein« und null lag – man kann durch Ersteres, aber nicht durch Letzteres teilen –, machten es sich einige zur Aufgabe, die Lücke zwischen beiden mit winzigen Partikeln zu füllen; andere versuchten, dieses statische Bild zu beleben.

Isaac Newtons Lehrer, Isaac Barrow, argumentierte geometrisch, wie wir es gerade taten; tatsächlich wurde unser Dreieck lange »Barrows Differenzialdreieck« genannt. Er folgerte, dass dieses Dreieck gewiss mit *PBD* identifiziert werden konnte, wenn es nur »hinreichend klein« sei. Geometrische Methoden, so sagte er, seien »von der hässlichen Last der Kalkulation« befreit. Das ist ein aufschlussreicher Kommentar, da das Rechnen damit begann, kleine Steine (*calculi*) auf einem Brett zu verschieben, und was sich hier entwickelte und weit darüber hinausging, Differenzialrechnung oder im Englischen *calculus* genannt wurde: Die Bewegung von oder durch unvergleichlich kleinere Kiesel, gedankliche Sandkörner, die uns sagen konnten, was jene *calculi* niemals vermocht hätten.

Doch wie konnte man dem Ausdruck »hinreichend klein« einen Sinn geben? So klein, wie man will, sagten einige, und schoben den Schwarzen Peter den Kritikern zu; »unbegrenzt« und »unendlich« klein, sagten andere und siedelten den Ausdruck in einer aus Atomen zusammengesetzten Welt an. Aber gab es überhaupt Atome? Konnte es nicht sein, dass alles unendlich teilbar war? Aber ein Jota entfernt von Identität ist immer noch ein Unterschied, und wir wollen die Steigung der Kurve nicht in der Nähe von, sondern genau *auf P* bestimmen.

So entwickelte sich im Lager jener, die sich der Idee der »infinitesimalen Größen« verschrieben, eine zweite Taktik: Die Differenz oder der Fehler war danach weniger als eine *zuschreibbare* Quantität; oder anders gesagt, das sehr Kleine konnte im Vergleich zu seinen größeren Nachbarn ignoriert werden. Als wir $(r + h)^2$ erweiterten und $r^2 + 2\,rh + h^2$ erhielten, hätten wir daher h^2 außer Acht lassen können, als das h kleiner wurde, denn h^2 verkleinert sich noch viel schneller. »Große Mengen sind wie astronomische Entfernungen«, sagte Johann Bernoulli 1691, »und unendlich kleine sind wie *animalculae*, die man unter einem Mikroskop sieht.« Daher, so Bernoulli, werde »eine Menge, die um eine unendlich kleine Menge vergrößert oder verkleinert wird, weder erhöht noch vermindert«.

Das erinnert an die Vision von sich der Reihe nach verkleinernden Schachteln, die der Sergeant MacCruiskeen in Flann O'Briens erstaunlichem Roman *Der dritte Polizist* herstellt:

»Vor sechs Jahren fingen sie an, unsichtbar zu werden. Lupe oder nicht. Niemand hat die letzten fünf je gesehen, denn kein Glas ist stark genug, um sie befriedigend als das erscheinen zu lassen, was sie sind: die kleinsten Dinge, die jemals hergestellt wurden. Es kann mich auch niemand bei der Herstellung beobachten, denn meine kleinen Werkzeuge sind natürlich auch unsichtbar. Der Kasten, an dem ich jetzt arbeite, ist fast so klein wie nichts. In Nummer Eins könnte man eine Million von ihnen unterbringen und dann wäre immer noch Platz für eine Damenreithose.«

Die Idee, dass fast nichts gleichbedeutend mit überhaupt nichts ist, geht zumindest bis auf Meister Eckhart zurück, für den sich der Unterschied zwischen der Variablen Mensch und der Konstante Gott nach Belieben vermindern ließ. Sie hat sich bis heute gehalten, wie die Legende vom Bankkassierer zeigt, der reich wurde, indem er jeden Tag die Tausender zahlloser Kunden abrundete und die winzigen Restbeträge auf sein Konto überwies. Wenn der Hockeytorhüter seine Gegner in sechs Spielen von sieben abwehrt und in einer Saison, die den ganzen Winter dauert, in einer Zeitspanne von 3 Stunden, 51 Minuten und 54 Sekunden kein Gegentor kassiert, wird er zum Mr. Null ausgerufen, wie Frank Brimsek von den siegreichen Boston Bruins 1938.

Eine Gestalt überragte all jene, die mit infinitesimalen Größen argumentierten: Gottfried Wilhelm Leibniz, geboren 1646, der deutsche Diplomat, Rechtsanwalt, Philologe, Philosoph, Historiker, Geologe und Mitbegründer der Differenzialrechnung. Gelegentlich sprach er davon, den Quotienten der Schenkel eines Dreiecks auch dann noch zu bewahren, wenn diese Schenkel verschwanden; bei anderen Gelegenheiten ließ er nachlässig kleine Zahlen aus seinen Berechnungen herausfallen. Er sprach von dem, was er dx nannte, als einer Differenz der x-Werte zwischen zwei Punkten, die »unendlich nahe« seien, aber beschrieb es auch als »Anfangsmenge«. Seine Nullen, sagte er, seien nicht absolut, sondern relativ. Andererseits bezog er sich auf sie als ein formales Instrument mit der gleichen Macht wie die imaginären Zahlen, die so erfolgreich in der Algebra eingesetzt werden.

Man muss sich seiner Philosophie zuwenden, um zu begreifen, was dieses dx ist: Die Antwort ist frappierend. Leibniz argumentierte, dass die letzten Bestandteile des Universums nicht zusammengesetzt sein können,

Gottfried Wilhelm Leibniz

denn wären sie es, könnten sie nicht die letzten sein, weil man sie in noch einfachere Teile aufspalten könnte. Aber jeder Augenblick der Zeit, jeder Punkt des Raumes kann immer, zumindest im Denken, weiter unterteilt werden. Jeder von uns kennt jedoch eine unteilbare, letzte Wesenheit: nämlich das Selbst. Das sind die *konzeptionellen* und *metaphysischen* Punkte, die er »Monaden« nennt: Sie sind in Ihrer und ich in meiner – oder besser: jeder von uns *ist* eine Monade. Man bekommt eine Idee davon, was er meinte, wenn man an das eigene, ungeschmückte und unverbundene Selbst denkt: reine Innerlichkeit. Vielleicht ist das der Grund, warum er die Monaden als »fensterlos« bezeichnete. Es sind die Monaden, das unteilbar Individuelle, die für Leibniz wahrhaft existieren, während das Allgemeine nur gedacht werden kann.

Und *dx*, die infinitesimale Einheit der Mathematik? Wie seine Monade war auch *dx* aktiv, nicht inaktiv: Jede wirkte auf die Welt, war mehr Verb als Substantiv. Er geht noch weiter und nennt mathematische Punkte »Blickpunkte« seiner Monaden. Tatsächlich waren für ihn die Phänomene der sichtbaren, räumlichen Welt Übersetzungen der unsichtbaren Monadenstruktur. Im Licht des Großen Paradigmas scheint mir, dass die Monade ein Bild war, das *dx* nachfolgte oder darauf vorauswies. Mehr noch: In der Idealsprache, deren Erfindung er sich widmete, könnte *dx* für »Monade« gestanden haben.

Wie konnte ein so metaphysischer Standpunkt – ein Standpunkt, bei dem die Null in die innerste Welt eines jeden von uns eingegangen ist – zu einer Mathematik führen, die die Außenwelt so vollständig beschreibt und vorhersagt? Aufgrund, so hätte Leibniz gesagt, der prästabilierten Harmonie der Welt. Mit seiner Position harmonierten jedoch nicht jene, die der Meinung waren, dass sich Bewegung nur in Begriffen der Bewegung verstehen ließ: Eine Welt, in der nicht Partikel, ganz gleich wie klein, sondern die Veränderung selbst fundamental war. Und hier blickt uns der

Isaac Newton

andere Begründer der Differenzialrechnung, Isaac Newton, von ferne an.

Das gesäuberte, orthodoxe Bild zeigt Newton als ersten Denker des Zeitalters der Vernunft. Nachdem er die unveröffentlichten Aufzeichnungen Newtons gelesen hatte, sah John Maynard Keynes ihn als letzten der Magier mit zutiefst esoterischen Instinkten, der sich zum okkulten Ziel gesetzt hatte, die Geheimnisse des Universums aus den sternbesäten Kryptogrammen zu entschlüsseln, in denen Gott sie verborgen hatte. Als ein Rivale von Leibniz war er dennoch eine lebende Monade, verschwiegen und nach innen gekehrt – und nur äußerst selten öffneten sich auch nur die schmalsten Fenster zu seinen Werken.

1665, als Newton Anfang zwanzig war, fegte die Pest durch London und seine Universität Cambridge. Er flüchtete auf den Landsitz seiner Familie und machte sich daran, die Geheimnisse der Bewegung zu lüften. Später sagte er, es seien die beiden fruchtbarsten Jahre seines Lebens gewesen. Wie sein Lehrer Barrow dachte er in Begriffen infinitesimaler Größen und übernahm dafür das Symbol »o« von einem scharfsinnigen Schotten namens James Gregory. Verwirrend ist, dass er dieses »o« so benutzte wie wir den Buchstaben *h* ein paar Seiten zuvor, dass er damit addierte, multiplizierte und dividierte und sich seine kleinen Nullen sogar in den Nennern von Quotienten finden.

Einmal zurück in seinen Räumen im Trinity College, wo er ironischerweise als geheimer Unitarier lebte, veränderte er – wie in Dürers Stich »Melancholie« von einem Chaos aus astronomischen und alchimistischen Geräten, seinen Linsen, Destilliergläsern, hermetischen Schriften und Berechnungen umgeben – seine Begriffe leicht, aber in bedeutsamer Weise. Er tat immer noch, was wir zuvor gesehen haben: Er tilgte unerhebliche kleine Größen aus seinen Gleichungen; aber er verstand sie nun nicht mehr als unendlich kleine Mengen im Raum, sondern als *Zeit*punkte, die er »Momente« nannte. Er wolle, wie er sagte, der Doktrin der Unteilbaren ihre Strenge nehmen, doch tatsächlich trat in dieser Verkleidung eine dynamischere Sichtweise zum Vorschein. Vollzog sich dies langsam oder in einem Augenblick? Alles, was wir haben, sind nur diese flüchtigen Einblicke.

Sein letzter Schritt ist erstaunlich: Er weigert sich, Größen zu tilgen, in denen sein »o« steht, weil »in der Mathematik«, wie er sagt, »die kleinsten Fehler nicht übersehen werden dürfen«. Stattdessen lässt er den ganzen Begriff der Infinitesimalgrößen fallen, ob räumlich oder zeitlich gedacht: »Für mich bestehen mathematische Mengen (...) nicht aus sehr kleinen Teilen, sondern werden von einer kontinuierlichen Bewegung beschrieben.« In Wirklichkeit würden Kurven von sich kontinuierlich bewegenden Punkten hervorgebracht: »Diese Entstehung vollzieht sich tatsächlich im Wesen der Dinge und lässt sich täglich in der Bewegung von Körpern erkennen.« Bezeichnungen, die er zuvor für die Variable (»*fluent*«) und ihre Veränderungen (»*fluxion*«) erdacht hatte, nahmen nun, als sich seine *x*s und *y*s zu bewegen begannen, ihre eigentliche Bedeutung an. Barrows Differenzialdreieck »verflüchtigte« sich. So wie sich in einem Beweis, den man durchsichtig macht, überall ein Fehler zeigt, verhält es sich mit der Prämisse eines Lebens, das aus dem rechten Blickwinkel gesehen wird. Dass Newton darauf bestand, nicht nach dem Wesen, sondern nach der Wirkung von etwas zu fragen, gehört unlöslich zur fundamentalen Stellung, die er der Bewegung zuschreibt.

In jedem Fall waren nun die beiden rivalisierenden Schulen der Differenzialrechnung – entstanden aus der Opposition, die wir die ganze Zeit verfolgt haben, zwischen einer als Objekt und einer als Wirkung verstandenen Null – zur Reife gelangt. Wie die Liebenden in einer Geschichte von Isak Dinesen waren sie wie zwei verschlossene Kästchen, von denen jedes den Schlüssel zum anderen barg.

Keine Seite konnte ihre Verfahrensweisen mit den Genauigkeitsstandards messen, die die griechische Mathematik vorgegeben hatte. Stattdessen kämpften sie untereinander und wurden von allen Seiten mit Kritik bombardiert. Was hätte man anderes beim Umgang mit notorisch widerspenstigen Kobolden erwarten können? Ein Irrlicht ist ein Licht, das Wanderer in die Irre führt. Bernard Nieuwentijdt, ein niederländischer Arzt, schrieb 1694, er könne nicht verstehen, wie sich das unbestimmt Kleine von null unterscheide oder wie eine Summe von Infinitesimalgrößen begrenzt sein könne. Diese Methoden, sagte er, führten sowohl zu korrekten wie absurden Ergebnissen; wo sie nicht dunkel seien, fehle es ihnen an Konsistenz, da unendlich kleine Quantitäten bald zurückgewiesen, bald akzeptiert würden. In seinem berühmten Pamphlet *The Analyst* (»Gerichtet an einen ungläubigen Mathematiker«) sagte Bischof Berkeley 1734, dass diese verschwindenden Größen »weder begrenzte Mengen noch unendlich kleine Mengen, aber auch nicht nichts sind. Könnten wir sie nicht als Geister verblichener Mengen bezeichnen?« Und er fragte weiter, »ob man wirklich behaupten kann, dass Menschen nach einer wissenschaftlichen Methode verfahren, ohne einen klaren Begriff von dem, worüber sie reden, vom Ziel, das sie verfolgen, und der Methode, mit deren Hilfe es erreicht werden soll«.

Man erwiderte darauf, dass der Zweck die Mittel heilige; wenn diese Notbehelfe nützlich waren, umso besser. Oder man sagte, dass Strenge nicht die Sache der Mathematik, sondern der Philosophie sei; oder man appellierte an das Herz, das wie die Grazie der Vernunft überlegen sei, und dass Paradoxe hier im Übrigen so nützlich seien wie im Christentum. »Man fahre einfach fort und der Glaube wird folgen«, sagte der französische Mathematiker d'Alembert (*»Allez en avant et la foi vous viendra«*). Die Gegenbeweise liefen zuweilen parallel zu dem Argument, zuweilen folgten sie gewundenen Wegen. So verlangte Blaise Pascal, dieses merkwürdige Genie, dass man diese Prozeduren lieber mit Finesse als mit Logik anwenden solle, Prozeduren, die sich, wie wir gesehen haben, selbst schon der Finesse verdankten, statt klaren Definitionen des immer Kleineren. Leibniz andererseits warf Nieuwentijdt vor, übermäßig skrupulös zu sein, doch waren eben solche Spitzfindigkeiten der Kern seines eigenen Ansatzes.

Diese Mathematiker waren Entdecker, die sich ohne Karte und Kompass ihren Weg ertasteten und sich bei ihren Erkundungen nicht durch genaue Rechenschaftsberichte durcheinander bringen lassen wollten. All ihre Metaphern von Bereichen, die aus unendlich vielen unteilbaren Linien oder Formen bestanden, die zurückblieben, nachdem ihre Größe vermindert worden war, waren Telegramme aus dem Landesinneren, die die Welt sowohl in Erstaunen versetzen wie zum Schweigen bringen sollten. »Ich habe es schwierig gemacht«, so sagte Newton einem Freund, »um zu vermeiden, von kleinen Halbgebildeten in der Mathematik herabgesetzt zu werden.«

Erst Mitte des 19. Jahrhunderts entwickelte sich in Frankreich und Deutschland ein Verständnis, das endlich befriedigend erschien – ein Weg, der auf die abgenutzte Münze zurückverweist, die James Watt bei sich zu tragen pflegte, um die Passgenauigkeit der Zylinderkolben in seinen Dampfmaschinen zu prüfen: Die notwendige Lücke musste geringer sein als die Stärke einer Sixpencemünze.

Dieses Verständnis hat etwas Ingenieurhaftes an sich, wie es in der Forderung und Erreichung einer Toleranzmarge zum Ausdruck kommt. Eine schrumpfende Zahlensequenz wie die Schenkelquotienten unseres schrumpfenden Dreiecks hat – ganz gleich, wie nahe sie sich annähern sollen – eine bestimmte Grenze, wenn ich zeigen kann, dass sie es schließlich tun, indem ich die Zahl benenne, nach der sie alle so nah oder näher liegen. Ist 1 die Grenze von $\frac{1}{2} + \frac{1}{4} + \frac{1}{8} + \frac{1}{16} \ldots$ und so weiter? Ja, wenn ich zeigen kann, dass die Summe so nahe an 1 herankommt, wie man will. Bis zu einem Hundertstel? Wenn man einfach die ersten sieben addiert, stellt man fest, dass die Reihe nur $\frac{1}{128}$ von 1 entfernt ist. Bis auf ein Tausendstel? Erneut können wir dies bejahen: Die ersten Zahlen summieren sich zu $\frac{1023}{1024}$, was weniger als ein Tausendstel von 1 entfernt ist.

Jahrhunderte waren nötig, um dieses Kriterium zu finden. Eine Myriade Myriaden von Schülern der Differenzialrechnung mussten schwitzen, um es zu begreifen, und nicht wenige ihrer Lehrer schreckten vor diesem Präzisionsspiel zurück. Doch bei all ihrer Strenge und ihren Kunstgriffen kommt diese Idee am besten in der Geschichte jenes fein gezogenen Drahtes zum Ausdruck, den ein amerikanischer Hersteller am Ende des Zweiten Weltkriegs einem Konkurrenten in Deutschland schickte, ein stolzes Zeichen, zu welchen Leistungen sein Land mittlerweile in der Lage war. Er kam zurück: mit einem fein säuberlich gebohrten Loch in der Mitte.

Die alte Vorstellung einer straff gezogenen, sauberen »Grenze« ist hier der Schlüssel: Eine feste, reelle Zahl, der sich eine Zahlenreihe annähert. So ist in unserem Beispiel, $f(x) = x^2$, 6 der Grenzwert der immer besseren Näherungswerte zur Steigung der Tangente bei (3,9). Die Schrumpfung muss kontinuierlich sein: Sie darf nicht über die Ritzen auf dem Weg zu ihrem Ziel springen, und man muss in der Lage sein, sich dem Grenzwert auf beiden Seiten mit demselben Ergebnis anzunähern; wenn ein ansteigender Hügel zu einer Klippe abbricht, hätte es nicht viel Sinn, direkt an der Felskante von seiner Steigung zu sprechen. Sobald diese technischen Details befolgt wurden und die passenden Symbole dafür gefunden waren, war das Rätsel – und vielleicht etwas vom Zauber – einer glatten Kurvensteigung verschwunden.

Dies war, wie Sie vielleicht schon vermutet haben, nicht das einzige Mal, dass ein Verfahren – wie die Schrumpfung von h zu 0 – in der Mathematik benutzt wurde, bevor es formal gerechtfertigt war: Seit Archimedes geschah dies immer wieder und verdankt sich der immer gegenwärtigen Spannung zwischen Intuition und Beweis. Dies sind die beiden Pole des mathematischen Denkens. Der erste Pol ist das freie Spiel des Geistes, mit dem wir die reiche Welt der Phänomene durchstreifen und Objekte erfinden, die für sich selbst genommen wunderschön sind, Beziehungen, die höchst elegant funktionieren, bestens zu unseren anderen Erfindungen passen und zugleich ihre eigenen Umgebungen erhellen, so dass Welt und Geist – in Übereinstimmung mit dem einzigartigen Wesen der Dinge – als gegenseitige Erfindungen offenbar werden.

Nach der Erfindung setzt die zweite Aktivität ein und geht von der Bewunderung zur Rechtfertigung der Werke des Verstandes über. Dieser Pol ruht in den sorgfältigen, kunstvollen Überlegungen, die diese neuen Einsichten ins Recht setzen, indem sie sie mit Hilfe einiger deduktiver Regeln aus dem spartanischen Kernbestand der Axiome ableiten; dabei mag sich auch die eine oder andere Fiktion einschleichen, aber diese werden gegen null tendieren, sobald sie ihre erleichternde Funktion erfüllt haben. Was sich schließlich frei von Fehlern und Zweideutigkeiten herausschält, werden andere an entfernten Orten in fernen Zeiten nachvollziehen und vollkommen verstehen können.

Nun hat die Formulierung eines großen, kohärenten Korpus mathematischer Einsichten diese Besonderheit, dass – wie wir erst im 20. Jahrhundert erkannt haben – die formale Überarbeitung – ein Stück Sprache – keinen ausschließlichen Charakter hat: Die Einsichten können auf viele wesentlich verschiedene Arten repräsentiert werden, wie das Roboterspielzeug, das sich mit einem Handgriff von einem Moment zum anderen aus einem Alligator mit Maschinengewehraugen in einen gepflegten Butler verwandeln lässt. Das bedeutet, dass wir aus der Vielzahl der Modelle keine einzige und ausschließliche Art herauspicken können, wie die Dinge sind. Wir könnten sogar schlussfolgern, dass es gar keine einzigartige Art gibt, wie die Dinge sein müssen. Diese Relativierung unseres Denkens lässt selbst noch die postmodernsten Übertreibungen hinter sich.

Vielleicht ist die Art, wie wir formalisieren, fehlerhaft. Sie könnte zu begrenzt sein. Sie könnte, indem sie ihrer eigenen Relativierung in die

Falle geht, nur eine von vielleicht vielen Möglichkeiten der theoretischen Begründung mathematischer Einsichten sein, und vielleicht könnte eine andere Art unterschiedliche Duplikate der Welt besser beurteilen. Doch das Wort »Duplikat« legt ein Original nahe, das sich von seinen Kopien unterscheidet, und wir können hier keine solche Unterscheidung treffen. Jedes der Modelle, das dem formalen System gerecht wird, ist auf unterschiedliche Weise, doch darum nicht minder unser. Die Zombies sind los, und ein *Simulacrum* ist nicht feindlicher als ein anderes.

Die großen Vorteile, die ausgereifte formale Systeme aufweisen, lassen sich nicht leugnen. Sie vertreiben falsche Einsichten und bringen jene, die mit unseren Axiomen übereinstimmen, in eine Sprache, in der wir über sie zusammen mit anderen sprechen können. Hier können neue linguistische Strukturen zusammenwachsen, die neue Einsichten finden helfen. Man könnte sogar weiter gehen und behaupten, dass die Zweideutigkeiten unserer formalen Systeme eine wohltätige Wirkung haben, da eine Verkörperung des Systems offenbaren kann, was eine andere verborgen hält, genau wie ein Problem mit Algebra gelöst werden kann, das sich den Schmeicheleien der Geometrie widersetzte.

Wir müssen jedoch anerkennen, dass wir aufgrund der Verkleidungen, die ein System notwendig annimmt, »die einzige Art, wie die Dinge sind« nicht erfassen können. Die Idee einer einzigen Wahrheit erwuchs aus der ersten Hälfte der Mathematik, die von ihrem formalen Zwilling getrennt war. Dort gelangte man zu Einsichten auf Wegen, die wir nicht beschreiben und tatsächlich kaum begreifen können und die sich *allein schon aufgrund ihres Wesen nicht formalisieren lassen*. Die Antwort auf Bischof Berkeleys Zweifel ist, dass wir tatsächlich zunächst am besten voranschreiten, wenn unsere Ziele, Gegenstände und Methoden noch biegsam sind und sich im grünen Umkreis der Gewissheit necken: Denn die Idee einer einzigen Art, wie die Dinge sind, gehört in diese morgendliche Hälfte, und wir können natürlich nicht erwarten, dass sie den Ernst des Nachmittags übersteht. Die Welt könnte nicht nur einzigartiger sein, als wir denken, sie könnte sogar einzigartiger sein, als wir denken *können*.

Zwei Siege, eine Niederlage und ein entfernter Donner

Was mit der Differenzialrechnung zur Welt kam, war nicht nur ein Weg, das Spektakel des Wandels einzufangen und zu kontrollieren. Mit ihr entstand zugleich ein neuer Sinn dafür, was bedeutsam war. Oder war dieser Sinn gar nicht neu, sondern wurde nur erneuert, nachdem er sehr lange auf seine Renaissance gewartet hatte? Denn die vage Andeutung eines Wandels des Großen Paradigmas, die wir zuerst bei der doppelten Buchführung noch undeutlich vernahmen, war im Hinabgleiten einer Tangente zu einer Kurve nun deutlicher zu hören. Das Geräusch rührte von der Idee des »Grenzwerts«: eine *Wirkung*, der Prozess des Schrumpfens, weist auf ein *Objekt*, eben diesen Grenzwert. Aber die Komponenten der Handlung und des Objekts sind alle von der gleichen Art: Es sind Zahlen. Wir gehen heute routinemäßig so weit, diesen Verweis durch ein Gleichheitszeichen zu signalisieren, als ob dort Bewegung und Zustand das Gleiche wären. Der Grenzwert erhellt den Prozess und offenbart seine Form: Das B in »A ist gleich B« erklärt A. Newton musste der Letzte der Magier sein, weil nach ihm das Gesehene uns nicht länger auf das Ungesehene verwies, sondern – auf Wegen, deren Entdeckung heroische Kraftanstrengungen kosten mochte – zurück auf sich selbst.

Die Ausübenden dieser Kunst errichteten den immensen, einsturzgefährdeten Palast der Differenzialrechnung und lebten darin, noch während die Ziegel der Fundamente neu gelegt und schwererer Stützbalken eingezogen wurden, um die Last aufzunehmen. Von der Spitze dieses Bauwerks ließ sich eine Region der physikalischen Welt nach der anderen überblicken und beherrschen: die Optik, die Hydrodynamik, die Mechanik; weiter entfernt die Biologie, die Wirtschaftswissenschaften, kurz, alle Wissenschaften, ob reine oder angewandte. Selbst ein altes Menschheitsrätsel erlag seiner Macht: denn dies war die Revolution unseres Zahlenverständnisses, die dem unbestimmten $\frac{0}{0}$ in der passenden Umgebung einen bestimmte Bedeutung geben würde.

Es ist eine Geschichte der Verkleidungen. Jemand im späten 17. Jahrhundert – sollen wir ihn Guillaume François Antoine, Marquis de l'Hôpital nennen? – betrachtete zwei sich glatt verändernde Funktionen $f(x)$ und $g(x)$, wie etwa $f(x) = 2x$ und $g(x) = 3x$. Ihr Quotient ist bei praktisch jedem x sinnvoll. Wenn zum Beispiel $x = 17$, dann ist $f(17) = 2 \cdot 17 = 34$ und $g(17) = 3 \cdot 17 = 51$, also $\frac{f(x)}{g(x)} = \frac{34}{51} = \frac{2}{3}$. Bei fast jedem x, das man wählt, erhält man $\frac{2}{3}$. Bei *fast* jedem – aber nicht bei $x = 0$, denn dann haben wir $\frac{f(0)}{g(0)} = \frac{2 \cdot 3}{3 \cdot 0} = \frac{0}{0}$, unseren alten Bekannten. $x = 0$ ist der kritische Punkt bei unserer Berechnung.

Man bemerkte hier jedoch, wenn jede dieser Funktionen unabhängig voneinander am kritischen Punkt eine Ableitung besitzt und wenn die Ableitung von $g(x)$ dort nicht null war, dass selbst dann der Quotient ihrer Ableitung der gleiche wie der Quotient der Funktionen selbst war!

Übersetzen wir dies in die Sprache der Grenzwerte und sehen uns unser Beispiel an: Da die Grenzwerte, als sich x auf 0 zubewegte, von $f(x)$ und $g(x)$ beide 0 waren; $2x$ und $3x$ nähern sich wie x beide 0 an; und da die Steigung von $f(x) = 2x$ überall 2 ist und die von $g(x) = 3x$ überall 3, ist der Grenzwert von $\frac{f(x)}{g(x)}$, wenn x sich 0 annähert, derselbe wie der Grenzwert ihrer Ableitung, wenn x sich 0 annähert: hier $\frac{2}{3}$. Das Zeichen für die Ableitung einer Funktion ist – im Anklang an altgriechische Verwendungsweisen – ein kleiner vertikaler Strich rechts darüber, so dass $f'(x)$ gelesen wird als Ableitung von $f(x)$ an der Stelle x. Wir können daher diese Entdeckung verdichten – wobei »lim« für *limes*, »Grenzwert« steht – zum alchimistisch wirkenden

$$\lim_{x \to 0} \frac{f(x)}{g(x)} = \lim_{x \to 0} \frac{f'(x)}{g'(x)}.$$

Mit anderen Worten, $\frac{0}{0}$ war eine Verkleidung, in diesem Fall für $\frac{2}{3}$.

Der Marquis wurde für seine Entdeckung dieses allgemeinen Prinzips unsterblich, das heute als l'hôpitalsche Regel bezeichnet wird. Das einzige Problem unserer Geschichte – die, wie gesagt, von Verkleidungen handelt – ist, dass Monsieur le Marquis weder auf diese Einsicht noch auf ihren Beweis kam. Beide waren das Werk seines Lehrers, Johann Bernoulli, der offenbar bereit war, das Bargeld seines Herrn zu nehmen und dem Marquis dafür das Verdienst zu überlassen. Da es infinitesimal mehr Spaß macht, von der »l'hôpitalschen Regel« als von »Bernoullis Regel« zu sprechen, bezweifle ich, dass dem Urheber dieses bemerkenswerten Sieges jemals volle Genugtuung getan werden wird.

Die Kapitulation von $\frac{0}{0}$ ist, wir erinnern uns, bedingt: Nur im Kontext der Ableitung und ihrer Quotienten hat sie Bedeutung. Im Übrigen bleibt die Teilung durch null in unserer voll entwickelten Zahlenwelt für immer unmöglich. Das führt uns aber nicht in jene Tage zurück, als die Null selbst fragwürdig war, es sei denn, man lebt in Pennsylvania. Denn im Mai 1998 stimmte das Centre County dafür, eine unpopuläre Steuer auf gewerbliche Berufe abzuschaffen, indem man sie alle fiskalisch auf den Wert Null einstufte. Dadurch gerieten die örtlichen Schulkommissionen in arge Geldnöte und verklagten das County. Durch ihren Rechtsanwalt ließen sie erklären, null sei kein Wert. Sein Beweis bestand darin, einen ehemaligen Finanzbeamten versuchen zu lassen, mit seinem Taschenrechner durch null zu teilen. Nur das »E« für »error« erschien auf der Anzeige.

Für die Übrigen von uns ist – oder hat – null einen Wert. Ob sie eher eine Wirkung als ein Objekt ist, darin besteht das flüchtige Etwas, das wir auf diesen Seiten verfolgen. Aber können wir mit null *zählen*? Das muss etwas genauso schwer Fassliches sein, rief doch der Wissenschaftsjournalist Dick Teresi kürzlich das Massachusetts Institute of Technology an, um von den Leuten im Fachbereich Mathematik genau dies zu erfahren. Er blieb am Telefon, während die Frage die Korridore hinauf- und hinabwanderte, bis er schließlich die Mitteilung erhielt, dass niemand es genau sagen könne; außerdem sei man nur an Zahlen interessiert, die nach 1972 erfunden worden seien, weshalb er sich besser an Harvard wende.

Ein andere Frage wartete, wie wir uns erinnern, auf eine Revolution, um gelöst zu werden: Die Frage, ob 0^0 0 oder 1 oder sonst etwas ist. Aus unserem neuen Blickwinkel können wir säuberlich zusammenfassen, was zu unseren beiden Vermutungen führte. Zuerst sahen wir uns den Grenzwert von x^0 an, während x sich auf 0 verminderte, und überzeugten uns durch Stichproben, dass die Antwort 1 sein musste:

$$\lim_{x \to 0} x^0 = 1.$$

Um einen Hauch präziser zu sein: Die Schrumpfung vollzog sich von größeren zu kleineren Zahlen. Wir nahmen den Grenzwert *von rechts*, als sich x 0 annäherte, und stellen dies dar, indem wir schreiben: $x \to 0^+$. Folglich war unsere Schlussfolgerung:

$$\lim_{x \to 0^+} x^0 = 1.$$

Dann nahmen wir den Grenzwert – wieder während x sich von rechts 0 annäherte – von 0^x und sahen erneut durch umsichtige Stichproben, dass die Antwort 0 sein musste:

$$\lim_{x \to 0^+} 0^x = 0.$$

Jede Betrachtungsweise schien gleichermaßen einwandfrei zu sein, aber wenigstens eine musste falsch sein.

Vielleicht lag der Unterschied in der Asymmetrie der Ausgangslage: Bei einer war die Basis, bei der anderen der Exponent die Variable. Warum verwandeln wir nicht *beide* in Variablen und nehmen den Grenzwert, während x sich von rechts 0 annähert, von x^x? Indem wir sozusagen Bernoullis Regel clever anwenden, finden wir eine definitive Antwort:

$$\lim_{x \to 0^+} x^x = 1!$$

Statt hier diese Raffinesse lange auszubreiten, zeige ich einfach einen Graphen der Funktion $f(x) = x^x$:

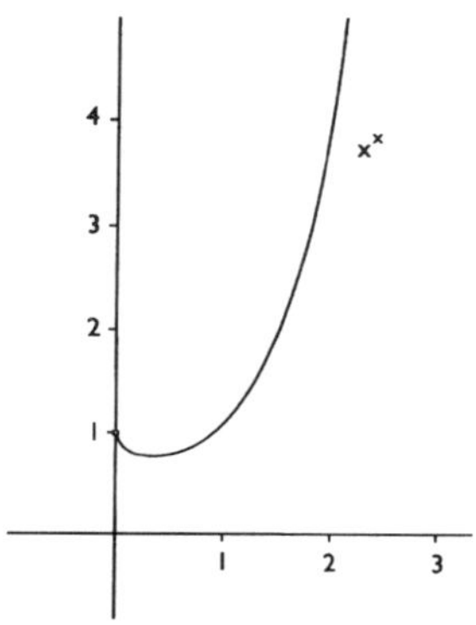

$f(x) = x^x$

Wenn man sich entlang der x-Achse von rechts auf 0 zubewegt, erkennt man zweifelsfrei, dass die Kurve aus ihrem Tal zu 1 aufsteigt.

Aber freuen wir uns lieber nicht zu früh. Erinnern wir uns daran, dass ich ein paar Seiten zuvor sagte, man müsse sich von beiden Seiten an einen Grenzwert annähern können, damit dies sinnvoll ist – und hier scheinen wir tatsächlich einen ansteigenden Hügel zu haben, der abrupt zu einer Felsklippe abbricht, wie oben beschrieben.

Nun, sagen Sie vielleicht, ich brauche ja nur das Bild links von der y-Achse zu vervollständigen, indem ich die negativen Werte von x^x einsetze, und über sie auf $x = 0$ zuzumarschieren. Ich wünschte, ich könnte es. Vier unterschiedliche Phänomene, die wir auf unseren Reisen angetroffen haben, kollidieren hier und machen dies unmöglich. Erstens dürfen wir auf unserem Weg keine Lücken finden: Unser Graph muss kontinuierlich sein. Betrachten wir jedoch, zweitens und drittens, was passiert, wenn man zum Beispiel versucht, $x = -\frac{1}{2}$ in die Funktion $f(x) = x^x$ einzusetzen. $(-\frac{1}{2})^{-\frac{1}{2}}$ bedeutet, wie wir oben bereits sahen:

$$\frac{1}{\sqrt{-\frac{1}{2}}}$$

weil der Exponent $\frac{1}{2}$ für das Ziehen der Quadratwurzel steht und sein negatives Vorzeichen uns zwingt, das Ergebnis in den Nenner zu setzen. Es würde nichts ausmachen, ihn dort zu haben, wenn er eine reelle Zahl wäre. $\sqrt{-\frac{1}{2}}$ ist jedoch eine imaginäre Zahl; und dieses vierte Phänomen bedeutet, das wir von den reellen Zahlen auf die breitere, subtilere Ebene gelangt sind, wo sich auch die imaginären befinden: jene Zahlen wie $\sqrt{-1}$, die vom Buchstaben *i* symbolisiert werden und die wir nirgendwo unter den reellen Zahlen finden, uns aber auf einer Achse vorstellen können, die rechtwinklig zu jener der reellen verläuft.

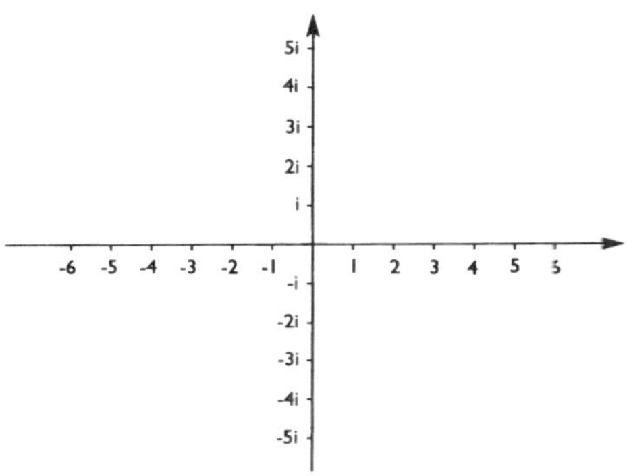

Die komplexe Ebene

Hier können wir jede Kombination von reellen plus imaginären Zahlen, wie $3 + 4i$, durch einen Punkt auf der Ebene mit den passenden horizontalen und vertikalen Koordinaten darstellen, in diesem Fall (3, 4).

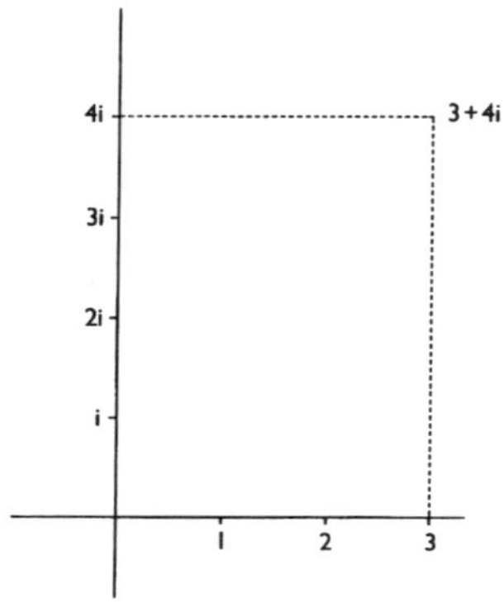

Der Punkt $3 + 4i$ auf der komplexen Ebene

Wir wollen herausfinden, was 0^0 ist, indem wir uns heimlich anschleichen. Aber nun, da wir auf einer Ebene statt auf einer Linie sind, müssen wir sicher gehen, dass wir uns 0^0 von jedweder Richtung her annähern können. Wir haben unsere Funktion bisher $f(x) = x^x$ genannt, weil die Variable x für jede reelle Zahl stand. Um in Rechnung zu stellen, dass diese »komplexen Zahlen« aus reellen (x) *und* imaginären Teilen bestehen (yi), können wir den Namen unserer Variablen zu z ändern, wo $z = x + yi$ ist. Wir wollen sehen, was mit $f(z) = z^z$ passiert, während sich z 0 annähert, das heißt, während sich x und y beide 0 annähern.

Was passiert, ist über die Maßen seltsam. Ganz gleich, auf welchem Weg wir uns (0, 0) nähern, die Ergebnisse unserer Funktionen geraten in Unordnung. Sie jagen nervös durch jede Zahl, die man sich vorstellen kann, und dies in immer chaotischerer Weise, je näher wir kommen. Sie können sich nicht beruhigen, können nicht zu einem bestimmten Wert konvergieren – noch weniger zu 1. (0, 0) ist der schlimmste Alptraum, den die Welt für z^z bereithält. Es wäre eine kolossale Untertreibung zu sagen, sie hätte hier überhaupt keinen Wert.

Wir gehen möglicherweise unserer Niederlage entgegen, aber wir tun es mit wehenden Fahnen. Auf einer der Fahnen ist, wieder auf der Ebene

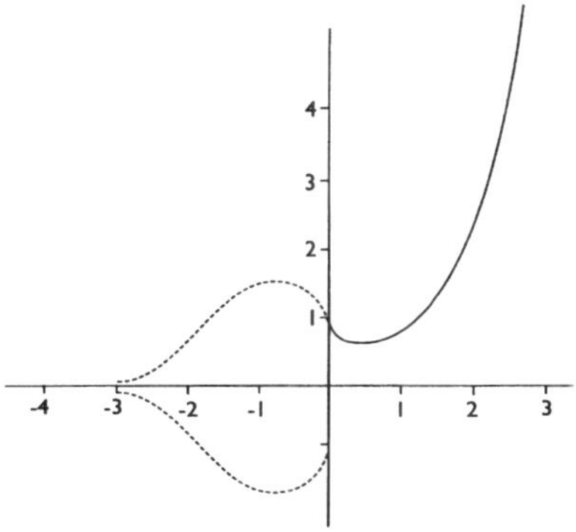

Ein erweiterter Graph von $f(x) = x^x$

der reellen Zahlen, wo wir tatsächlich reelle Lösungen von negativen Zahlen für x^x bekommen, ein Muster von Punkten in den linken Quadranten abgebildet. Die Situation ist, wie man es nicht anders erwarten würde, sehr kompliziert: So wie -2 *eine* Kubikwurzel von -8 ist, werden wir hier und dort reelle Lösungen finden, wenn x eine negative rationale Zahl mit einem ungeraden Nenner ist. Wir werden jedoch vielfache Lösungen für jede eingesetzte Zahl bekommen, wie zwei Quadratwurzeln, drei Kubikwurzeln, vier vierte Wurzeln und mehr, wobei sich überall unter den reellen Lösungen Lücken auftun. Aber wenigstens können wir Folgendes

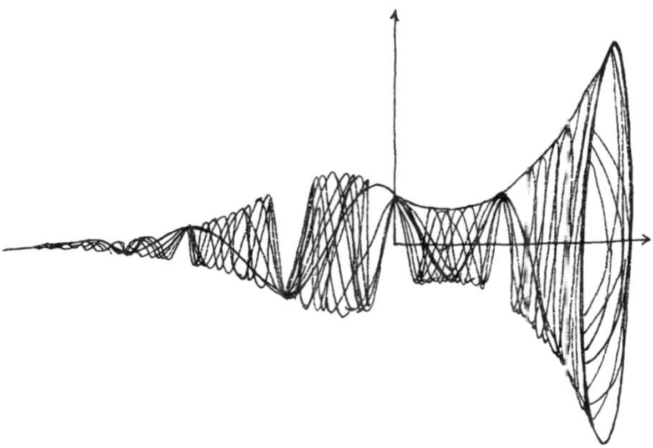

Die x^x-Spindel

sagen: Während sich der Graph der Funktion aufgrund dieser negativen Einsetzungen wieder und wieder verdreht, sieht das, worum er sich dreht, wie eine Spindel aus. Es ist also irgendeine Ordnung in all dem Chaos.

Eine zweite Flagge flattert in der Brise, die aus einer vertrauten Richtung weht: dem ununterdrückbaren Drang in der Mathematik zu Verallgemeinerungen. Wenn die Funktion $f(x) = x^x$ solch interessante Krankheiten hat, wie steht es da mit einer Funktion x^{x^x}, mit $x^{x^{x^x}}$ oder mit noch längeren Leitern von Variablen, die zu Exponenten von Exponenten von Exponenten usw. erhoben werden, bis man sich bei der Erklimmung des Turms zu Babel wieder findet? Die Antwort, die sich der wiederholten Anwendung der »l'hôpitalschen Regel« verdankt, ist voraussehbar ironisch: Während sich x von rechts auf 0 zubewegt, ist der Grenzwert 0, wenn die Anzahl von x im Turm ungerade, und 1, wenn sie gerade ist.

Natürlich hat sich dadurch an unserem hysterischen Geist 0^0 nichts verändert: So sehr wir es uns wünschen mögen, so verbissen wir es wollen, die Struktur der Welt ist zu erstaunlich, als dass er sich materialisierte. Aber unser Geist hat seine eigenen Wunder und findet diesen Weg aus unserem Dilemma. Wenn man sich irgendein Polynom ansieht, findet man an seinem Ende einen konstanten Term:

$$17x^3 - 8x + 3$$

oder

$$102x^{19} - 14x^8 + 5x^5 -7$$

oder sogar

$$x^2 + x$$

das eine stille 0 am Ende hat.

Um dieser rationellen Buchführung Ehre zu erweisen, hilft es – besonders, wenn wir Polynome miteinander multiplizieren –, bei jedem Polynom die Exponenten von x in absteigender Reihenfolge zu arrangieren und die Variable in jedem Term zu zeigen. Wo also ist dann x^2 in unserem ersten Beispiel? Mit 0 in ihrer Buchführungsinkarnation ist x^2 implizit als Koeffizient vorhanden. Ausgeschrieben sähe unser Polynom also folgendermaßen aus:

$$17x^3 + 0x^2 - 8x + 3.$$

Und wo ist die Variable im letzten Term eines jeden? Da ist sie, jedoch in bequemer Übereinstimmung mit unseren absteigenden Exponenten in die Nullpotenz erhoben, da wir wissen, dass $x^0 = 1$ ist. Also schreiben wir unser Beispiel noch einmal um:

$$17x^3 + 0x^2 - 8x + 3x^0.$$

Der letzte Term ist unzweifelhaft 3 und muss es bleiben, welchen Wert x auch annimmt – selbst wenn es den Wert 0 annähme. Behandeln wir die Konstante daher als den Koeffizienten von x^0 und vereinbaren, dass $x^0 = 1$, *was immer x ist*, selbst dann also, wenn $x = 0$, $0^0 = 1$.

Wenn wir dies »vereinbaren« und Schritte unternehmen, um die Schreibweise auszuweiten, haben wir hier also unbehaglich mehr Spielraum als bei der Ausweitung der Exponenten von den natürlichen Zahlen auf 0, negative Zahlen und Brüche. Als wir uns mit der letztgenannten Ausweitung befassten, mussten wir die neuen Verwendungsweisen in nur einer Weise definieren, wenn sie zu den alten passen sollten. *Nun* ist es offenbar so, dass die Konvergenz von zwei Verständnisweisen im Symbol 0^0 keine wahre Bedeutung hat und wir daher eine davon aus grammatikalischen oder ästhetischen Gründen wählen können.

Damit wird die Hoffnung von Mathematikern wie Leibniz, der so sorgsam um seine Schreibweise bemüht war, zunichte gemacht, dass die aus der Formalisierung der Intuition entstandenen neuen linguistischen Strukturen immer neue Einsichten über die Welt erbringen, von der diese Sprache spricht. Offenbar sind Zeichen und Referent flexibler aneinander gekoppelt, und wir treffen unsere Übereinkünfte in der schmalen Spalte zwischen Notwendigkeit und Konvention.

Eine aufschlussreiche Niederlage nach einem Sieg also. Aber wir kommen nun zum größten Triumph der Null bei der Erweiterung unseres Wissens. Dank der Differenzialrechnung hält die Null den Schlüssel in der Hand, aus jedem Unternehmen das meiste zu machen, und dies mit der geringsten Anstrengung. Sie hält auch den Schlüssel zu unserem Verständnis, wie die Dinge funktionieren, denn obwohl dies nicht die beste aller möglichen Welten sein mag, ist sie in ihrer Mechanik optimal: Die beste unter den gegebenen Umständen.

Warum ist die Null der Schlüssel? Weil, wie Leonhard Euler, der größte Mathematiker der Jahrzehnte nach Newton, es ausdrückte, »nichts auf der Welt stattfindet, dessen Bedeutung nicht in irgendeiner Weise die eines Maximums oder Minimums ist«. Der Lichteinfall, der Preis von Waren, die Laufgeschwindigkeit eines Geparden, die Form einer Schwinge, ein Blatt, ein Sturzbach, all das Vorangehen und Kehrtmachen, das winzige und großartige Herumbasteln: All das ist jeweils die Lösung eines Optimierungsproblems. Wie können wir vorhersagen, wann der Prozess, mit dem wir uns befassen, das gewünschte Extrem erreicht? Indem wir uns eine glatte Funktion – das heißt eine Funktion ohne Sprünge und Knicke – ausdenken, die diesen Prozess beschreibt und in einem Graphen darstellt, um dann festzustellen, dass an den Hoch- und Tiefpunkten des Graphen die Steigung der Tangente *gleich null ist*!

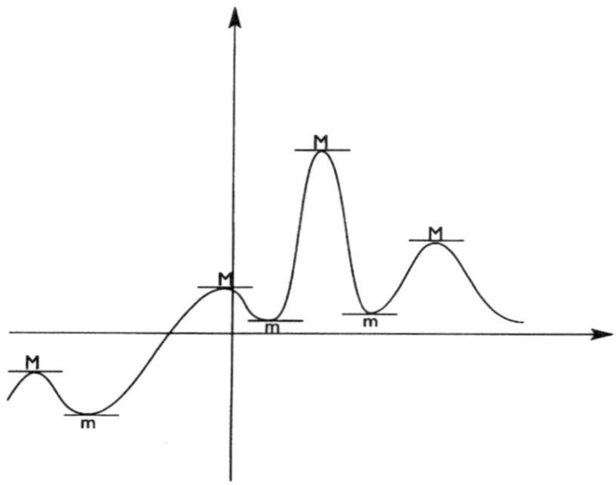

Horizontale Tangenten an Hoch- und Tiefpunkten

Tatsächlich brauchen wir dazu nicht einmal einen Graphen zu zeichnen: Wir leiten von der ersten eine weitere Funktion ab, die an jedem beliebigen Punkt die Ableitung dieser Funktion abliest: die Funktion $f'(x)$, die wir zuvor beschrieben haben. Wo diese neue, abgeleitete Funktion null ergibt, ist der eingesetzte Wert jener, der den Prozess maximiert oder minimiert. Etwas Sorgfalt ist geboten, um zu entscheiden, um welchen von beiden es sich handelt: Die Maxima treten auf, wo – von links nach rechts gelesen – die Steigung von positiv zu negativ wechselt, die Minima, wo sie von negativ zu positiv wechselt. Auch dann noch kann man fälschlich zu der Überzeugung gelangen, dass man den Berggipfel oder die Talsohle erreicht hat, obwohl man tatsächlich direkt vor einem Felsvorsprung steht. Das gleiche Zeichen zur Linken und zur Rechten einer solchen Nullsteigung signalisiert, dass man sich weiter anstrengen muss.

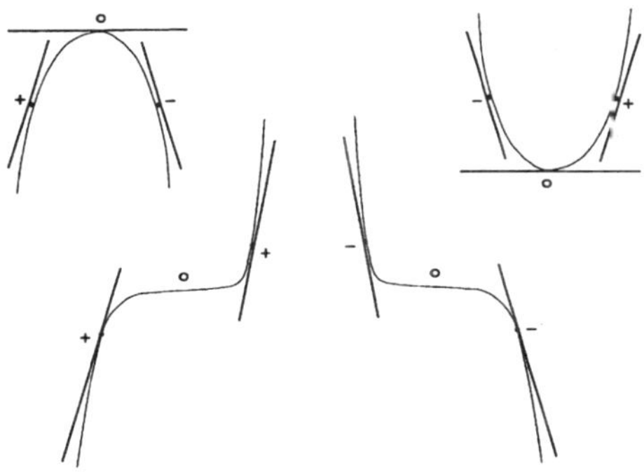

Maxima, Minima und Sattelpunkte

Wenn es mehrere Extrempunkte gibt, finden wir den größten oder kleinsten, indem wir einfach die Lösungen der ursprünglichen Funktionen an diesen Punkten vergleichen.

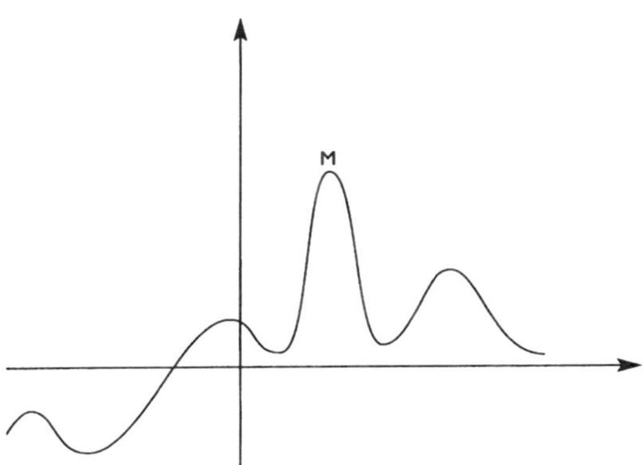

Der größte Extrempunkt

Man würde im Fall der Null erwarten, das es nun aus dem Wald so zaghaft herausschallt, wie sie in ihn hineinruft. Doch hier verleiht ihr die in der Differenzialrechnung verkörperte, radikal neue Konzeption einer als Grenzwert weit entfernten Null, der sich eine Zahlenfolge annähert, keinen schüchternen Charakter; vielmehr haben wir hier eine substanzielle Null vor uns, die beim Tanz des Wandels unsere Anstandsdame spielt. Es ist keine Übertreibung, wenn man sagt, dass es im gesamten Ingenieurwesen und den Naturwissenschaften darum geht, ihr Signale zu entlocken und sie zu interpretieren, denn wenn Euler Recht hat, weisen diese auf die Bedeutung der Welt.

Wie schön und erfreulich, die Geschichte eines Siegers zu schreiben und zu zeigen, dass sich die Ereignisse nur so und nicht anders zugetragen haben konnten: eine wachsende Vernachlässigung der Infinitesimalgrößen, der Triumph der Auffassung, die zu einem fundamentalen Wandel und den erfolgreichen Anstrengungen des 19. Jahrhunderts führte, den Grenzwert ins Recht zu setzen. All dies nämlich maximierte einen Fortschritt, ohne den wir immer noch in metaphysische Spekulationen über Welten in einem Sandkorn stecken würden. Doch erneut tritt durch die Patina der Zeit Leonardo da Vincis Gekritzel in blutroten Lettern ans Licht: Sag mir, ob irgendetwas jemals *fertig wurde*? Denn wir befinden uns immer zwischen zwei Kriegen, und Siege sind nur relative Höhepunkte. Nach so vielen Jahren des Schrumpfens, der Verachtung und Vernachlässigung kann man heute wieder den Lärm der sich sammelnden infinitesimalen Schlachtreihen vernehmen, blasen doch ihre jüngsten Vertreter zu einem raffinierten Angriff auf die Burg, die Newton baute.

Diese wieder geborenen Infinitesimalgrößen liegen im Schnittpunkt von zwei Themen, die wir verfolgt haben: die Null als Objekt und die Formalisierung als Garant der Gültigkeit. Ich habe erwähnt, dass die linguistischen Strukturen, die wir schaffen, um unserem Verständnis das Siegel der Legitimität aufzudrücken, zu neuen Einsichten führen könnten – und genau dies begann vor etwa 50 Jahren im Denken eines Flüchtlings aus Deutschland, Abraham Robinson. Auch wenn sein Körper in Kalifornien in den neuesten roten Sportwagen durch die Lande fuhr, bewegte sich sein Geist unter Modellen ganz anderer Art: jenen völligen Abstraktionen, die, erneut populär und machtvoll, einer Sammlung von Axiomen Schlüssigkeit verleihen.

Seine Idee war folgende. Wenn man eine Reihe von Regeln hat, mit denen zum Beispiel eine Uhr arbeiten soll, und man bei ihrem Bau erkennt, dass eine Regel verlangt, dass der Anker herunterfährt, während eine andere Regel gleichzeitig besagt, dass er nach oben gehen muss, würde man erkennen, dass die eigenen Regeln inkonsistent sind: Der Widerspruch zwischen ihnen bedeutet, dass man mit ihnen kein Modell schaffen kann. Damit man aus einer Reihe von Regeln ein Modell machen kann, müssen diese folglich konsistent sein. Natürlich muss das Modell nicht aus Zedern- oder gar Balsaholz und Seidenpapier gemacht sein: Seine Teile können rein gedanklich bleiben und nur im Kopf zusammengefügt werden. Man denke an unsere Axiome am Ende von Kapitel 10, die festlegten, wie Addition und Multiplikation arbeiten: Die rationalen sind ebenso wie die reellen Zahlen ein Modell von ihnen, und dies gilt selbst noch für die Seifenblasenwelten, mit denen wir gespielt haben, solange die Anzahl ihrer Elemente eine Primzahl ist. Die Tatsache, dass es wesentlich verschiedene Modelle derselben Reihe von Axiomen geben könnte – die uns vor ein paar Seiten unangenehm auffiel, als sie eine einheitliche Weltsicht zunichte machte –, gab Robinson den entscheidenden Hinweis.

So machte er sich daran, ein »nicht-standardmäßiges« Modell der Axiome zu schaffen, die die Differenzialrechnung (oder die *Analysis*, wie sie in den oberen Höhen genannt wird) beherrschen. Dieses Modell enthielt alle vertrauten reellen Zahlen, aber es hatte auch einige wirklich höchst seltsame Zahlen: Zahlen, die größer sind als null, doch kleiner als irgendeine reelle Zahl. Diese Zahlen, die wahrhaft beinahe nichts sind, waren seine Infinitesimalgrößen, und mit ihrer Verwendung bewiesen er und andere alle traditionellen und einige neue Sätze mit einer Sparsamkeit und Leichtigkeit, die mit der schwerfälligen Maschinerie des 19. Jahrhunderts niemals möglich gewesen wäre. Sie verhalfen Leibniz wieder zu Ehren und stellten unser Denken über Veränderung wieder auf eine feinkörnige Grundlage.

Ein endgültiger Sieg? Die Schlacht tobt noch immer, denn während die Infinitesimalgrößen von Leibniz wie die Geister verstorbener Mengen erschienen, scheinen Robinsons Zahlen nicht einmal Geister von Mengen, sondern von linguistischen Ausdrücken zu sein. Sie existieren mehr in der Sprache der formalen Logik als in der Welt, und selbst in dieser Sprache stehen sie Interpunktionszeichen näher als Buchstaben, Silben und Wörtern. Nun, so könnte man einwenden, unsere Haushaltsnull begann ihr Leben auch als bloßes Interpunktionszeichen. Das ist richtig, aber trotzdem können wir nicht voraussehen, wie sich diese Infinitesimalgrößen entwickeln werden. Doch Robinson selbst bestand darauf, sie nicht als real, sondern als nützliche oder wohl begründete Fiktionen anzusehen und erinnerte uns daran, dass Leibniz seine Ansicht teilte. Bemerkenswerterweise beanspruchte er nicht, neue *Gegenstände* geschaffen zu haben, sondern lediglich »neue deduktive Verfahrensweisen«, so dass selbst in diesem Lager auf Wirkungen verwiesen wurde, Wirkungen freilich, die sich in einer entfernten und sich zurückziehenden Ebene vollziehen – wie immer in der fortgesetzten Abstraktionsbewegung der Mathematik.

Das ist, als hätte man beschlossen, dass die Konnektoren unserer Sprache (»und«, »oder«, »aber« und so weiter) *auch* Dinge bezeichnen und wir nun in der durch diese Kreaturen bereicherten neuen Welt bemerken, dass Vorstellungen plötzlich transparent werden, die zuvor dunkel waren. Man mag unwillig sein, auf diese Einsichten zu verzichten, nur weil sie sich etwas zweifelhaften Vermittlern verdanken. Man mag sogar über die originelle Frage nachzugrübeln beginnen, warum »aber« und »oder« – irgendwie – nicht eine ebenso große Existenzberechtigung haben sollten wie die Objekte und Handlungen, zwischen denen sie stehen, ein Gesichtspunkt, den Christian Morgenstern schon 1905 entdeckte:

> Es war einmal ein Lattenzaun,
> Mit Zwischenraum, hindurchzuschaun.
>
> Ein Architekt, der dieses sah,
> stand eines Abends plötzlich da –
>
> und nahm *den Zwischenraum heraus*
> und baute draus ein großes Haus.

Ob man sie sich als luftige Wände aus Infinitesimalzahlen oder Bewegung vorstellt, das Haus, in dem die Null seit der Erfindung der Differenzialrechnung lebte, ist Welten entfernt vom gebrannten Ton ihrer sumerischen Ursprünge. Es wäre damals sinnlos gewesen, die Frage vom Anfang dieses Buches zu stellen: Wie nahe an null ist null? Nun stellen wir diese Frage, ohne mit der Wimper zu zucken.

12 Ist sie da draußen?

Der Natur graut vor einem Vakuum, ebenso wie uns. Die Null ist, wie wir gesehen haben, auf komplizierte Weise mit der Funktionsweise unseres Denkens verwoben, aber immer wieder erlagen Menschen der Versuchung, nach ihrem Original außerhalb unseres Geistes zu suchen, im physikalischen Raum: Eine stille Wüste inmitten von Oasengetümmel. Wir könnten enttäuscht werden. Wie die Kartografen im Zeitalter der Entdeckungen, die die freien Ecken ihrer Karten mit Winden und Schlangen füllten und über noch unerforschte Regionen »Ungeheuer« schrieben, postulieren die Kosmologen, unsere modernen Navigatoren durch die stellare Unermesslichkeit, kurze Energiestöße und das flüchtige Auftauchen von Quasi-Quanten in jenen Regionen, wo man nichts vermutet hätte und folglich auch nichts, was ihm widerfahren könnte.

So wie sich herausstellt, dass unsere leersten Räume mit dichter Strahlung angefüllt sind – man muss nur den entsprechenden Empfänger anschalten (Radio, Fernseher), um sie erscheinen zu lassen – so dehnen sich das Licht von einer Milliarde Sternen, das Hintergrundsummen des Big Bang und immer schwächere Echos von zahllosen Vergangenheiten aus, durchdringen sich überall gegenseitig und machen die leere Nacht klaustrophobisch. Selbst wenn man nicht von dem Etwas der Energie, sondern von dem Etwas der Substanz spricht und fragt: Muss es nicht einen Ort geben – zahllose Orte –, wo es überhaupt keine Materie gibt?, selbst dann hört man eine staubige Antwort von unseren Kosmologen. Der leere Raum selbst, so legt die Theorie nahe und so bestätigen indirekt auch die Messungen, ist ein kraftvoller Zeuger von virtuellen Partikeln: Wie um die Rivalität in der Mathematik zwischen kontinuierlichen und unsteten Annäherungen an null zu spiegeln, scheinen Theorien des Raumes zwischen einem energiegeladenen Vakuum und einem Meer von allem Möglichen außer Dingen zu oszillieren.

Als daher noch die alte Theorie des Äthers herrschte, jene Theorie, derzufolge Licht aus Wellen in einer vollkommen durchlässigen, verdünnten Flüssigkeit bestand, hätte man angesichts des Hin und Her der Moden erwarten können, dass eine gegenteilige Hypothese entsteht, die den Raum mit himmlischen Kugellagern versehen hätte – und man hätte richtig gelegen. In jenem Teil der Bibliothek, wohin sich keine jungen und nur ganz wenige alte Käuze verlieren, stehen die Bücher mit den Gewissheiten von gestern, deren delikater Modergeruch nur von der ewig modernen Autorität ihre Tons gestört wird. Hier findet man – fast unsichtbar zwischen anderen Bänden verkeilt – Osborne Reynolds' dünnes Bändchen *On an Inversion of Ideas as to the Structure of the Universe.*

Das Erscheinungsdatum ist 1903 und sein Autor, ein englischer Professor für Ingenieurwesen, versichert uns, dass wir das vollste Vertrauen in seine Erklärungen haben können, deren Erfolg jenes »Ideal erreichen« werde, »welches seit der Zeit von Thales und Platon das höchste philosophische Interesse erregt hat«. Der Grund für seine Zuversicht ist, dass seine »Umkehrung von Ideen« die grundlegenden Phänomene der Physik perfekt erklärt, die Absorption und Reflexion des Lichts, die Gravitation usw., und: »In Anbetracht der Tatsache, dass nicht ein einziges dieser Phänomene zuvor eine mechanische Erklärung gefunden hat, scheint es, dass die Wahrscheinlichkeit einer anderen Struktur des Universums, welche dieselben Beweise erklären würde, unendlich klein [null *à la mode!*] sein muss.«

Und was ist seine Erklärung? Nun, dass es keinen leeren Raum gibt, sondern dass das Universum ganz aus unvorstellbar kleinen Körnern besteht – ihr Durchmesser beträgt nur den siebenhunderttausendmillionsten Teil der Wellenlänge violetten Lichts –, die sich auf sehr kurzen Strecken mit einer Geschwindigkeit von etwa 40 Zentimeter pro Sekunde relativ zueinander bewegen. Sie bilden ein elastisches Medium, das sich bis zur Unendlichkeit erstreckt, und in ihrer Häufung erklären sie alles, was wir kennen. Mit Fug und Recht fragt Reynolds: »Könnte es etwas Einfacheres geben?« Seine Theorie erklärt zum Beispiel, warum der Himmel in einer klaren Nacht schwarz ist: Die Lichtbewegung wird gestreut, um die relativen Bewegungen der Körner zu erhöhen. Die Theorie erklärt auch die Gravitation. Sie entsteht, wenn die Partikel aufgrund von innerer Spannung nicht länger eng beieinander sind. Sogar, was wir selbst sind, findet eine Erklärung: Wir sind Wellen in einem körnigen Universum: »(...) das ist es, was die einzelnen Oberflächen, die wir Materie nennen, sind: Wellen. Wir sind alle Wellen.«

Oh Archimedes, dies ist fürwahr wundersam! Wo sind nun deine Mohnsamen, und Buddha, wo deine Körnchen, die in einem Sonnenstrahl tanzten? Ein Universum, in dem die Leere verschwunden ist, aber auch Osborne Reynolds: »Ich habe«, so schreibt er, »das erste experimentelle Modelluniversum in meiner Hand, eine weiche Gummitasche (...).« Und da ist, seine Abbildung 9, ein Foto des Universums, als W gekennzeichnet, im Griff einer Hand, die sich aus einer weißen Manschette vorstreckt, die selbst aus einem dunklen Ärmel heraus aufgenommen ist. Aber das Foto endet vor dem Ellbogen. Mehr gibt es nicht. Es ist das einzige Bild, das ich von Osborne Reynolds und seinem Universum habe.

Ein Vierteljahrhundert später, als die Quantenmechanik das Ruder übernommen hatte, bekamen wir durch eine andere Umkehrung von Ideen positiv geladene Partikel als Löcher in einem universellen, nicht zu erkennenden Meer von Negativität. Das war Paul A. M. Diracs Art, die fundamentale Wellengleichung, die seinen Namen trägt und beschreibt, wie sich Elektronen bewegen, vor einigen sehr hässlichen Konsequenzen zu retten – wie etwa, dass Elektronen immer negativer werden und dabei unendliche Mengen von Energie abstrahlten. Es war eine Lösung, wie es ein Physiker ausdrückte, »die durch Brillanz ausglich, was ihr an Plausibilität fehlte«, und es hat sicherlich etwas für sich, das Positive als eine Null in einem negativen Kontext zu sehen. Diracs Meer ging jedoch den Weg von Reynolds Ufer, als die Vermutungen über negative Energie später als positive Energiezustände eines anderen Partikels umgedeutet wurden.

Wie wir heute meinen, beträgt die Tiefsttemperatur im untersten Keller des Weltalls um die 2,7 Grad über dem absoluten Nullpunkt, was die Gegenwart von etwas anzeigt, das sich bewegt. Mehr noch (oder weniger, da weniger mehr ist): Selbst ein Vakuum, in dem es keinerlei Materie gibt, ist immer noch ein wogender Energieozean in Form fluktuierender elektromagnetischer Wellen – eine Vorhersage, die 1948 der niederländische Physiker Hendrick Casimir aufstellte und die schließlich 1996 im amerikanischen Kernforschungslabor Los Alamos bestätigt wurde. Die Menge dieser »Vakuumenergie« ist nach der gegenwärtigen Theorie beunruhigenderweise unendlich; aber bislang scheinen nur die kleinen Leute in den fliegenden Untertassen in der Lage zu sein, sie anzuzapfen.

Wenn wir das Nichts nicht im weiten, offenen Raum finden, wie steht es mit dem winzigen Raum zu Hause unter der Glasglocke? 1670 setzte der englische Chemiker und Alchimist Robert Boyle – der mit anderen Naturphilosophen eine Gesellschaft namens Invisible College gegründet hatte – einen Vogel unter eine Glasglocke und pumpte die Luft heraus. Man sieht ihn noch heute im Gemälde von Joseph Wright of Derby flattern, das hundert Jahre später entstand: Das kleine Mädchen der Familie wendet sich weinend ab; ihr Bruder zieht den leeren Käfig an einem Flaschenzug hoch; die Erwachsenen blicken sich an, betrachten das Experiment oder sind in Gedanken versunken. Nur das flatternde Wesen im Versuchsapparat sieht uns eindringlich an, und wir blicken wie angewurzelt zurück.

»Ist es genug?« scheint er zu fragen. Ja, was das Töten von Vögeln anbelangt; nein, wenn er ein perfektes Vakuum wollte. Generationen von stillen, einfallsreichen Erfindern haben uns der Sache schon viel näher gebracht. Wenn man einen von ihnen auf der Straße vor seinem Labor anträfe, würde man nicht erraten, dass er die Welt für eine weitere Null im Dezimalbereich, die seine Ergebnisse perfekt machte, hergeben würde. Sie gehen ganz in ihrer Arbeit auf: William Fairbank, lange Zeit der Doyen der Nahe-Null-Forscher, schlief bei eisigen Winden bei offenem Fenster und schüttelte am Morgen den Schnee von seinem Bettzeug.

Heutzutage benutzen Physiker Laser, um die Rubidiumatome auf ihren Bahnen zum Stillstand zu bringen und sie in einem Vakuumthermosglas auf diese Weise extrem zu kühlen. Dann lassen sie eine magnetische Falle zuschnappen, um sie weiter auf ein Hundertmilliardstel eines Grades vor dem absoluten Nullpunkt abzukühlen. An diesem Punkt verhalten sich die Atome kollektiv wie ein einziges; doch selbst wenn ihre Temperatur exakt null betrüge, würden ihre Energiemenge paradoxerweise nicht ganz null erreichen. Dies folgt aus der Quantenmechanik, deren Herzstück Heisenbergs Unschärfeprinzip ist, das besagt, dass man bei einem Elektron in jedem Moment sagen kann, wo es ist oder wie schnell es sich bewegt, aber nicht beides zugleich – aber Ihnen sei verziehen, wenn Sie hier eher die Prinzipien von Mahāvīra *syādvāda* bevorzugen und der Meinung sind, dass diese alles andere als leere Welt winziger Erscheinungen zur gleichen Zeit real, irreal und unbeschreibbar ist.

Kant zufolge ist es klar, dass wir uns den Raum ohne Objekte, aber niemals Objekte ohne Raum vorstellen können. Aber die moderne Physik in ihren makroskopischen und mikroskopischen Extremen scheint gezeigt zu haben, dass wir uns den tatsächlichen Raum nicht als leer denken können. Passt nicht seine Krümmung um Galaxien und seine Funktion als Matrix für Partikel, die plötzlich auftreten und wieder verschwinden, gut zu unserem überdachten Verständnis der hinduistischen Leere, *śūnya*, wenn wir sie nicht als leer, sondern als schwanger erkennen?

Wenn wir da draußen im Weltall eine einfachere, reinere Null suchen, müssen wir nach ihr vielleicht in einer anderen Verkleidung Ausschau halten. Wie steht es mit der *Masse* bestimmter Partikel? Einige Physiker sind sich sicher, dass es sinnvoll ist, von der Masse eines Photons oder eines Gravitons zu sprechen, und dass diese Masse null ist – aber das ist nichts, was sie beweisen können.

Wenden wir uns also etwas zu, das mit Sicherheit eine Null trägt: die Zeit, die von allen Dingen am ehesten verdient, unbewegter Beweger genannt zu werden. Doch auch hier ist es erneut wahrscheinlich, dass wir frustriert werden: Was wir nämlich von dem Krach noch hören, der jenes erste Jahr des Alls einläutete, ist ein Big Bang *nach* ein paar Nanosekunden, die wir mit all unseren Ohren und all unserem Verstand nicht mehr zurückrufen können. Oder waren es mehr als einige Momente? Gingen der Geburt unseres Universums Milliarden von Jahren oder sogar eine unendliche Zeitspanne voraus?

Denn die kosmologische Theorie, der wir während der letzten Jahrzehnte die Stange gehalten haben, befindet sich in der Krise: Die widerspenstigen Fakten zersplittern sie in beinahe ebenso viele Flickenhypothesen, wie es nach Meinung mancher Forscher Universen gibt, die sich gegenseitig auf die Füße treten, bloße Blasen in einem bierartigen Schaum. Vielleicht steht dieser Schaum kurz davor, von einem verzweifelten Medizinstudenten namens Prior weggeblasen zu werden, wie in John Colliers Geschichte »The Devil, George and Rosie«. Mach dir keine Sorgen, sagt der Teufel, »(...) es wird zwanzig Millionen Milliarden Jahre dauern, bevor seine Lippen das Glas berühren, denn eine junge Frau hält den Blick auf ihn gerichtet, und wenn er schließlich trinkt, werden die Blasen weg sein (...)«.

Manche Kosmologen geben der Zeit keinen Anfang, andere sagen, dass sie innerhalb und außerhalb eines Blasenuniversums anders wahrgenommen wird; manche sehen die Zeit unserer besonderen Blase als linear innerhalb der zyklischen Zeit eines größeren Universums, und wieder andere stellen sich vor, dass sie sich »vor« dem Big Bang wie der Raum verhielt, ohne Richtung. Diese Szenarios ergeben sich aus den verschiedenen Versuchen, eine baufällige Theorie so anzupassen, dass sie neuen Beobachtungen gerecht wird. Sie lassen uns erneut über die Macht der Sprache und Abstraktion staunen, da die Zeit so sehr eine Bedingung all unseres Tuns zu sein scheint, dass man sich fragt, wo man eigentlich stehen muss, um sie von so fern zu betrachten. Die Zeit, um Kant zu paraphrasieren, ist etwas, mit dem wir denken und über das wir daher nicht gefahrlos denken.

Könnten wir die Null vielleicht in einer triftigen Antwort auf die verwandte Frage finden: *Womit* begann die Welt? Auch hier klopft wieder jemand an die Tür. Ein Physiker sagt: »Der Grund, dass es etwas gibt statt nichts, besteht darin, dass das Nichts instabil ist.«

Augustinus rang lange und schwer mit diesem Problem in seinen *Bekenntnissen*, war er sich doch nur allzu bewusst, dass unsere Fragen unsere Antworten leicht überflügeln und aus einem Text viele verschiedene Bedeutungen gezogen werden konnten und sollten. Er folgerte, dass Gott die Erde und die Tiefe, die am Anfang unsichtbar und licht- und formlos waren, aus beinahe nichts (*prope nihil*) geschaffen haben musste: nicht absolut nichts, weil es zuvor eine gewisse Formlosigkeit ohne jede Schönheit gegeben haben müsse. Das war eine wunderbar nuancierte Position von einem Mann, dessen Denken so große Auswirkungen auf uns hatte. Sollte es uns daher überraschen, wie ähnlich die Ansicht 16 Jahrhunderte später ist? Als sich das Universum nach dem Big Bang abkühlte, löschten Materie und Antimaterie einander beinahe aus, um reine Strahlung zu hinterlassen. Die Symmetrie war jedoch nicht perfekt, sie war ohne jede Schönheit: Auf jede 100 Millionen Paare von Quarks und Antiquarks kam ein Extra-Quark, die Grundlage der Materie – und aus diesem hauchdünnen Ungleichgewicht entwickelten sich die Sterne und Planeten und die Möwen und wir selbst.

Das Ende des Raumes und der Anfang der Zeit: Es stellt sich heraus, dass die Null auf keinen dieser Bäume kroch, an denen wir hochgebellt haben. Natürlicher ist es da gewiss, nach ihr da draußen im toten Zentrum der Dinge zu suchen. So wurde die Null verstanden, als die negativen Zahlen immer lebendiger wurden: als Angelpunkt, an dem sie und die positiven Zahlen sich ausbalancierten; und, weiter gefasst, als Achsnagel von Koordinatensystemen, der uns ermöglichte, sicher in sie hinein- und wieder herauszukommen.

Wo liegt dieses Zentrum? Zeus fand es, indem er zwei Adler vom westlichen und östlichen Rand der Welt loschickte: Sie trafen sich in Delphi, und der heilige Stein dort markiert den Nabel der Welt. Könnte dieser Stein – oder alle Nabel im Allgemeinen – zur Form der Null beigetragen haben und vielleicht für das eigenartige Ⓐ verantwortlich sein, das wir im Mittelalter fanden? Lange nach Zeus knüpfte sich Aristoteles die Pythagoreer vor, weil sie aus rein theoretischen Überlegungen die Sonne ins Zentrum des Universums gestellt hatten; dem Feuer, das der Erde überlegen sei, gebühre, wie sie sagten, die Ehre. Seine Beobachtung führten ihn zur Bekräftigung dessen, was die meisten schon wussten, dass nämlich die Erde im Mittelpunkt stand – wo sie für viele Jahrhunderte blieb.

Das Zentrum diese Zentrums nannten die frühen muslimischen Astronomen die »Kuppel der Erde«; für die Hindus war es die Insel Lanka, ihr Längengrad 0, der zauberhafterweise keinen Breitengrad hatte. Dort war es, wo der Dämon Ravana seine labyrinthartige Festung Yâvana-koti baute, deren Plan stark an den Palast erinnert, den die Söhne des Atlas in Platons Atlantis schufen. Aber Atlantis versank aufgrund seiner Sünden im Ozean, und im Übrigen gebe es keine solche Kuppel, sagte der Rei-

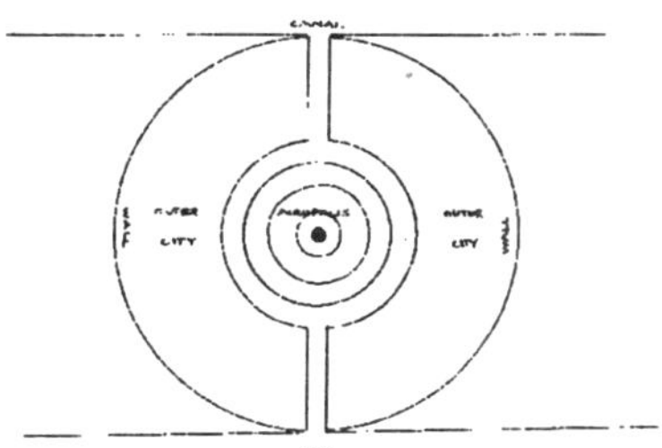

Der Palast in Atlantis

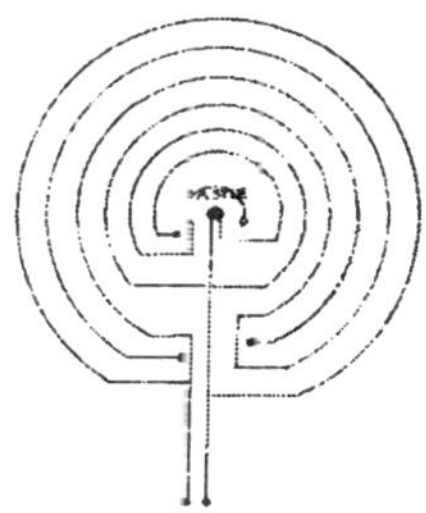

Yâvana-koti

sende al-Bīrūnī vor 1000 Jahren, während er vermutete, Lanka sei die Kannibaleninsel Langa, Heimat der Gewürznelken und des Windes, der die Pocken brachte.

Selbst die Idee der Erde als Mitte von allem war Gegenstand einer Reihe unterschiedlicher und bemerkenswerter Angriffe, noch bevor Kopernikus ihr 1560 den Todesstoß versetzte. Für die Stoiker in den Generationen nach Aristoteles zum Beispiel trieb das materielle Universum in einer unendlichen Leere. Das Erstere mochte ein Zentrum haben, aber das Ganze hatte eindeutig keines. Lange danach, gegen Ende des Mittelalters, behauptete der Kardinal von Brixen, Nicolaus Cusanus, dass das physikalische Universum schon seinem Wesen nach unpräzise sei, so dass weder die Erde noch die Welt selbst eine wirkliche Sphäre bildeten, da eine vollkommenere immer möglich sei. Weil sie unbestimmt waren, hatten sie daher auch kein Zentrum. Tatsächlich falle das wahre Zentrum des Universums, wie er sagte, mit seinem Rand zusammen und sei auch nicht physikalisch: Diese Perfektion gehöre allein Gott. Weil kein Sterblicher in diesem Zentrum sein könne, seien alle unsere unterschiedlichen Ansichten gleichwertig – und entbehrten gleichermaßen der Objektivität:

> »Man verbinde solchermaßen diese unterschiedlichen Vorstellungen (…) und dann wird man mit dem Verstande, welcher allein zu *gelehrter Unwissenheit* fähig ist, erkennen, dass die Welt und ihre Bewegung nicht durch eine Figur dargestellt werden kann, weil sie beinahe wie ein Rad in einem Rad und eine Kugel innerhalb einer Kugel erscheinen wird, die nirgendwo, wie wir gesehen haben, ein Zentrum oder eine Peripherie hat.«

Wenn man auf einen Blick erfassen will, wie sich das Zentrum des westlichen Denkens im Laufe von fünf turbulenten Jahrhunderten verschob, muss man nur drei Ausprägungen dieser Metapher vergleichen, in deren Mitte das Bild von Cusanus steht. Die erste stammt aus dem *Buch der 24 Philosophen* aus dem 12. Jahrhundert, in dem Gott als Sphäre beschrieben wird, deren Zentrum überall und deren Peripherie nirgendwo sei (*»Sphaera cuius centrum ubique, circumferentia nullibi«*).

Die zitierte Passage von Cusanus, geschrieben 1440, fährt fort: »Es ist, als ob die Maschine dieser Welt ihr Zentrum überall hätte und ihren

Außenrand nirgendwo, weil dieser und die Mitte Gott sind, der überall und nirgendwo ist.« 1660 ist nur die Maschine übrig geblieben. Pascal schreibt in seinen *Gedanken*: »Die ganze sichtbare Welt (...) ist eine unendliche Kugel, deren Mittelpunkt überall und deren Peripherie nirgendwo ist.« So sind wir von einem endlichen über ein unbestimmtes zu einem unendlichen Universum gelangt.

Mit Kopernikus zog sich das Zentrum in der Sonne zusammen, und dort befand es sich noch 50 Jahre später für Kepler und noch später für Newton. Zwischen ihnen äußerte Galilei vorsichtige Skepsis: »Wir wissen nicht, wo wir das Zentrum des Universums finden können oder ob es überhaupt existiert.« Da es nicht »politisch korrekt« war, solche Zweifel zu äußern – damals zogen Skandale in metaphysischen Fragen weit schwerere Strafen nach sich als heute solche physischer Art – und vielleicht auch, weil Galilei keine Möglichkeit sah, sie zu überprüfen, ließ er die Frage auf sich beruhen.

Nicht so Leibniz, der seinen Angriff auf Newton ins Weltall trug. Für Newton war der Raum der leuchtende Rahmen, der den Beziehungen zwischen den Himmelskörpern ihren Sinn gab; für Leibniz war der Raum einfach die Ordnung dieser Körper und würde ohne sie nicht existieren. Nicht etwa aufgrund ihrer unterschiedlichen Prämissen, sondern weil Newton und Leibniz von derselben Prämisse ausgingen – dass nämlich Gott der höchste Ruhm gebühre –, stimmten sie nicht miteinander überein. Der absolute, leere Raum, so dachte Newton, impliziere, dass Gott in seinem Inneren beständig alles lenke; für Leibniz klang das so, als müsse Gott ständig eine schlecht gehende Uhr aufziehen.

Die Argumente selbst durchliefen Höhen und Tiefen; ihre Begriffe, Metaphern und Vertreter wechselten. Dann, 200 Jahre später, wischte sie Einstein alle zusammen auf einen Schlag beiseite. Denn Leibniz hatte erkannt, dass Newton den absoluten Raum heraufbeschwor, um – wie bei seinem Trägheitsgesetz – über die absolute Bewegung darin sprechen zu können; aber eine solche Bewegung konnte nie beobachtet werden, da man keine Veränderung erkennen würde. Folglich war die Fiktion des absoluten Raums unnötig. Einstein stellte seine Bemerkung auf den Kopf: *Von wo aus* man beobachtete, so wurde ihm klar, waren persönliche Bezugsrahmen, von denen jeder sein eigenes Zentrum, seine eigene Null mit sich herumtrug. Solange sich die Rahmen nicht bewegten oder sich im Hinblick aufeinander gleichförmig bewegten, musste jeder seinem Bewohner als still stehend erscheinen; und während sich Ereignisse, die man von ihnen aus beobachtete, nach den Messungen der verschiedenen Beobachter zu unterschiedlichen Zeiten und an verschiedenen Orten vollzogen, würden die Gesetze, denen die Ereignisse gehorchten – die Gesetze der Physik –, als ununterscheidbar, als dieselben erscheinen. Das war Einsteins Relativitätsprinzip, das somit die Vorstellung eines absoluten Raums mit einem festen Zentrum weder bestätigte noch widerlegte, sondern bedeutungslos machte.

Zweifeln Sie nach diesem Defilee einiger weniger rivalisierender Kosmologien nun an der Kosmologie überhaupt, oder hegen Sie gar den Verdacht, dass sie nur ein Anhängsel der Theologie ist? Sorgen Sie sich, dass diese Wissenschaft ihre eigene Unschärferelation in sich bergen könnte, nach der wir entweder eine Position bestimmen müssen oder wie schnell sie sich verändert? Die Schwierigkeit liegt darin zu versuchen, das Universum zu skizzieren, indem man einige wenige Bezugspunkte verbindet. Steht der letzte Elefant, der das Universum trägt, auf einer Schildkröte, oder sind es den ganzen Weg hinunter nur Elefanten? Denn entgegen Osborne Reynolds' Zuversicht stimmt jede beliebige Anzahl von Interpretationen mit einer begrenzten Menge von Beweisen überein. Welche Theorien entstehen und gedeihen könnte von mehr abhängen als nur davon, wie gut ihre Kurven zu den Fakten passen. Wenn der Zeitgeschmack ästhetisch ist, gilt Eleganz mehr als bloßes Kraftmeiern, und Brillanz wiegt Plausibilität mehr als auf. Selbst die Freizeitbeschäftigungen einer Wissenschaftlergemeinde können ihre Kritik zu Hypothesen führen, die Anklänge an Sciencefiction aufweisen.

Noch grundsätzlicher kann die Haltung, die man am Rand des eigenen Territoriums einnimmt – und die Wissenschaft bewegt sich immer in solchen Randzonen –, der eines Siedlers gleichen, der glaubt, die Welt in der Ferne gleiche derjenigen, die er schon kennt. In diesem Fall bemüht man sich, bekannte Gesetze analytisch ins Unbekannte zu verlängern. Oder man kann die Haltung eines Entdeckers einnehmen, sich von der eigenen provinziellen Vergangenheit lösen und das wesenhaft Einzigartige, das Neue unter der Sonne suchen. Obwohl wir alle über unser eigenes Fleckchen Erde hinausdenken, gehören die Kosmologen nicht zu den Siedlern, sondern zu den Entdeckern.

Doch ob Siedler oder Entdecker, letztlich sind sie Wissenschaftler, keine Theologen – und auch keine Literaturwissenschaftler. Sie lesen das Buch der Natur, ohne von alten oder neuen Interpretationen, von Semiologie oder Strukturalismus zu profitieren, und glauben, was sie als Menschen zwangsläufig glauben müssen: dass nämlich die Dinge da draußen unzweideutig und – anders als die Schrift – unabhängig von unseren Interpretationen sind. Ihre Ziele mögen vermessen sein, aber ihre Mittel sind bescheiden und in ihrer eigenen Vorstellung tragen sie noch immer die weißen Laborkittel der objektiven, entrückten Beobachter. Die Wahrheit der formalisierten Mathematik, dass es wesentlich verschiedene Modelle derselben Phänomene gibt, ist nichts für sie: Sie ähneln eher jenen Mathematikern, die Beziehungen erfinden, statt jenen, die ihre Gültigkeit beweisen, um dann erschreckt zu erkennen, dass diese Erfindungen Entdeckungen innerhalb des einzigartigen Wesens der Dinge sind.

Warum ist dann die Evolution der Kosmologie von Unterbrechungen statt von Kontinuität gekennzeichnet? Weil – wie William Whewell vor etwa 150 Jahren sagte – das ganze Gesicht der Natur durch eine Maske verdeckt ist. Es ist diese Maske, auf die die Wissenschaftler blicken, statt durch sie hindurchzusehen: eine Maske aus Papiermaché, zusammengeklebt aus fragmentarischen Fakten, die sich zu Gesichtszügen summieren und sehr verschieden vom ersten groben Abbild sind. Es ist eine Maske, deren Schichten aufbrechen und sich abpellen, wenn ihre Wasser-und-Mehl-Argumentation getrocknet ist.

Doch an vielen Stellen öffnen sich in dieser Maske Nullen wie Augenhöhlen. Wir haben bereits ein Beispiel kennen gelernt, wo sie die Maxima und Minima von Prozessen anzeigten. Die tiefsten Gesetze der Physik sind in »Gleichungen mit nichts« ausgedrückt, wie Napier – wir erinnern uns – es ausdrückte: Ich meine jene Erhaltungssätze, die besagen, dass die Gesamtenergiemenge, die Ladung, der Impuls oder die Masse, in einem System gleich bleibt: Ihre Veränderungen sind ein Austausch, der sich zu null summiert. Diese Gesetze gehen wenigstens bis auf Descartes zurück, der überzeugt war, dass Gott bewahre, was er erschuf. Obwohl sich die Objekte, die die Physik studiert, verschiedentlich änderten oder präziser wurden und sich sogar mit der Zeit vervielfältigten, blieben die Gesetze selbst, die ihre Erhaltung ausdrücken, erhalten. Die

Gesetze und ihre Ableitungen sind keine dekorativen Gravuren an den Säulen, auf denen unser Verständnis der Welt ruht: Sie sind der Stoff, aus dem der geringste Baustein besteht, und allein sie ermöglichen uns, ein detailliertes Konterfei nach dem Abbild der Dinge zu schaffen – ein Abbild, das daher zur Hälfte aus diesen Nullen beschaffen ist.

Ein viel sagendes Beispiel dafür ist dies: Es mag nicht so leicht sein, die Kräftebalance in Körpern im Ruhezustand – im Gleichgewicht – zu untersuchen, zum Beispiel ein System von Flaschenzügen, aber es ist weit einfacher, als Körper in Bewegung zu analysieren, die schwingen, gleiten, rotieren, zurückprallen, fallen. Was immer eine solche Dynamik auf die frühere Statik zurückführt, wäre willkommen. Dies ist genau das, was Jean Le Rond d'Alembert 1743 tat, und zwar durch eine derart geringfügige Veränderung in der *Formel* einer Gleichung, dass wir hier erneut die Macht der Grammatik genießen können, Einsichten abzuwerfen, die sich, wie der Glaube, schon allein durch fortgesetztes Herumprobieren einstellen.

Denn Newtons zweites Axiom, das Aktionsprinzip, stellt fest, dass die auf einen Körper wirkende Kraft F gleich dem Produkt aus seiner Masse m und seiner Beschleunigung a ist, das heißt:

$$F = ma.$$

Das versetzt die drei Größen in einen Wirbel wechselseitiger Definition, der ernste Schwierigkeiten verspricht, wenn man diese Kräfte analysieren will. D'Alembert tat letztlich nichts anderes, als Newtons Gleichung in

$$F - ma = 0$$

umzuschreiben und dann den Ausdruck »$-ma$« als eigene Kraft zu betrachten, als die »Trägheitskraft«:

$I = - ma$. So haben wir:

$$F + I = 0.$$

Aber diese Gleichung stellt fest, dass die Summe der Kräfte F und I ein Gleichgewicht schafft: Und folglich ist die Dynamik auf Statik reduziert. Natürlich müssen Gleichungen mit spezifischen Kräften und »Trägheitskräften« immer noch gelöst werden, aber sie können nun in derselben Weise *verstanden* und von demselben günstigen Blickwinkel betrachtet werden wie die vertrauten Probleme von Gleichgewichtszuständen.

So hat das d'alembertsche Prinzip, dass sich jedes System von Kräften im Gleichgewicht befindet, wenn wir seine dynamischen und trägen Varianten addieren, den Charakter, den wir bereits seit langem in der doppelten Buchführung erkannten: Ein Konto wird ausgeglichen, indem man einen kleinen Kunstgriff zu Hilfe nimmt. Magische Helfer haben, wie wir sehen, ihrerseits magische Helfer, die ihnen zu Hilfe eilen.

Sie werden bei diesen Erhaltungssätzen ebenso wie beim d'alembertschen Prinzip mit Recht einwenden, dass es sich dabei nicht wirklich um »Dinge da draußen« handelt, weil sie Beziehungen zwischen Dingen angeben, statt die Dinge selbst und folglich auch die Nullen, die zu ihnen gehören, nicht »da draußen« sind. Die virtuellen Partikel, mit denen wir dieses Kapitel begonnen haben, sind nicht nur darin virtuell, dass sie beinahe als Partikel angesehen werden, sondern auch darin, dass man sich mit ihnen gewissermaßen nur beinahe befasst: Denn Physiker betrachten sie eher als mathematische Metaphern, als Hilfen für das Vorstellungsvermögen und Berechnungen, ganz ähnlich den Infinitesimalgrößen der Differenzialrechnung, die uns helfen, die Steigung einer Kurve an einem ihrer Punkte zu bestimmen, die aber verschwinden, sobald die Berechnung durchgeführt ist. Sollen wir Leibniz' Überlegung abmildern, dass nur Individuen real sind und Beziehungen vollständig in den Bereich des Denkens fallen? Lassen Sie uns stattdessen sagen, dass null eine Relation ist und Relationen in der Mitte zwischen Geist und Materie liegen, wo die Mathematik ihre Übereinkünfte trifft und Interpretation und Realität einander verfügbar macht. Das ist gewiss der Grund, warum diese nicht ganz lebensgroßen Nullziffern immer geschäftig am Rand unserer Angelegenheiten zu finden sind.

Wir finden sie zum Beispiel auf unseren Thermometern, die im angelsächsischen Sprachraum die Grade nach Fahrenheit angeben. Aber Fahrenheit war, bevor er eine Maßeinheit wurde, ein Mensch, der seine Null als niedrigste Temperatur wählte, die ein gefrierendes Eis-Salz-Gemisch erreichen konnte. René de Réaumur trat – wenn er nicht gerade damit beschäftigt war, die Formen von Vogelnestern zu studieren oder zu beweisen, dass die Stärke eines Seils geringer war als die kombinierte Stärke seiner einzelnen Stränge – dafür ein, null als Gefrierpunkt von ausschließlich Wasser festzulegen. Anders Celsius, er beobachtete das Polarlicht in Lappland – ein guter Ort, um das 100-teilige Celsius-Thermometer zu ersinnen; und William Thomson Lord Kelvin, schon ganz aufgelöst vom unausgesetzten Feiern seiner ganzen 83 Jahre, setzte null Grad als Temperatur fest, bei der Bewegung aussetzt.

Der Mensch ist der Maßnehmer aller Dinge. Man nehme nur die Freibord- oder Plimsollmarke, die sich an Schiffen auf der ganzen Welt findet, um das Leben von Seeleuten zu retten, indem sie die Grenze zwischen sicherem und gefährlichem Beladen angibt. Ihr Erfinder Samuel Plimsoll kam selbst dem Kentern seines Glücks sehr nahe, als er dem englischen Premierminister Benjamin Disraeli und seinen Mitparlamentariern die Faust ins Gesicht wedelte, weil sie das Gesetz zu Fall brachten, das fahruntüchtige Schiffe, die berüchtigten »Seelenverkäufer«, verbieten sollte. Oder man betrachte unsere Mitternächte, unsere Meridiane oder jede beliebige Waage: Sie alle sind mit Grenzmarken und -linien ausgestattet, von denen wir fast glauben, dass es sie »da draußen« wirklich gibt, die jedoch stattdessen von ihren Erfinder gesetzt und gezogen wurden.

Aber könnte es nicht doch eine mit Nullporen übersäte Außenweltmembran geben – nicht so entfernt wie der Kosmos, doch hinreichend weit weg, um als »da draußen« gelten zu können? Denn von Zeit zu Zeit verfallen wir in kartesische Träumereien, in denen unsere Körper uns als Träger dessen erscheinen, was wir sind: träge Bezugsrahmen für ihren Passagier, unseren Geist. Profiathleten sprechen häufig von ihren Leistungen auf eine solch seltsame Art, wie in der dritten Person, und geben Einschätzungen ab, was mit den Armen oder Beinen los war, als seien sie eine Art Schläger, Ball oder ein Paar Turnschuhe.

Häufig kosten wir die erstaunliche Virtuosität nicht voll aus, die Athleten jeden Tag beweisen, wenn sie nach einem Ball hechten oder ihn mit Effet ins Netz setzen; wenn sie sich zu einem Volley strecken und rechtzeitig zum Return in Position sind; wenn sie den Schwerpunkt ihres Körpers biegsam unter das Reck verlagern oder sich geschmeidig in eine eisglatte Kurve legen und sich wieder aufrichten. Katzengleich, sind sie wahre Orientierungsgenies: eine Sensation, der wir uns selbst bewusst werden, wenn wir tanzen oder etwa Fahrrad fahren, und die wir schon unbewusst aus den tausend Gesten des Tages kennen. Die Null im Körper als ihr Zentrum. Man muss sich nur an die selbst erlebten Schwindelgefühle erinnern oder etwas über Menschen lesen, deren Gleichgewichtssinn im Innenohr gestört ist oder die den katastrophalen Verlust ihres Orientierungssinns erlitten haben, um sich darüber klar zu werden, wie beiläufig das Gyroskop der Null jeden unserer reisenden Bezugsrahmen auf Kurs hält – und wie lebenswichtig das ist.

Gibt es, wie der Punkt im Kreis einer der Nullen, denen wir begegnet sind – jenes *theca* oder Theta –, eine andere Null im Kopf als die Null des Körpers, der ihn umherträgt? Nichts, das einem Gleichgewicht vergleichbar wäre – eher vielleicht dem Zentrum von Pascals unendlicher Kugel, das überall ist: Denn jeder von uns weiß mit Recht, dass unser eigenes das einzige Zentrum ist. Wir nennen es »ich« und nehmen an, dass andere in einer Weise, die nur die Vorstellungskraft allein begreifen kann, für sich das Gleiche damit meinen wie wir für uns. Anzuerkennen, dass sie »ich« auf die gleiche Weise sagen wie wir, trennt uns von der Welt und verbindet uns gleichzeitig definitiv mit ihr.

Es ist ein Paradox, mit dem wir uns einrichten, ohne es je zu lösen. So ist ein Sänger, der do in der Tonleiter nur als c gelernt hat, verstört, wenn er erfährt, dass »do« in einer anderen Tradition die erste Note eines jeden Stücks benennt, in welcher Tonart es auch geschrieben ist. Wer protestiert, dass »do« trotzdem in Wirklichkeit c ist und dass »ich« mit Fug und Recht nur ihm gehört, kollidiert mit dem beweglichen »do« und dem unterschiedslosen Gebrauch des Personalpronomens. Vielleicht wird uns nie mehr gelingen, als diese fremden Gebräuche in unsere eigene solipsistische Sprache zu übersetzen.

Und die Null unseres Ich? Begreifen wir sie, da sie hinter dem Sinn liegt, als Abwesenheit? Wenn sie das Begreifende ist, begreifen wir sie überhaupt? Vielleicht in den Momenten des Stillstands; vielleicht als Flackern aus dem Augenwinkel heraus; vielleicht als Schatten im schrägen Licht der Furcht, auf eine Schlange zu treffen.

Aus der Gefahr lernen wir, dass wir etwas Kostbares hüten – aber nicht, was es ist. Wir tragen eine Botschaft in uns, die wir nicht lesen können, wie jene griechischen Läufer, die ihre Botschaften auf langen, dünnen Bändern bei sich trugen, die man beschrieben hatte, als sie um einen Stock gewickelt waren. Ihre Wörter ergaben nur einen Sinn, wenn die Buchstabenhälften auf dem passenden Stab des Empfängers wieder zusammengefügt wurden.

13 Badehaus mit Spinnen

Die Null ist weder negativ noch positiv, sondern das schmalste Niemandsland zwischen diesen beiden Königreichen. Doch unser von Analogien getriebener Geist, immer eifrig bemüht, einen Ausdruck in ausdruckslose Gesichter hineinzulesen, bemächtigt sich seiner Leere und erkennt dort Mächte und Vorzeichen. Fragen wir zunächst, welchen Ausdruck er findet, wenn er das Schlimmste befürchtet, um uns dann im nächsten Kapitel der Frage zuzuwenden, wie dieselbe Leere als wohltätig erscheinen kann.

Wir haben gesehen, wie die Null im Mittelalter als Teufelswerk oder als der Teufel selbst galt, als der große Sinnvernichter. Wie leicht ist es, sich vorzustellen, als Taugenichts, als Null abgetan zu werden. Sultan Abdul Hamid II., der für die furchtbaren Massaker an Armeniern im 19. Jahrhundert verantwortlich war, soll seine Zensoren angewiesen haben, jeden Hinweis auf H_2O in den Chemiebüchern, die in sein Reich kamen, zu tilgen, überzeugt, das Symbol stünde für »Hamid II. ist eine Null«. Noch leichter ist es freilich, jene, die wir ablehnen, als bloße Nullen, als Energieschlucker und Schwarze Löcher abzutun, in denen alles Wichtige, das Einzigartige und die Erinnerung an das Einzigartige, spurlos verschwindet.

Es ist, als stünde dieses hohle Oval »0« für Anonymität und spiegle unsere Furcht, für andere keinen Unterschied zu machen, für niemanden, für keinen auf der ganzen Welt: »ins Jenseits zu gehen und keine bleibende Spur zu hinterlassen«, schrieb William McFee in *Casuals of the Sea* – ein Roman, der selbst kaum Spuren hinterließ; für mich nur die Farben, die im facettierten Glas der Schauvitrine meiner Schule schimmerten.

Wie viele Nullen haben Sie selbst in Ihrem Leben, wie Sie nun vielleicht bemerken, nicht alles getroffen, mit wie vielen haben Sie vielleicht sogar gespielt? Jene Gesichter auf alten Klassenfotos, deren Namen Ihnen nun nicht mehr einfallen, jene Namen in alten Adressbüchern, die in Ihnen keinerlei Gesichtszüge mehr wachrufen – jene Menge, in die Sie selbst manchmal gerne als bloßer Zuschauer eintauchten. Sie sehen diese gesichtslosen Namen – bis Ihnen der Gedanke einen kalten Schauer versetzt, in wie vielen zerfledderten Adressbüchern, in Kellerschränken verstaut, ihr eigener Name unentzifferbar vor sich hinmodern könnte.

Als Null zu leben: der überflüssige Mensch, der Mann ohne Eigenschaften, die Person, die, wie John Marcher bei Henry James, erst zu spät herausfindet, dass das Tier in diesem Dschungel die Tatsache war, dass es gar kein Tier gab, keine Erwiderung der Leidenschaft: Diese Figur sucht unsere Literatur und unser faktisches Leben heim, erscheint im *Salaryman* der japanischen Gesellschaft, in den gesichtlosen Firmenangestellten, in den austauschbaren Allerweltsmenschen der Bürokultur, die abends in ihr Heim zurückkehren, um sich in virtuellen Computerspielen zu verlieren. Das Schlimmste von allem ist, dass den meisten anders als Marcher nie bewusst wird, nie gelebt zu haben.

Das war *le néant*, das Nichts im Herzen des Existenzialismus, dessen seltene Erkenntnis Ekel hervorrief – und auf diese Weise einen Moment, in dem man wählen konnte, was man sein wollte, da alle Wahlmöglichkeiten als solche gleichermaßen zwecklos, gleichermaßen willkürlich und gleichermaßen ohne vorausgehenden Sinn waren. Die eigene Existenz begann mit dieser willkürlichen Wahl, die als willkürlich angenommen wurde, und indem man sie auslebte, schuf man sein Wesen: Das war Jean-Paul Sartres glatte Umkehrung der thomistischen Formel, das Wesen gehe der Existenz voraus. In solcher Weise schafft eine zufällige Ziffer vor einer Reihe von Nullen einen Wert, wo es zuvor keinen gab. Aber Sartre starb und seine Authentizität verschied bald darauf, als Pfeife, Schal und das Deux Magots immer mehr als die Eigenwerbung eines Literaten erschienen. Die Mode des Existenzialismus verging, bewahrt nur in aufeinander folgenden Wellen von Heranwachsenden, bevor sie das Geldverdienen und der Konsum erfasste.

Zumindest jene, die nicht aufgewacht sind, bleiben in ihren Träumen verloren. Es gibt eine weit beängstigendere Verkörperung der Null: die schuldbewusste Gewissheit der eigenen totalen Wertlosigkeit. Die Selbstverdammten kannten schon in ihrer Kindheit die Etymologie ihrer Ungezogenheit: Sie rührte von der Tatsache, dass sie nichts taugten; die geringste Andeutung von Verachtung schloss sie aus; sie hörten sich selbst als Hamlet, der kriechend zwischen Himmel und Erde fragt, was er tun soll. Wenn John Donne den Menschen als ein Nichts ansprach, unendlich viel weniger als ein mathematischer Punkt – damals ein imaginäres Atom –, dann sprach er zu allen, die allein und abgeschnitten auf ihren Inseln saßen. Aber was war noch selbst dieser Kanzeldonner gegen die stille Gewissheit in der dunklen Nacht der Seele, dass die Null nur der Anfang einer endlosen Negation war?

Über diesem infernalischen Mühlstein mahlt ein anderer in die entgegengesetzte Richtung: So sehr man sich selbst verachten mag: Wie vernichtend ist die Vorstellung, sich selbst zu verlieren? Durch einen geistigen Akt, den keine Logik gutheißen kann, aber die Phantasie ermöglicht, sieht man die Welt, wie sie ohne die eigene Gegenwart wäre, und verzweifelt, wie John Bunyan es tat:

> »(…) Ich war in meinen Augen abscheulicher als eine Kröte (…) Ich war mir selbst eine Last und ein Schrecknis; auch hatte ich zuvor nicht, wie heute, gewusst, was es heißt, des Lebens überdrüssig zu sein und doch den Tod zu fürchten.«

Wie könnte der eigene Name wohl in Wasser geschrieben werden, wie der sterbende Keats von seinem eigenen sagte? Wie könnten seine Silben im anhaltenden Summen der Dinge jemals schwächer werden? Ein Buch über die neueste Cyberspace-Kryptographie sagt uns, dass es »vom Abtauchen einer Unterhaltung in einen Geräuschfluss [handelt], so dass niemand wissen kann, ob es überhaupt eine Unterhaltung gibt. Es handelt davon, die eigene Existenz zu nehmen [und] sie in nichts aufzulösen (…).« Natürlich fährt der Autor fort: »(…) um sie dann wieder aus dem Nichts zu ziehen, so dass sie leben kann.«

Wie können wir sicher sein, dass dieses Versprechen gehalten wird? Haben Sie niemals eine E-Mail-Nachricht vollständig verloren? *»Animula vagula blandula«* (»Die kleine Seele flackert von dannen«), schrieb

Kaiser Hadrian. Wie unsäglich ungerecht, dass die eigene Seele, befrachtet mit ihrer einzigartigen Last, für immer zerbrechen sollte. Oder ist es das verwirrende Schiff von Theseus, das jeder Schlaf bis auf den letzten Stift zerlegt und jedes Erwachen mit neuem Material in der alten Form wieder erstehen lässt, so dass das Ich kein Ich hat, kein kontinuierliches Selbst, sondern aufeinander folgende Ähnlichkeiten, die verblassen und schließlich vergehen?

Diese Kreise des negativen Nichts können jahrelang drohend über uns schweben, doch, wie Sylvia Plath schrieb:

> »Woher sollte ich wissen, ob sich nicht eines Tages – im College, in Europa, irgendwo, überall – die Glasglocke mit ihren erstickenden, lähmenden Verzerrungen wieder über mich senken würde?«

Könnte es eine negativere Null geben als diese? Ja, eine: Wenn die Welt und alles darin – folglich, banalerweise, auch man selbst – jedes Sinns und jeder Bedeutung vollständig beraubt wären. Es braucht nicht mehr, als auf die Furche hinabzublicken, der man folgt, um zu entdecken, dass es die Spur eines Millionen Jahre alten Gletschers ist; man braucht nur den blauen Schleier des Himmels beiseite zu ziehen, um die geistlosen Weiten von Ursache und Wirkung zu erblicken: Und plötzlich glitzert nur noch blass, was zuvor strahlend leuchtete. Als das Philosophiegebäude in Harvard kurz vor der Fertigstellung stand, wollten einige Fakultätsmitglieder als Motto über dem Eingang: »Der Mensch ist das Maß aller Dinge.« Bei der Enthüllung sahen sie dann jedoch in Stein gemeißelt: »Was ist der Mensch, dass du seiner gedenkest?«

Es ist nicht so sehr eine Enthüllung der Natur als ein Sich-Abschließen des Innenlebens, das die Welt farblos zurücklässt. Man verliert, vielleicht aus einer abwehrenden Haltung heraus, das Interesse an sich selbst – für eine Zeit lang, wie man glaubt. Oder man verliert das Interesse an jemandem, den man zuvor liebte. Das Universum blickt lieblos auf einen zurück. Eine Zeit lang stellt man seine weltliche Entzauberung zur Schau; dann erst gediegenen, später blanken Zynismus. Danach bleibt man aus Gleichgültigkeit in der eigenen Ecke, nur zuweilen heimgesucht von grotesken Visionen: »(…) sobald man krank ist«, sagt Swidrigailow zu Raskolnikow in Dostojewskijs *Schuld und Sühne*,

> »(…) sobald die normale irdische Ordnung in seinem Organismus zerstört ist, beginnt sich die Möglichkeit einer anderen Welt abzuzeichnen (…) Und was ist, wenn es da einzig Spinnen oder ähnliche Dinge gibt? (…) Uns allen stellt sich die Ewigkeit als eine Idee dar, die man nicht begreifen kann, als etwas Riesenhaftes, Gewaltiges; aber warum denn unbedingt so riesig? Stellen Sie sich vor, wenn es plötzlich stattdessen dort nur ein kleines Zimmer gibt, von der Art einer ländlichen Badestube, schwarz vor Rauch, in allen Ecken hocken Spinnen, und das ist die ganze Ewigkeit.«

Ich frage mich, was schlimmer ist, diese klaustrophobische Vision oder die agoraphobische, schrankenlose Leere? Wenn das Ich ausgelöscht wird, so legt der Mathematiker und Physiker Hermann Weyl nahe, bleibt das unmarkierte Koordinatennetz des Raums zurück – der unendliche, mittelpunktlose Raum, den wir im vorigen Kapitel gesehen haben, innerhalb dessen wir in unseren beweglichen, trägen Bezugsrahmen willkürliche Lachen bilden. Ein Bild dieses leeren Raums findet sich in Ford Madox Fords Roman *Die allertraurigste Geschichte* skizziert:

> »Auf einer unermeßlichen Ebene, die in freier Luft schwebt, meine ich drei Figuren zu sehen, von denen sich zwei in einer ungestümen Umarmung umklammern und eine unerträglich einsam dasteht. Es ist schwarz-weiß, mein Bild dieses Gerichts, eine Radierung vielleicht? nur kann ich eine Radierung nicht von einer fotografischen Wiedergabe unterscheiden. Und die riesige Ebene ist vielleicht die Hand Gottes, die sich über Meilen und Abermeilen ausstreckt mit einem weiten Raum über und unter ihr.«

Egal, wie wenige oder viele, wie schlecht oder gut erdacht: Allenthalben sorgen Unterscheidungen für Bedeutung. Erst wenn sie zerspringen und einen Hintergrund mit nichts darin oder Gestalten ohne Boden unter den Füßen zurücklassen, flutet die Negation herein. Sinn braucht einen Inhalt in einem Kontext, der seinerseits etwas benötigt, das beides auseinander hält. Es ist, als ob wir in dieser letzten Exkursion das Hohle innerhalb des Rings mit der Null oder die Null mit dem umliegenden Raum verwechselt haben, den der Ring ausschließt. Aber die Null ist keines von beidem: Sie ist der Ring selbst, reines Auseinanderhalten.

Ein Land, in dem es immer Nachmittag war

Jene, für die dieses ganze Nichts bedrückend real ist, können sich zumindest damit trösten, dass die Auslöschung das Ende der bedrückenden Realität bedeutet. Sie lesen an verhangenen Novembertagen Schopenhauer mit einer Art grimmiger Befriedigung und erwidern das wissende Lächeln östlicher Gottheiten: Alles ist eitel. Die Null wird für sie wenigstens nicht negativ. Ein Freund erzählte mir von einer Passage in Beckett, wo einer seiner Charaktere, der die kümmerliche Summe der Dinge zusammenrechnet, zu dem Schluss gelangt, dass es wenigstens besser als nichts ist. »Wirklich?«, fragt der andere überrascht. »Besser als nichts? Wie kann das sein?«

Dieses Verlangen nach dem Nichts als Erleichterung klingt immer irgendwie falsch, da es paradoxerweise die eigene Gegenwart voraussetzt, die sich an der eigenen Abwesenheit erfreut. Solche schlecht erdachten Szenarios liegen hinter manch einer Fehlinterpretation des Nirwana als Segen des Nichtseins und anderen höheren Abstraktionen. Sie sind zum Teil für die hohle Klangfülle des englischen Dichters Swinburne verantwortlich, der den Göttern – welche es auch sein mochten – seinen knappen Dank ausspricht, dass kein Leben ewig währt. Aber es gibt hier auch eine sinnliche Freude an Silben statt an Asche auf der Zunge und vielleicht einen Hinweis auf eine andere Lust in keuscher Verkleidung. Möchten Sie nicht auch manchmal mit Herman Melville dem ganzen blässlichen Stamm zurufen: »Gebt's auf«? Doch, wie er hinzufügt, sitzt man zuweilen gern bei diesen armen Teufeln von Unterunterbibliothekaren »und fühlt sich auch teuflisch arm; und ist gesellig unter Tränen«.

Noch erfreulicher ist es – während wir beobachten, wie die Null des Herzens sich langsam von negativ zu positiv umkehrt –, einfach dazusitzen, einfach zu »vegetieren«, ein Wort, das dem geistlosen Leben der Pflanzen einen schönen Tribut zollt. Doch es ist nicht geradewegs Geistlosigkeit, nach der wir uns sehnen, sondern bei vollem Verstand zu sein, ihn jedoch nicht zu benutzen. Was für ein bizarres Ideal, könnte ein außerirdischer Besucher meinen, aber wir wissen, dass es in uns steckt: verdöste Tage, Tage am Strand, Tage, in denen wir uns mit einer Flasche Wein zusammenrollen, ein Laib Brot und eine Taschenbuchromanze, mit den Lotusessern in einem Land, in dem es immer Nachmittag war: Mit den Worten Tennysons ausgedrückt:

Süß wär's, zu horchen auf den fallenden Schaum,
Mit halbgeschlossnem Auge kaum
Zu wachen noch in halbem Traum!

Wie könnte eine Krankheit, die so sehr unserer hektischen Sprunghaftigkeit entgegensteht, süß sein? Alte Erklärungen sind manchmal die besten: Zur Schau gestellte Freizeit bestätigt unsere Überlegenheit, selbst wenn das Publikum nur wir selbst sind. Oder um den Beweggrund vom Wirtschaftlichen zum Psychologischen zu verschieben: Die potenzielle Macht erscheint immer größer als die tatsächliche, vielleicht, weil sie auf einer Skala gemessen wird, die sich so leicht ausdehnt wie sie selbst.

Diese Formen des Nichts schlugen bislang kaum positiv zu Buche, weil die Geisteszustände, die in ihnen zum Ausdruck kamen, alle passiv waren. Wenn wir beginnen, das Bild zu beleben, werden wir sehen, wie sich die Null mit Bedeutung auflädt. Gewiss gleichen Sühnezeremonien die ethische Buchführung des Jahres, wenn jeder die Tilgung wuchernder Schulden als Gewinn verzeichnet, wieder auf null aus. Wie bemerkenswert, dass in einer Welt, die um Vergeltung kreist, Wiedergutmachung schon allein dadurch erlangt werden kann, dass das Schlechte vergeben wird.

Einen ganz anderen Gewinn empfinden viele, wenn sie sich selbst zu Nullen degradieren, sich erniedrigen und ihre Körper schinden wie die abgemagerten Heiligen des Mittelalters. Aber selbst wenn solche Glaubenspraxis aus Berechnung beginnt, entwickelt das Ritual eine Eigendynamik: eine Art abstrakte Sinnlichkeit hebt den unbeschwerten Geist empor und die Formen der Devotion gewinnen größere Realität als die Materie, an die sie gefesselt waren.

Einige jedoch neigen von Natur aus zur Demut, ohne auch nur daran zu denken, die Ersten zu sein, indem sie die Letzten sind. Schüchternheit, Sanftheit und die Ekstasen der Unterordnung vermischen sich hier. Das bemitleidenswert schlichte Herz, das Flaubert in so mitleidsloser Detailiertheit schildert, schlägt in einer Million Zimmern, angefüllt mit den Souvenirs eines für andere gelebten Lebens. Und wenn man unter dem Begriff »Nichts« nachschlägt, könnte man auf einen Querverweis zum hochwürdigen Vater Antonio Margil de Jesús stoßen, der sich selbst als *La Misma Nada*, als »das Nichts selbst« betitelte. Er lebte vor drei Jahrhunderten als franziskanischer Missionar im amerikanischen Südwesten, überzeugt, dass nur die totale Selbstaufgabe verhindern könne, dass Gott seines Ruhmes beraubt würde. Er nannte Maria *La Doña Nada*, die »Jungfrau Nichts«. Die Indios, die er in Zentralamerika bekehrte, stammten von jenen Menschen ab, welche die Null für den Gott des Todes hielten.

Es sagt etwas über unsere feinen moralischen Antennen, dass wir die Vater Margils so gut von jenen unterscheiden können, für die Demut eine Erlösungsstrategie ist. Hinter einer Aussage wie »nicht so heilig wie Er« erfassen wir immer den stillen Subtext »aber heiliger als du«. Zwei reiche Männer, so geht die Geschichte, versuchten einander im Tempel zu übertreffen, indem sie ihre eigene Bedeutungslosigkeit beteuerten. »O Herr!«, sagte der eine. »Verglichen mit dir bin ich weniger als das Spinnennetz im Licht dieses Sonnenstrahls!« – »Aber ich bin selbst weniger als die kleine Spinne, die es gesponnen hat!«, erklärte der andere. Eben in diesem Moment trat ein armer Mann in den Tempel und war überwältigt vom Anblick der durchscheinenden, funkelnden Spinnwebenfäden. »Herr!«, rief er verzückt aus, »wie herrlich sind deine Werke! Verglichen mit dir bin ich weniger als die Staubkörner, die sich in diesem Netz verfangen!« Einer der reichen Männer stieß den anderen an und flüsterte: »Sieh, wer behauptet, nichts zu sein!«

Der Aufstieg zur Heiligkeit ist schwer, aber es scheint irgendwie unpassend, dass so viel Anstrengung vonnöten ist, um den Wert Null zu erreichen, auch wenn sie wie ein Heiligenschein leuchtet. Entweder man stolpert über die Stille der Dinge, oder man nähert sich ihr auf ebeneren Pfaden wie im Taoismus oder im Yoga, indem man den inneren Unruhegeist beruhigt und die Aufwallungen der Inbrunst und der Verzweiflung auf einen beständigen Zustand beschwichtigt, in dem man wieder die Natur in ihrem natürlichen Wirken hören kann. Figur und Hintergrund kehren sich um: Nicht die Null, sondern der ganze Lärm wird zum Nichtsein, zu Watte, die Virginia Woolf so lebhaft beschrieb:

> »Jeder Tag enthält mehr Nichtsein als Sein … das Gute daran in etwas wie undefinierbare Watte gehüllt … Man geht spazieren, isst, sieht alles Mögliche und befasst sich mit dem, was getan werden muss: mit dem defekten Staubsauger, dem Planen des Diners, dem Schreiben der Einkaufsliste für Mabel … Damals als Kind, wie auch heute noch, enthalten meine Tage ein verhältnismäßig großes Quantum dieser Watte, dieses Nichtseins. Woche auf Woche verging, und nichts hinterließ einen Eindruck bei mir. Dann plötzlich, und ohne dass ich einen Grund dafür weiß, bekam ich einen heftigen Schock … Ich betrachtete das Blumenbeet bei der Eingangstür. »Das ist die Ganzheit«, sagte ich. Ich schaute auf eine Pflanze mit einer Fülle von Blättern hinunter, und es schien mir plötzlich klar, dass die Blume selbst Teil der Erde war, dass ein Kreis die Blume umschloss und dass das die wahre Blume war: teils Erde, teils Blume.«

Das Leben von seiner Watte befreien – oder, noch dringlicher: etwas vom Unrat in einer unrettbar schmutzigen Welt beseitigen. Der Wert der Null wächst, wo solche Reinigung wiederholt am Horizont aufschimmert. Sie erscheint in verschiedenen Formen. Einige waschen ihr Gesicht, um ihre Sünden fortzuwaschen, da in jeder schwelgenden Seele eine ästhetische Seele wohnt, die heraus möchte. Andere waschen das Gesicht, das ihnen die Welt zeigt, wie die obsessiv-zwanghaften Patienten, die Psychoanalytiker gerne zum Putzen ihrer Häuser einstellen.

Bei einigen wird jedoch der religiöse Beweggrund ästhetisch. Hier kann die Einsicht, dass weniger mehr ist, in minimalistischer Kunst Ausdruck finden: die letzten Schwanzfedern wandernder Kraniche auf der weißen Fläche einer japanischen Leinwand; das skandinavische Ideal von gebleichtem Holz und Schnee; knapper Witz; kurze, gehaltvolle Kommentare. Über die minimalistischen Künste wachen die ungeschmückten Grazien der Schlichtheit, der Andeutung und Eleganz, die auch die Philosophie leiten und Neulinge auf dem Gebiet des Denkens drängen, ihren Geist zu leeren, damit er für die Wahrheit empfänglicher werde. Sie verzaubern jene Mathematiker, die Freude daran finden, das gigantische Geflecht der Theoreme auf immer einfachere Grundlagen zu reduzieren, die schließlich nur noch aus einer Reihe von lakonischen Axiomen bestehen. Und sie betören jene, für die alles nur ein Spiel reiner, jeder Bedeutung enthobener Formen ist. Doch die Menschen, für die Sinn und Bedeutung eine Rolle spielen und die erkennen, dass Inhalt und Kontext einander Sinn verleihen, wissen, dass ein wenig vom einen dem anderen größere Intensität verleiht, wenn beide auf ein Minimum reduziert sind – und dass ein Kontext von überhaupt nichts alles auf die geringste Präsenz festnagelt.

Eine leere Präsenz muss ein ums andere Mal den Kontext ins Zentrum rücken, und dies ist das Nullideal jener, die unsichtbar sein möchten. Ihre Motive sind unterschiedlich: sich inmitten der Straßenräuberei des Lebens zu verstecken; unter der Kappe der Dunkelheit eine wirkliche oder eingebildete Kontrolle auszuüben; die eingeübte Unscheinbarkeit des Spions, die beiläufige Anonymität des Reporters. Am komplexesten von allen ist vielleicht die Sensibilität des Schriftstellers: eine Art riesiges, unsichtbares Spinnennetz, wie Henry James es nannte, das vorbeizieht und noch die Schwingungen der Luft in Offenbarungen verwandelt.

Sind solche Versuche, Transparenz herzustellen, allzu kunstvoll ersonnen, allzu ausgeklügelt, um noch mit Recht als ein segensreiches Gleiten in einen Zustand zählen zu können, in dem man niemand mehr ist? Sie klingen eher wie die unbändige Rivalität der Freunde in Jack Londons unmetaphorischer Geschichte »Der Schatten und das Funkeln«, die sich gegenseitig darin zu überbieten versuchen, sich unsichtbar zu machen: der eine, indem er Licht absorbiert, der andere, indem er es reflektiert. Ihre Gegenwart verrät sich schließlich einander mit tödlichen Konsequenzen, wie der Titel schon ankündigt. So gut man sich auch vorbereitet, die eigene Persönlichkeit unsichtbar zu machen: Wenn sie es tatsächlich wird, kommt es immer unerwartet. Der amerikanische Philosoph und Dichter Ralph Waldo Emerson ging einmal durch die Dämmerung eines Wintertages:

> »Ich stehe überall auf ihrem Gebiet – mein Haupt gebadet in fröhlicher Luft und in den unendlichen Raum hineingestreckt –, so schwindet auch schon der letzte Rest von Ichsucht dahin. Ich werde

> ganz zu einem durchscheinenden Augapfel; ich selbst bin nichts, aber ich sehe alles; Ströme des Universums fließen durch mich, ich habe Anteil, ja, ich habe Teil an Gott. Der Name meines liebsten Freundes klingt dann fremd und als etwas Bedeutungsloses an mein Ohr: Ob sie meine Brüder, Bekannten, Herren oder Diener sind, ist mir ein Tand und eine leidige Störung.«

Leidige Störungen bei der Lektüre sind all die »Ichs«: Wie selbstlos kann ein so oft wiederholtes Selbst gewesen sein? Es ist seltsam, dass jeder von uns regelmäßig zu einem unpersönlichen Charakter wird, zu einer dritten Person, zu einem »Jemand«, von dem aus wir objektiv beobachten. Und wir schätzen – bis hin zu äußerster Selbstverleugnung – Kennzeichnungen, die die Ungeschlechtlichkeit unseres Amtes bezeugen und uns zu geschlechtslosen Trägern von Merkmalen machen: Das Alternieren von »er« und »sie« in einem Text, aristophanische Mischgeschlechter, die an nichts so sehr erinnern wie an Roland Barthes' *S/Z*, »Person« für das übergeordnete »Mensch« und »*E*« oder »*ha*«, die jemand als androgyne Pronomen vorgeschlagen hat: Sollten wir stattdessen nicht einfach »Dorothy Parker« sagen und es dabei bewenden lassen? Denn sie beschreibt eine Party, wo sieben Geschlechter zugegen waren: männlich, weiblich, homosexuell, lesbisch, hermaphroditisch, geschlechtslos – und sie selbst. Der wirkliche Verlierer bei all diesem Gerangel ist eindeutig die Null, die – hätte sie eine Stimme – viel lauter als andere über ein ausgehöhltes Selbst protestieren würde, das gewöhnlich »man« genannt wird.

Doch was ist all dieses Balgen, Gleiten und Rutschen, das auf die Null zustrebt, im Vergleich zu jenem mühelosen Vergnügen, dem wir uns täglich widmen, eine Errungenschaft von Jahrtausenden der Kulturrevolution, die sich in jeder einzelnen Kindheit nachvollzieht? Ich meine den Genuss des Lesens, wo sich derjenige, der sich darin verliert, als ein anderer und immer wieder anderer wieder findet, oder als etwas, das mehr als ein über der Szene schwebender Engel ist. Es ist diese Erhöhung, die der unsichtbare Schriftsteller dem anonymen Leser, ohne den all die verschwindenden Handlungen vergebens wären, zuteil werden lässt. Beim Dinner beantwortete Henry James einmal die gemurmelte Frage, die ihm eine bewundernde Tischnachbarin stellte, und wandte sich ihr dann erstaunt zu: »Könnte es sein – es muss sein«, sagte er, »dass Sie die Verkörperung jenes körperlosen, jenes flüchtigen und unausweichlichen Wesens sind, das die Romanciers über die Generationen hinweg so vergeblich beschworen haben; kurz, der *geneigte Leser*? Ich habe mich oft gefragt, in welcher Gestalt Sie erscheinen würden (...).«

Wir sind aus Tälern zu den Höhen des Nichts gewandert, von der Verzweiflung zur Heiterkeit, als die Null ihr emotionales Vorzeichen wechselte. Aber hat man sich die Null jemals als unendlich wertvoll gedacht, nicht als das Nichts, aus dem Gott die Welt erschuf, sondern selbst als Gottheit? Alles findet sich in der durchfurchten Landschaft des Denkens, und wo könnte man besser nach einer so entlegenen Gedankenfalte suchen als in den nicht minder gefalteten Alpen? Dort verbrachte Mitte des ersten Jahrzehnts des 19. Jahrhunderts Lorenz Oken die letzten Jahre seines Lebens, in Ungnade exiliert aus seinem Geburtsland Deutschland. Er hatte die gesamte Physiologie, Zoologie, Biologie, Psychologie und Geologie mit Hilfe reiner Vernunft aus ein paar ersten Prinzipien abgeleitet, und ich hoffe, dass ihm diese in Zürich beistanden, als seine Freunde, Mentoren und sein Land sich von ihm abwandten.

Ich sehe ihn vor mir, in Schals gewickelt, wie er die Bahnhofstraße entlangstiefelt, eine blasse Atemwolke aus Dampf und Gedanken über ihm. Hier verdichtet sie sich zu den Worten: »Die Null ist der erste und ewige Akt, der sich endlos postuliert.« Hier hält er inne – was gibt es? Ach, ein Mitmensch, der Würstli verkauft. »So ist Gott gleich null und null unendliche Intensität.« Ein Zucken, ein Stirnrunzeln, er geht langsam weiter und bleibt bei einem Steinlöwen plötzlich stehen: »Aber der Mensch ist die Gesamtheit der Arithmetik, die ganze Mathematik! Daher ist das Leben ...« – er zögert, bewegt sich blicklos weiter – »das Leben ...« – da, bei der Credit Suisse begreift er das Leben: »ist das Leben nur ein mathematisches Problem: Es steigt sogar noch höher, bis es zu guter Letzt beim Menschen anlangt! Gott ist unendliche Intensität, aber der Mensch ist unendliche Extensität! Alles ist aus dem Urschleim erschaffen, denn die Liebe erhob sich aus dem Schaum. Immer negativer reichen die Zahlen nach unten durch den Schleim hindurch. Aber nach oben werden sie immer positiver, an der Null vorbei zum Menschen!«

Er wendet sich und seine Gedanken wenden sich mit ihm: »Aber wie kann es sein ...« Er steigt eine Seitenstraße über der gnadenlos sauberen Stadt hoch: »Weil der Mensch Gott in gänzlich manifester Gestalt ist! Der

Mensch ist das Selbstbewusstsein Gottes!« Der Weg ist zu steil, um ihm noch zu folgen. Wir sehen ihn hochwärts taumeln, hören ein blasses Echo: »Gott = +0–, Mensch = + ∞ 0 – ∞ …«

Es gibt eine letzte Variation der positiven Null, und sie ist auf ihre Weise noch sonderbarer als Okens: Denn diese Null liegt immer am Anfang der fortlaufenden Zeit. Es ist die amerikanische Null. Man erhascht einen Blick von ihr in den *Road Novels*, den Reiseromanen der Landstraße: »Oh, sieh nur«, sagt Lolita in einem Moment der Metamorphose neben ihrem Humbert in ihrem kokonartigen Auto, »alle Neunen wechseln ins nächste Tausend.« Man hört es von Leuten, die sich immer noch jeden Morgen mit dem Gedanken wecken: Heute ist der erste Tag vom Rest meines Lebens. Es ist die Null einer Gesellschaft, die von vorrückenden Grenzen definiert wird, und so, wie »aufeinander folgende Endmoränen das Ergebnis aufeinander folgender Vereisungen sind, so hinterlässt jede Grenze ihre Spuren«. Frederick Jackson Turner schrieb dies 1893. Zu solchen Spuren, die in seine Liste Eingang fanden, gehören Grobheit und Stärke, Überschwang, Erfindungsreichtum, Selbstsucht und Individualismus, eine übertriebene Freiheitsliebe und eine mangelnde Liebe zur Bildung. Gewiss werden wir nie aus der Geschichte lernen, weil jeder von uns gemeinsam mit dem Helden von Thomas Wolfes *Schau heimwärts, Engel* weiß, dass wir auf die »Speerspitze der Geschichte« geboren sind.

Turner beklagte das Verschwinden der Siedlungsgrenze vor hundert Jahren – doch in Wirklichkeit verschwand sie nie. Nicht nur, dass seither Grenzen ins All, in der Gesellschaft oder der Technologie vorgerückt sind, sondern wir alle leben auf einer sich bewegenden Grenzlinie. Wir stehen wie Jefferson an unseren palladianischen Fenstern und blicken in die Wildnis hinaus. Die zyklische Zeit ist uns fremd, die lineare Zeit mit einer Vergangenheit so lang wie eine Zukunft ärgert unser widerspenstiges Wesen.

»Amerika ist das Land der Null«, sagte der Philosoph Joseph Needleman in einer Fernsehsendung über die religiöse Sekte der Shaker: »Von null, mit nichts beginnen: Das ist die Idee Amerikas. Wir beginnen nur mit unserem eigenen Verstand, unserer eigenen Sehnsucht, unserer eigenen Suche.« Und Rimbaud gab uns – wenn er auch Franzose war – unser Motto: »Wenn du immer ankommst, wirst du überallhin gehen.«

15 Hatte König Lear Recht?

Wir haben intime Bekanntschaft mit der Null in ihren mathematischen, physikalischen und psychologischen Verkörperungen geschlossen. Und doch bleibt sie schwer fasslich. Steigen wir tiefer hinab zu ihren Wurzeln in der Logik, die alldem zugrunde liegt. Da so viel Anstrengung in die Schaffung der Null floss und sie uns seither so viele Mühen erspart hat: Können wir nun die Null begreifen, die Null allein, und fragen: Könnte sie von sich aus irgendetwas schaffen? »Aus nichts kann nichts entstehen«, sagt Shakespeares König Lear zu seiner Tochter Cordelia, als sie sich weigert, sich an der Schmeichelei zu beteiligen, mit der ihre Schwestern ihren Vater umgarnen wollen. Doch tatsächlich entspinnt sich der Rest des Stückes auf der Grundlage dieses Nichts.

Natürlich erhalten wir, wenn die 0 mit 1 verbunden wird, die gesamte Welt der ganzen Zahlen. Alle unsere Rechner, Computer, Telefone und Fernseher – jedes Stück Elektronik – arbeitet auf der Basis von Zahlen, die in Entsprechung zu »ein« und »aus« in den binären Code 0 und 1 übertragen sind. Diese Codierung, auf die zuerst 1616 Napiers weit blickender Geist kam, ist einfach: Statt unserer zehn verschiedenen Symbole beschränkt man sich nur auf 0 und 1 und bringt dann das ganze Gewicht des Stellensystems zum Tragen. So wird nach 0 und 1 die nächste Ziffer – unsere 2 – als 10 geschrieben (nicht »zehn«, da wir hier ein Binär-, nicht das Dezimalsystem vor uns haben: nennen wir es »einsnull«); 3 ist 11, 4 ist 100 und so weiter:

Dezimalschreibung	*binäre Schreibung*
0	0
1	1
2	10
3	11
4	100
5	101
6	110
7	111
8	1000
9	1001
10	1010
usw.	

Man kann es sich so vorstellen: Die Sumerer bauten auf einer Basis von 60 auf, die Maya mehr oder weniger auf Potenzen von 20, wir auf Potenzen von 10; aber das binäre System beruht auf Potenzen von 2. 17 ist so zum Beispiel 16 + 1, das ist 10001, also eine 2^4, keine 2^3, 2^2, 2^1 und eine 2^0:

	1	0	0	0	1
	↑	↑	↑	↑	↑
Stelle:	2^4	2^3	2^2	2^1	2^0

Wenn man sich vorstellt, dass die 1 für die Gesamtheit der Dinge steht, dann ist das, was wir gerade gesehen haben, die Welt der natürlichen Zahlen, geschaffen aus der Kombination von allem und nichts: Der Traum eines Metaphysikers, der wahr geworden ist. Man kann weitermachen und die negativen Zahlen, Brüche und alle reellen Zahlen nur aus 0 und 1 bilden: So ist zum Beispiel -13 gleich -1101 und $\frac{1}{4}$ ist 0,01, das heißt keine Einer, keine Halben und ein Viertel.

Aber es gibt noch ein völlig anderes und sehr grundlegendes Spiel, das 0 und 1 spielen können, um alle positiven Brüche ebenso wie alle positiven ganzen Zahlen zu bilden. Seine wohl begründete Exzentrizität zeigt, wie viele Räume es im großen Haus der Mathematik gibt und wie frei wir sind, in ihnen zu spielen. »Mathematik ist Freiheit«, sagte Georg Cantor, jener Mathematiker, der im 19. Jahrhundert die Türen des unendlichen Gartens für uns öffnete.

Die Exzentrizität beginnt mit einem radikalen Schritt. Unser Spielfeld ist eine Linie, auf der alle diese positiven Zahlen eine nach der anderen erscheinen. Wir setzen Torpfosten direkt an die beiden Enden des Spielfelds. Der linke Torpfosten ist $\frac{0}{1}$: ein perfekt verständliches Zeichen, wenn man es da draußen zur Linken für 0 stehen lässt, da 0 vor den positiven Zahlen kommt. Doch wir wollen $\frac{0}{1}$ nicht für 0 oder irgendetwas anderes stehen lassen. Es soll dort nur als Torpfosten stehen: als Symbol, dessen zwei Ziffern wir in unserem nach seltsamen Regeln gespielten Spiel benutzen werden.

Mein Rat zur Vorsicht soll Sie auf den Torpfosten an der rechten Seite vorbereiten, der $\frac{1}{0}$ ist. Immer wieder haben wir auf unseren Exkursionen gesehen, dass man nicht durch null teilen kann und wir werden hier jetzt nicht damit anfangen. Mathematik ist Freiheit und für das Spiel, das wir spielen, wählen wir – *müssen* wir wählen, wie Sie gleich sehen werden – diesen hohlen Ausdruck zur Rechten unserer Linie.

Und nun fangen wir an, aus den beiden Extrempunkten $\frac{0}{1}$ und $\frac{1}{0}$ alle positiven ganzen Zahlen und Brüche zu erzeugen. Die Spielregel ist einfach: Wir erhalten die erste Zahl, indem wir die beiden Zähler für ihren Zähler addieren, die beiden Nenner für ihren Nenner. Da $0 + 1 = 1$ ist, ist unser Erstgeborenes $\frac{1}{1}$, und wir setzen es senkrecht auf die Mitte unserer Feldes:

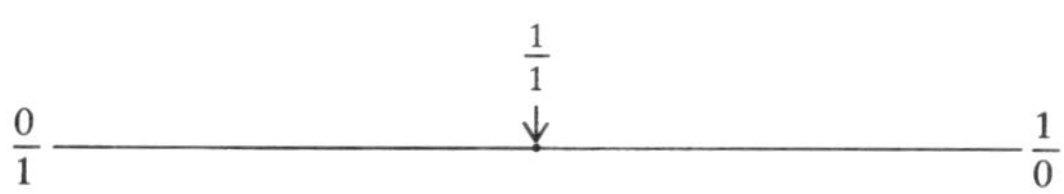

Mit derselben Regel erhalten wir die beiden Zahlen der nächsten Generation: Indem wir immer die Zähler benachbarter Ausdrücke für den neuen Zähler und ihre Nenner für den nächsten Nenner addieren und uns dabei von links nach rechts bewegen, erhalten wir $\frac{1}{2}$ in der Mitte der linken Hälfte, da $\frac{0+1}{1+1} = \frac{1}{2}$, und $\frac{2}{1}$, das heißt $\frac{1+1}{1+0} = \frac{2}{1}$, als unseren dritten Ausdruck in der Mitte der rechten Hälfte:

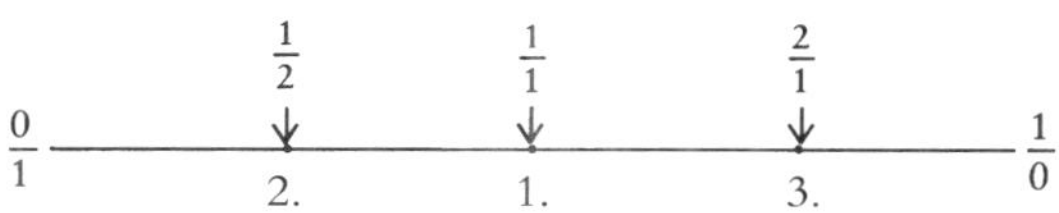

Unsere ersten drei positiven Zahlen in dieser bizarren Zählweise sind also $\frac{1}{1}$, $\frac{1}{2}$ und $\frac{2}{1}$.

Sie beginnen nun zu verstehen, warum wir die Torpfosten brauchen: Irgendwo auf dem Weg mussten wir $\frac{1}{1}$ erhalten, und da Zähler und Nenner beide die Summe zweier anderer Zahlen sein müssen, waren 0 und 1 – dann 1 und 0 – die einzigen Möglichkeiten, wenn wir im positiven Bereich bleiben wollten. Und sie ergaben sofort $\frac{1}{1}$.

Nun kommen wir, immer unter Verwendung unserer einfachen Regel, zur dritten Generation. Von links nach rechts gehend sind die neuen Zahlen $\frac{1}{3}$, das heißt $\frac{0+1}{1+2}$, $\frac{2}{3}$, $\frac{3}{2}$ und $\frac{3}{1}$, wie Sie hier sehen:

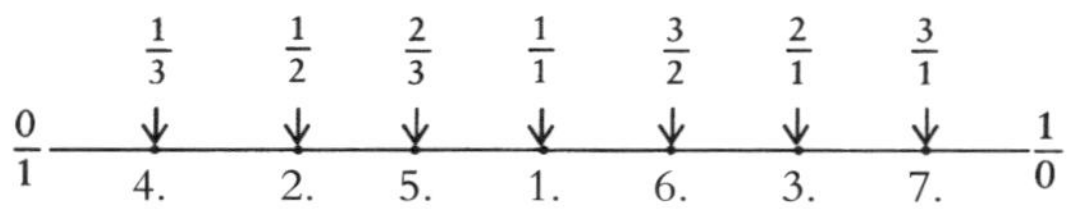

Die vierte Generation besteht aus den nächsten acht neuen Mitten jedes dieser acht Intervalle: von links nach rechts,

$\frac{1}{4}, \frac{2}{5}, \frac{3}{5}, \frac{3}{4}, \frac{4}{3}, \frac{5}{3}, \frac{5}{2}, \frac{4}{1}.$

Während wir fortfahren, wobei wir immer links beginnen und uns nach rechts vorarbeiten und die benachbarten Zähler für den neuen Zähler und die benachbarten Nenner für den neuen Nenner addieren, erhalten wir in der linken Hälfte jeden positiven Bruch, der kleiner als 1 ist, und jede positive rationale Zahl, die größer als 1 ist, in der rechten Hälfte. So entstehen mit dieser bemerkenswerten, wiederholten Operation nur aus 0 und 1 alle positiven rationalen Zahlen. Um sich davon zu überzeugen, überprüfen Sie, ob $\frac{5}{3}$ die dreizehnte rationale Zahl auf Ihrer Liste ist. Wann gelangen Sie zu $\frac{4}{7}$?

Wir haben diese seltsame Liste aus unserem Spiel entwickelt, das diese immer dichter gedrängten Ketten von Brüchen ergab – Ketten, die nach ihrem vermutlichen Urheber Farey-Reihen genannt werden. Aber auch hier wieder war – wie beim Marquis de l'Hôpital – die Mathematikgeschichte nicht so präzise wie die Mathematik selbst. John Farey war ein englischer Geologe, der 1816 das Theorem hinter dieser Reihe veröffentlichte. Er führte keinen Beweis an, vielleicht weil das jenseits seiner Möglichkeiten lag. Es könnte allerdings durchaus nicht jenseits seiner Möglichkeiten gelegen haben, die Kopie eines privat in Umlauf gebrachten Buches von 1816 zu besitzen, in dem ein gewisser

Henry Goodwyn sowohl das Theorem wie den Beweis niedergelegt hatte. Sollten wir es von nun an Goodwyns Theorem nennen? Besser nicht, denn 14 Jahre zuvor war es in einem Artikel von einem Mann namens Haros erschienen, von dem nichts Näheres überliefert ist. Vielleicht hat Klio, die Muse der Geschichtsschreibung, eine Art ironische Vergeltung geübt, denn im britischen *Dictionary of National Biography* findet Farey kurz für seine heute verstaubten Arbeiten über Holzvermessung und die Bestimmung der Höhe von Hügeln in Derbyshire Erwähnung, nicht aber für die Reihe, die allein seinen Namen bewahrt.

Wer immer ihr Erfinder war, die Reihe hat Schwindel erregende Implikationen. Man sollte meinen, dass die Abwesenheit eines kleinsten positiven Bruches – man kann ja immer einen neuen zwischen jedem alten und null bilden – bedeuten würde, dass man sie nicht zählen kann: Es gäbe keinen Anfang, wo man beginnen könnte. Betrachtet man dann noch die Dichte jener Bruchdickichte, die zwischen jeweils zwei ganzen Zahlen wachsen, scheint es nur vernünftig zu folgern, dass es weit mehr Brüche als Zahlen gibt, um sie zu zählen. Doch die Reihe, die wir gerade korrekt gebildet haben, zeigt, dass sie sich alle, vermischt mit den natürlichen Zahlen (1, 2, 3 …), tatsächlich zählen lassen: $\frac{1}{1}$ ist der erste, $\frac{1}{2}$ der zweite, $\frac{2}{1}$ der dritte Eintrag in unserer Liste und so weiter. Unsere Art, wie wir sie mit den natürlichen Zahlen paaren, mag bizarr anmuten, aber sie erfüllt ihren Zweck: Es gibt exakt so viele positive rationale Zahlen, wie es natürliche Zahlen gibt, obwohl Letztere weit dünner gesät scheinen. Dass dies wider Erwarten gelingt, stürzt den gesunden Menschenverstand in ein heftiges Schwindelgefühl. Dies ist die Art von Verhalten, die Cantor in der Freien Republik der Zahlen entdeckte. Es ist die Art von Überraschung, die alle Mühen der Mathematik lohnend erscheinen lassen. Die Welt und der Verstand sind rätselhaft, aber ihre Rätsel sind uns – so gerade eben – zugänglich.

Durch 0 und 1 haben wir alle rationalen Zahlen erhalten – und obendrein eine Schwindel erregende Einsicht. Aber die Frage bleibt, ob wir sie auch alle von null allein erhalten könnten. Wir könnten, wenn es uns gelänge, aus 0 eine 1 zu bekommen, da wir in diesem Fall einfach wie oben vorgehen würden. Dies war der Traum des unbekannten Mönchs, der im 12. Jahrhundert den Salem-Kodex schrieb: »Jede Zahl entsteht aus eins, und diese wiederum aus null. Darin liegt ein großes und heiliges Mysterium (...) ER erschafft, bewahrt und beherrscht alles aus nichts« (*»onmia ex nihilo creat, conservat et gubernat«*).

Halten wir hier nur eine Minute inne: Adelard von Bath, der ebenfalls im 12. Jahrhundert lebte, hatte, wie Sie sich erinnern, einen Studenten, N. O'Creat. Haben wir es hier am Ende mit einem kunstvollen mittelalterlichen Witz zu tun, mit einem tiefen Wortspiel, in dem sich der Zauberlehrling, der nichts erschafft (*nihilo creat*), in N. O'Creat verwandelte? Tollte hier der Geist von Nabokov in Adelard von Bath?

Lösen wir uns von diesem Ausblick, um uns der noch unwiderstehlicheren Aussicht zuzuwenden, 1 aus 0 abzuleiten. Denn mit ein bisschen Einfallsreichtum gelingt dies nicht Gott, wohl aber uns Menschen.

Einige schmerzlose Vorbemerkungen sind dafür vonnöten. Wenn man eine Zahl n mit etwas multipliziert und hofft, n als Ergebnis zu erhalten, sollte dieses »etwas« besser, wie Sie wissen, 1 sein, das neutrale Element der Multiplikation. Zweitens ist eine Menge – nennen wir sie M – nur eine Ansammlung von Dingen und lässt sich in zwei Teile zerlegen – nennen wir sie A und B –, so dass, was immer ursprünglich in M war, sich entweder in A oder B wieder findet. Schließlich hat eine Leermenge keinen Inhalt, so dass sie eine Untermenge von jeder anderen Menge ist. Wenn man zehn Murmeln in einer Schachtel hat und die Schachtel unterteilt, so dass sich alle Murmeln auf der Rechten der Trennungslinie befinden, hat man zwei Untermengen dieser Schachtel gebildet: Der linke ist die Leermenge, die rechte enthält alle Murmeln. Nun können wir beginnen.

Wir nehmen einen Haufen von Gerberts *apices*, die alle mit einer einzelnen Nummer versehen sind, und legen sie in eine Schachtel. Während wir eins nach dem anderen herausnehmen, multiplizieren wir die Zahl auf ihm mit den Zahlen der Steine, die wir bereits herausgenommen haben. Wenn wir damit fertig sind, haben wir alle Zahlen miteinander multipliziert und ein Produkt – nennen wir es r – erhalten. Nun ziehen wir eine Unterteilung in die Schachtel und schütten alle Steine zurück. Einige werden im linken Teil landen – nennen wir ihn A –, andere im rechten (B). Jetzt nehmen wir die Rechensteine aus A und multiplizieren

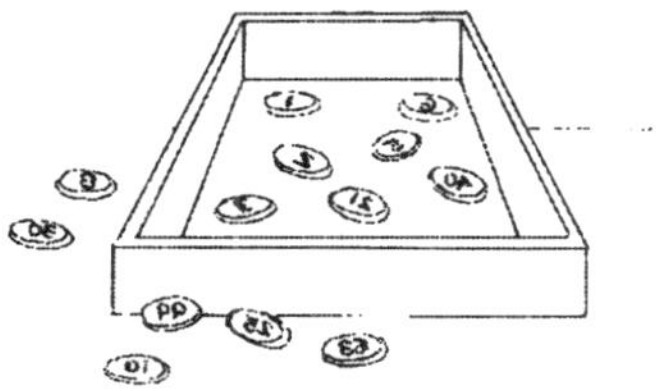

Rechensteine in einer Schachtel ohne Unterteilung

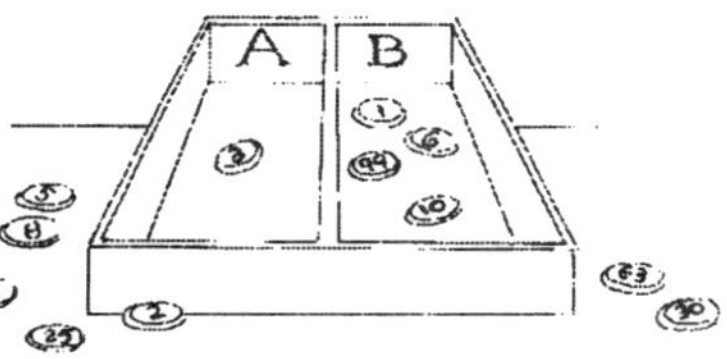

Rechensteine in einer Schachtel mit Unterteilung

die Zahlen auf ihnen miteinander. Wenn wir fertig sind, haben wir ein Produkt – nennen wir es p. Das Gleiche tun wir mit den Rechensteinen in B und erhalten ein Produkt q. Offensichtlich ist $p \cdot q = r$, weil wir gerade genau dieselbe Multiplikation vorgenommen haben wie zuvor, nur in zwei Teile unterteilt – ganz gleich, wie viele Rechensteine in jedem Teil der Schachtel waren. *Ganz gleich wie viele*: selbst wenn sie alle in B gefallen wären und A leer gewesen wäre. Das Ergebnis bleibt $p \cdot q = r$. Aber da alle Rechensteine in B sind, haben wir nun $q = r$. Das bedeutet nach unserer ersten Tatsache, dass $p = 1$ ist: Das Produkt aller Zahlen in der Menge, in der sich nichts befindet, ist 1.

Ist das zu künstlich für Ihren Geschmack? Stellen Sie es sich als ein Beispiel der wiederholten Abstraktionsbewegungen vor, die die mathematische Praxis zutiefst kennzeichnet: den Begriff der Multiplikation über den Bereich auszudehnen, in dem er zuerst sinnvoll verwendet wurde. Das bringt Glanz und Elend der Mathematik auf den Punkt, als unternähme man mit dem eigenen Verständnis einen energischen Zehn-Kilometer-Lauf – bergauf. Es war, wie ich gehört habe, der bedeutende Mathematiker John von Neumann, der sagte, dass man in der Mathematik nicht zu einem Verständnis der Dinge gelange, sondern sich lediglich an sie gewöhne; dies ist eine denkbar konzise Skizze der Funktionsweise von Paradigmenwechseln und selbst Anzeichen des bemerkenswerten Wandels seit d'Alemberts Rat, einfach weiterzumachen, bis der Glaube zurückkehrt. Aber während sich alles auf den Fluchtpunkt unbeweisbarer Axiome zurückzieht, glauben die meisten, die in diesem Gebiet arbeiten, dass Beweise angemessen sein sollten und dass das, was sie beweisen, wie natürlich aus dem Stamm der eigenen Intuition sprießen sollte. Die

Mathematik sollte nicht nur elegant, sondern auch einfach sein. Suchen wir also einen einfacheren Weg, alles aus nichts zu erhalten, indem wir zur Idee der Leermenge zurückgehen.

Ist es eine Idee oder etwas Reales irgendwo »da draußen«? Ich kann es fast handgreiflich machen, indem ich Sie bitte, solche Dinge wie die Menge von Wörtern zu betrachten, die mit »xwyz« beginnen. Was die Wörterbücher und Freunde angeht, die ich zu Rate gezogen habe, gibt es keine solchen Wörter: Die Menge ist leer. Ebenso ist es mit der Menge aller geraden Zahlen, die ungerade sind, und aller Orangen, die heroische Zweizeiler schreiben. Leermengen scheinen sehr leicht zu finden, wenn auch schwer zu sehen zu sein. Aber diese Begegnungen – wenn man sie so nennen kann, ist es doch so, als hätte man gestern einen Mann auf der Treppe getroffen, der nicht da war – sind nicht gut genug, um eine mathematische Existenz zu verbürgen, die nur von Axiomen abgeleitet werden kann – in diesem Fall von den Axiomen der Mengenlehre – oder selbst eines der Axiome sein müsste. Das mag Ihnen unnötig streng erscheinen, aber wenn wir wollen, dass die Mathematik wirklich eine ebenso unabhängige wie schöne neue Welt ist, können die Wesen in ihr nicht aus irgendeinem beliebigen Bereich kommen, der von der Mathematik profitieren soll, zum Beispiel aus der Erfahrung. Und tatsächlich wurde, als sich die Mengenlehre Anfang des 20. Jahrhunderts zu einem angesehenen Zweig – einige würden sagen, zur Wurzel – der Mathematik entwickelte, eines ihrer sieben Axiome, dass es eine Leermenge gibt.

Wenn es Sie stört, dass etwas wie die Leermenge durch eine bloße Behauptung als existent erklärt werden muss – und ein Axiom ist trotz aller Zuversicht, mit der es festgelegt wird, nicht mehr als das –, beachten Sie bitte, dass die Regeln eines Spiels oder die geltenden Gesetze eines Landes voraussetzen, dass es tatsächlich Menschen gibt, für die sie gelten. Eine der zauberhaften Besonderheiten der Mathematik ist, dass die Wesen, die sie bevölkern, zusammen mit den Prinzipien, die ihr Verhalten bestimmen, ersonnen werden; zuweilen ist es schwierig, den Akteur von der Aktion zu unterscheiden: die Null kann Adjektiv, Substantiv oder, etwa im Englischen, auch Verb sein. Sie haben bei ihrer Erfindung nicht mehr oder weniger Realität als diese Prinzipien, aber sie werden als Teil der Welt gesehen, sobald sie in Aktion treten. Blickt man vom bevorzugten Aussichtsspunkt der Erfahrung auf sie zurück, erscheinen sie eher als aufgegebene Prämissen denn als Schlussfolgerungen.

Dies gesagt, muss man jedoch zugeben, dass die Leermenge, wie immer, eine Ausnahme ist. Ernst Zermelo, der Erste, der die Axiome der Mengenlehre durchdachte, formulierte sein zweites Axiom 1908 in dieser Weise: »Es gibt eine (fiktive) Menge, die Nullmenge, die überhaupt kein Element enthält.« Warum fiktiv? Und wie kann es fiktive Dinge »geben«? Ich glaube, wir sehen hier die gleiche Weigerung, die wir in Kapitel 7 schon kennen gelernt haben, einem Zugereisten das volle Bürgerrecht zu gewähren. Vielleicht kommt man nach der siebten Generation zu dem Schluss, dass die Familie nun langsam dazugehört.

Wenn Sie immer noch Bedenken haben, ob und warum die Leermenge zu den Lebenden gehört, tröstet sie vielleicht ein Argument im Stil des Gottesbeweises des heiligen Anselm, das sich einem Philosophen namens Wesley Salmon verdankt. »Der Narr aber spricht bei sich«, schreibt Wesley in Anlehnung an Anselms Stil, »dass keine Leermenge sei. Aber wenn das so wäre, dann wäre die Menge aller solcher Mengen leer, und folglich wäre *sie* die Leermenge.«

Auf die eine oder andere Weise haben die Menschen also der Leermenge zur Existenz verholfen oder sie dort gefunden. Eines der Symbole für sie ist eine Klammer, die zur Kennzeichnung einer Menge benutzt wird, in der sich jedoch nichts befindet: { }. Ein anderes Symbol Ø zeigt, wie weit wir in 1000 Jahren gekommen sind, da dies nicht das mittelalterliche Phi (φ) ist, das zuweilen Theta (θ) als null ersetzte, sondern – wenn die landläufige Etymologie korrekt ist – ein Zeichen, das bedeutet, dass nicht einmal null darin enthalten ist und das so den Status der Null als vollgültige Zahl bestätigt.

Unser Ziel ist, Lear zu widerlegen, indem wir alles aus nichts ableiten, das heißt aus der Nullmenge. Dieser Trick gelang 1923 John von Neumann, und seither haben wir uns daran gewöhnt, obwohl man das Gefühl haben kann, dass er trotz all seiner Einfachheit schlüpfrig bleibt. Man identifiziere null, so sagt von Neumann, mit der Leermenge: Null gehört nicht einmal zu ihr, sondern sie *ist* 0. Und jetzt – ohne gezinkte Karte im Ärmel – betrachte man die Menge, die die Leermenge *enthält*: {Ø} oder {{}}, wenn Ihnen dergleichen gefällt. Da diese Menge ein Element hat – nämlich die Leermenge –, können wir *sie* mit der Zahl eins identifizieren. Und 2? Nun, das ist die Menge, welche unsere vorangehenden Elemente enthält: {Ø, {Ø}} und so weiter, wobei jede neue Menge alle vorangehenden enthält und für die nächste ganze Zahl steht oder diese *ist*.

Da haben wir's! Wir haben alle natürlichen Zahlen aus der Leermenge erhalten, und aus diesen natürlichen Zahlen schaffen wir die negativen, Brüche, die reellen und die imaginären Zahlen auf die wohl vertraute Weise. »Gott hat die ganzen Zahlen geschaffen, der Rest ist Menschenwerk«, sagte der Mathematiker des 19. Jahrhunderts und Feind Cantors, Leopold Kronecker. Von Neumanns Argument zufolge sind auch die ganzen Zahlen das Werk des Menschen, und Gott postuliert sich – im Geiste Okens – höchstens endlos selbst. »Wir sind die Bienen des Unsichtbaren«, schrieb Rilke 1925. Ist es unsere Aufgabe, das Abstrakte handgreiflich zu machen?

Sie mögen von Neumanns Taschenspielertrick etwas beunruhigend finden, weil es so aussieht, als ließe er Engel auf einem Stecknadelkopf tanzen. Der Preis, den wir für die Strenge der modernen Mathematik zahlen müssen, ist, wie wir in den Kapiteln 10 und 11 sahen, eine gewisse Formelhaftigkeit, die uns daran erinnert, dass es eben nicht dasselbe ist, unsere Intuition wie ein Gärtner einen Obstbaum mit einem neuen Edelweiß zu veredeln, als ihren natürlichen Trieben zu folgen.

Möglicherweise sind wir gerade am Sinn unserer ganzen Geschichte vorbeigegangen, wie ein Detektiv, der auf der Fährte eines dunklen Hinweises an seiner Informationsquelle geradewegs vorbeiläuft und es erst viel später erfährt. Denn all unser Denken, nicht nur das mathematische mit seiner fortgesetzten Abstraktion, drängt zur Formalisierung, als ob es dadurch, dass wir das Menschliche daraus abziehen, göttlich würde. Erst nachdem wir unsere Seelen an die abstrakte Figur verkauft haben, erkennen wir, dass sie hohl ist: dass sie dem, was wir schon wussten, nichts hinzufügt und Aperçus zu gewaltigen Verallgemeinerungen aufbläht, mit denen unser Verständnis leicht auf null zurückspringt. Ist dies das Ziel, zu dem uns das Große Paradigma geführt hat – oder ist der Formalismus eher ein Berufsrisiko des Geistes, der dazu neigt, den sich beständig ausweitenden Kontext, der Inhalte trägt, mit dem vollständigen Verschwinden von Inhalt zu verwechseln? So werden die Zeichen, die das Denken erleichtern, schließlich für seine Substanz gehalten.

Die Mathematik ist jedoch ein Garten, dessen Pflege in den Händen vieler liegt, die ihre Pflanzen stutzen und anbinden, damit sie heimisch werden und gedeihen. Das beste Band ist am Ende, die Wahrheit anzuerkennen, so unbeholfen sie auch hervortreten mag. Von Neumanns »man gewöhnt sich dran« beschreibt dabei die Art, wie das Verständnis vom Stamm zur Krone strebt.

Nun läuft aber die »Anerkennung der Wahrheit« auf die Befolgung von wasserdichten Deduktionen hinaus. Doch was, wenn uns ein Formalist erklären würde, dass eben jene Logik, die wir dazu benutzt haben, sich vollständig aus der Leugnung der Wahrheit ableiten ließe?

»Ein Haar vielleicht trennt Falsches von Wahrem nur«, so schrieb der persische Dichter, Mathematiker und Astronom Omar-e Khayyam. Was, wenn das Haar sie gar nicht trennt, sondern unauflöslich zusammenbindet? Tatsächlich zeigte dies der amerikanische Philosoph Charles Sanders Peirce in einem Aufsatz von 1880 auf.

Die Geschichte ist seltsam. Peirce veröffentlichte seinen Aufsatz nie, und hätte er es getan, wäre er vielleicht ignoriert worden: Der Mangel an Anerkennung, unter dem er litt, hielt an, wie er sagte, weil »mein verflixtes Gehirn ein Schrulle hat, die es daran hindert, wie andere Menschen zu denken«. Was er zeigt, kam mit denselben Symbolen und beinahe in der gleichen Form 1913 im Werk von Henry Maurice Sheffer zum Vorschein, dessen Denkmal heute der Sheffer-Strich ist, das Symbol für Exklusion in der Aussagelogik: ein Mann, so gewinnt man den Eindruck, der sich mit dem Eifer eines Kalligrafen um die Formen kümmert, damit sich der Sinn um sich selbst kümmern kann. Aber wir folgen hier dem Pfad, den Peirce einschlug.

Sprechen wir nur von Aussagesätzen, und einigen wir uns darauf, dass ihre Wahrheitsbedingungen ausschließlich mit 0 und 1 angegeben werden können: Sie müssen entweder wahr oder falsch sein. Dann hängt der Wahrheitsgehalt eines zusammengesetzten Satzes davon ab, wie er zusammengesetzt wird, sowie vom Wahrheitsgehalt seiner Komponenten. So wäre »Wünsche sind Pferde und Bettler reiten« nur dann wahr, wenn beide Teile wahr sind: Wenn Wünsche tatsächlich Pferde *sind* und Bettler *wirklich* reiten. Wenn beide Komponenten einzeln den Wahrheitsgehalt 0 haben, würde dies auch für ihre Kombination gelten. Wenn man will, kann man dies in einer Tabelle für die Konjunktion »und« zeigen, wobei

A und B für die einzelnen Sätze und die Reihen für alle möglichen Kombinationen stehen, in denen A und B den Wahrheitsgehalt 0 und 1 haben können:

A	B	A und B
1	1	1
1	0	0
0	1	0
0	0	0

Das ist die »Wahrheitstabelle« für »und«. Man kann die entsprechenden Tabellen für andere Kombinationsarten bilden: »A oder B«, »Wenn A, dann B«, »A dann und nur dann, wenn B« und so weiter. »Wenn Wünsche Pferde wären, dann würden Bettler reiten« ist zum Beispiel nur dann falsch, wenn der erste Teil wahr und der zweite falsch ist, das heißt, wenn Wünsche wirklich Pferde sind, aber Bettler nicht reiten.

Es gibt insgesamt 16 verschiedene Arten, Nullen und Einsen in die letzte Spalte der Wahrheitstabelle zu setzen. Jede davon entspricht einer Art, zwei Sätze A und B zu verknüpfen. Peirce zeigte, dass sich alle 16 Arten aus der wiederholten, klugen Verwendung von einer ableiten lassen: »weder A noch B«, was wir nun durch »A ↓ B« symbolisieren. So lässt sich zum Beispiel »wenn A, dann B« auf diese Weise umschreiben:

$(((A \downarrow A) \downarrow B) \downarrow ((A \downarrow A) \downarrow B))$

Da »weder A noch B« nur wahr ist, wenn beide Teile falsch sind, folgt daraus die folgende Wahrheitstabelle:

A	B	A ↓ B
1	1	0
1	0	0
0	1	0
0	0	1

Hier haben wir die ganze Skala des Wahrheitsgehaltes zusammengesetzter Sätze durch Bekräftigung der Verneinung erhalten! Alle unsere Aussagen sind auf wiederholte Falschheit reduziert! Die ganze Logik von Sätzen balanciert auf diesem negativen Dreh- und Angelpunkt! Es ist, als hätten wir die Kiste im Innersten unseres Denkens geöffnet und dort 0 gefunden. Ein früheres Zeitalter wäre leicht überzeugt gewesen, dass dieser hinabweisende Pfeil zur Wohnstatt jenes Geistes führt, der stets verneint und aus dem Himmel und unserem Halbparadies eine Hölle macht.

Was Peirce und nach ihm Sheffer erkannten, war ein eleganter Kunstgriff: ein Weg, die zwei Generatoren dieser Logik auf einen zu reduzieren. Lässt sich dies als tiefe Einsicht werten? Sie sollte die Aufmerksamkeit auf das lenken, was implizit vorhanden war, ohne – so weit mir bekannt ist – eine Aussage über ihre philosophischen Implikationen zu treffen – eine Erinnerung daran, dass viele Schattierungen zwischen Erfindung und Entdeckung liegen.

Es bedurfte eines Geistes mit der Rezeptivität von Schnee, um die Welt in einem solchen bloßen Körnchen Technik zu erkennen. Für Wittgenstein war diese Reduktion weder diabolisch noch ein hübsches Ornament, sondern der Schlüssel, nach dem er gesucht hatte. Mit ihm in der Hand erkannte er, dass die Sprache, die auf Logik aufgebaut ist, nur sagen kann, was *nicht der Fall ist*; dass wir aber, indem wir an ihr entlangblicken – darauf sehen, wohin sie weist –, *sehen* können, was der Fall ist; und: »Wovon man nicht sprechen kann, davon muss man schweigen.« Das war die berühmte Schlussfolgerung seines *Tractatus Logico-Philosophicus*, dessen fein säuberlich nummerierte Sätze hier abreißen, gefolgt von der leeren Expressivität des Papiers.

16 Das Undenkbare

Wo genau hört die Sprache auf, wo liegt jener Punkt, jenseits dessen wir zwar Laute und sogar grammatikalisch korrekte Sätze bilden können, aber nur noch Nonsens *sagen*? Betrachten wir eine ernsthafte Äußerung des Eugenikers Julian Huxley von 1937. Er sprach über Menschen, die mit einer geistigen Behinderung geboren werden, und sagte, dass wir ihnen natürlich die bestmögliche Behandlung angedeihen lassen sollten, dass es für uns – und für sie – jedoch weit besser gewesen wäre, wenn sie niemals das Licht der Welt erblickt hätten. Für uns? Sie mögen sich davon ausnehmen, aber Sie wissen zweifellos, was damit gemeint ist: die Fürsorge, die Kosten, die Qualen, die uns erspart geblieben wären. Für sie? Wäre es besser für sie gewesen, wenn sie nie auf die Welt gekommen wären? Von welchem »sie« sprechen wir und in welcher Weise wären sie besser dran gewesen? Stellen wir es uns vor und betrachten wir das eine und das andere Bild. Hier ist Herr Täusch, am Leben und elend. Und dort ist Herr Täusch, wäre er nicht geboren worden: groß, schön und fidel. »Schätze keinen Menschen glücklich, bis er tot ist«, sagt Sophokles. Und, blickt man auf die andere Seite der Medaille, schätze niemanden glücklich, bis er geboren wird.

Das Rätsel der Nichtexistenz war es, das während unserer Reisen schelmisch und verstohlen immer wieder zum Vorschein kam. Nun, da wir uns der Heimat nähern, tritt es in voller Größe hervor. Denn trotz all unserer Argumente mit Beispielen, Autoritäten und dem heiligen Anselm im Rücken: Wie kann etwas so Abstruses wie die Menge dessen, was nicht existiert, existieren? So sehr wir in diesem Alptraum auch mit

Händen und Füßen um uns schlagen, seine Bilder weichen aus, ändern ihre Formen, kehren aus Richtungen zurück, von deren Existenz wir nicht einmal etwas wussten, und bilden Ausdrücke, die wie das Teilen durch null entweder sinnlos oder unbestimmt sind. Die Tautologien und Kontradiktionen, die die Operationen der Logik begleiten, haben keinen Sinn; aber wie könnte etwas innerhalb dieser Operationen unbestimmt sein? Die Antwort ist, dass *alles*, was über das Nichtexistente behauptet wird, wahr ist. Wenn ich sage, dass alle Oktopusse neun Tentakel haben, lässt sich das leicht als falsch widerlegen. Wenn ich sage, dass sie alle acht haben, ist das eine leere Tautologie, weil ich damit einfach auf Deutsch wiederhole, was der griechische Tiername besagt. Aber wenn ich sage, dass jeder der Oktopusse in diesem Zimmer hier bei mir neun Tentakel hat, lässt sich dies leicht als wahr zeigen, da es von jedem Oktopus in meinem Zimmer gilt: das heißt, von keinem. Es ist ebenso wahr, dass meine Oktopusse *keine* neun Tentakel haben. Die Leermenge entzieht sich unserer Reichweite.

Wenn Sie Logiker als hermetische Träumer und ihre Spitzfindigkeiten als Alpträume beiseite schieben sollten, können Sie doch nicht eine unlogische Frage abtun, die sich manchen in seltsamen Momenten aufdrängt – und es würde mich nicht überraschen, wenn sie in jedem von uns, wenn auch vielleicht nur einmal, aufgeblitzt wäre. Blickt man umher, mag man sich über dieses oder jenes Ding auf der Welt wundern: über seinen Ursprung, wenn Sie eine genealogische Anwandlung haben; wie es funktioniert, wenn sie wissenschaftlich gestimmt sind; oder – wenn Ihre Gedanken eine philosophische Wendung nehmen – warum es so ist und nicht anders – das Gute, das Schlechte oder das Glückliche daran. Aber wenn ein Moment des Seins sie erfasst und Sie sich fragen: Warum gibt es überhaupt etwas und nicht vielmehr nichts? Warum sollte ich, gerade ich, am Leben sein, wo doch meiner Existenz so viele Widrigkeiten entgegenstanden? Und in Überspitzung dieser Stimmung nach Art der Maya: Warum sollte dieses zerbrechliche Universum, eine Eins aus dem Nichts, überhaupt entstanden sein?

Die Philosophie beginnt damit, dass wir staunen, sagt Aristoteles, und es ist dieses besondere Staunen, das Schopenhauer zufolge die niemals anhaltende Uhr der Metaphysik in Gang hält. Für manche ist es keine Frage, sondern eine deutsche Krankheit: die Grübelsucht. Logiker würden einen daran erinnern, dass es sich um nicht mehr als die Tautologie handelt: »Warum ist, was ist?« – aber eben auch *nicht weniger* als eine Tautologie, wie uns jene erinnern, die ihr verfallen sind.

Kein rationaler Angriff auf diese Eiswand kann Erfolg haben, da alle Versuche, über das Überleben des Stärksten oder Zufallskollisionen, über das Wird, das Würde oder das Sollte zu räsonieren, innerhalb seiner Umgrenzung stattfinden. Wittgenstein, der der Fliege den Weg aus dieser Flasche zeigen wollte, gab uns seine nummerierten Sprachexerzitien, um uns zu lehren, nicht darauf, sondern daran entlangzublicken. Aber trotzdem starren wir weiter darauf wie das Kaninchen auf die Schlange.

Vor so langer Zeit in Griechenland, als Sokrates jung und Parmenides alt war, stellte Letzterer uns eine Herausforderung, die wir seither anzunehmen versuchen. Alles, was man denken kann, sagte er, ist dies: »Das Seiende ist.« Man kann nicht das Nichtsein denken, das Nichts, die Leere. Unter Verwendung der Negation sagte er uns, dass wir die Negation nicht benutzen können. Alles, was wir denken können, ist, dass das »Seiende ist«. Wir können nicht Bewegung, Wandel, Unterschied, Vergangenheit oder Zukunft, hier und dort denken, da es voraussetzt, das »nicht« zu denken. Wir können nur denken: »Das Seiende ist.« Wie leicht wäre es, Parmenides zu banalisieren und ihm zu zeigen, was er schon weiß: Man kann nicht die Negation verbieten, indem man die Negation benutzt. Aber Parmenides war ein Dichter, und uns entgeht das Lyrische, wenn wir einem Dichter darlegen, dass seine Liebe gar keine rote Rose ist. Parmenides wollte uns zum Schweigen und zum Zuhören bringen. Wie das Hintergrundsummen des Big Bang ist das Seiende alles durchdringend. Es füllt und *ist* die Welt.

Zwei Jahrtausende später hörte Leibniz, was er mit Freude als die Fülle der Dinge erkannte. Es gab keine Lücken, keine Leere, das Kleine wurde kleiner, aber niemals nichts. So wie die Zahlen bis zum Überquellen mit Zahlen gefüllt waren, war die Welt, die sie beschrieben, so übervoll mit Wesen, dass sie ein kontinuierliches Ganzes, ein Garten war, in dem jedes einzelne Blatt wiederum einen neuen Garten bildete. Ist es nicht dies, was die Engel singen: »*Pleni sunt coeli*«? Ist nicht dies die Vision, die in unserer Zeit durch die Fraktale wieder entdeckt wurde – oder, in ihrer mitternächtlichen Wiederkehr, als klaustrophobischer Alptraum alles erstickender Misthaufen von Einzellern? Beide Bilder bieten sich im hinduistischen Verständnis von *brahman* neutral zur Wahl an: eine allgegenwärtige Vitalität, wie im Wasser aufgelöstes Salz, wie das Wasser, auf dem unsere funkelnden Blasen des Selbst treiben und zerplatzen. Die Welt ist leer (*śūnya*), die Welt ist voll (*aśūnya*): Wählen Sie die Version, die Ihnen gefällt, sagt Nāgārjuna, der Meister des Mahāyāna-Buddhismus, des »großen Fahrzeugs«. Gegensätze sind eine Illusion der Sprache. Etwas und nichts sind, wie Sie wissen, gleichermaßen falsche Substantive.

Auch Kant hörte Parmenides und verspürte den Druck der Gegensätze Nāgārjunas, und dies war seine Antwort: Wir können nicht anders, als unsere Eindrücke mit Prinzipien wie etwa der Kausalität zusammenzuflechten, die wir außerhalb unserer selbst vermuten. Aber ganz gleich, wie fein dieses Gewebe wird: Das Problem besteht darin, dass es sich zu immer früheren Ursachen und immer späteren Wirkungen dehnt und unser Geist keine Abfolge von Punkten möchte, die diese Lücken überbrücken, sondern ein einheitliches Ganzes, ein umrahmtes Bild. So ersinnen wir einen Rahmen, den wir nicht sehen können, der aber unser Bedürfnis nach Vollständigkeit befriedigt. Dies ist der Rahmen, innerhalb dessen unser Verständnis arbeitet, indem er unseren Erfahrungen ein Zuhause gibt und ihnen Sinn verleiht. Die Vervollständigung ist eine Illusion – aber wir würden ebenso leicht auf sie verzichten wie auf das Atmen, nur weil die Luft nicht sauber ist. Warum kann Kant dies behaupten? Steht er an irgendeinem privilegierten Ort außerhalb des Rahmens? Nein, seine Erklärung bleibt innerhalb unserer Verständnismöglichkeiten. Sie ist ein Spiegel aus Sprache gemacht, der die Außenseite nach innen reflektieren soll, so wie die Mathematik, die sich aus der Null entfaltet, ihre Summe enthält und in ihr enthalten ist.

Ich schreibe dies inmitten der Dinge, in der Mitte der Zeit. Die Welt weitet sich zu beiden Seiten und bezieht ihre Koordinaten aus einem stillen Zentrum, das ich ungleichmäßig als Selbst erfasse und das, wie Wallace Stevens' Schneemann, lauscht und erblickt:

Nichts, das nicht da ist, und das Nichts, das es gibt.

Literatur

Aaboe, Asger, *Episodes from the Early History of Mathematics*, New York/London 1964.

Adams, Robert M., *Nil*, New York/Oxford 1966.

Archimedes, *Werke*, hg. v. Arthur Czwalina, Darmstadt 1983.

Arnot, Hugo, *An Essay on Nothing, a Quaint Jeu d'Esprit*, Edinburgh 1886.

Ash, Marschall J., »The Limit of $x^{x^{\cdot^{\cdot^{x}}}}$ as x Tends to Zero«, in: *Mathematics Magazine*, Bd. 69, Nr. 3, (1996), S. 207 ff.

Augustinus, Aurelius, *Bekenntnisse*, hg. und übers. v. Joseph Bernhart, Frankfurt am Main 1987.

Babai, Laszlo, »Transparent Proofs« (Aufsatz präsentiert beim National Academy of Science's 3rd Annual Symposium on the Frontiers of Science, 1991, Arnold and Mabel Beckman Center, Irvine, CA).

Bamberg, Paul/Sternberg, Shlomo, *A Course in Mathematics for Students of Physics*, Cambridge 1988.

Banerji, Haran C., *Colebrooke's Translation of the Lilavati*, Kalkutta 1927.

Baxendall, Michael, *The Limewood Sculptors of Renaissance Germany*, Yale 1980.

Beckerman, Stephen, »If Zero Is Not a Value, Then Can We Count on Nothing?«, in: *Centre Daily Times* (State College PA), 20. Dezember 1998.

Bell, Eric T., *The Development of Mathematics*, New York 1992.

Berkeley, Bischof G., »The Analyst«, in: Newman, James (Hg.), *The World of Mathematics*, Bd. 1, New York 1956, S. 288-293.

Blakney, Raymond, *Meister Eckhart*, London 1941.

Bombeli, Rafael, *L' Algebra*, hg. v. Ettore Bortolotti, Bologna 1929.

Bradley, Gerald/Smith, Karl J., *Calculus*, New York 1995.

Bronkhorst, Johannes, »A Note on Zero and the Numerical Place-Value System in Ancient India«, in: *Asiatische Studien*, Bd. XLVIII, H. 4 (1994), S. 1039-1042.

Brouwer, L. E. J., »On the Significance of the Principle of the Excluded Middle in Mathematics, Especially in Function Theory«, in: Heyenoort, Jean van (Hg.), *From Frege to Gödel: A Source Book in Mathematical Logic*, Cambridge (Mass.) 1967.

Brown, Peter R. L., *Augustinus von Hippo. Eine Autobiographie*, Frankfurt am Main 1982.

Bubnov, Nikolaj M. (Hg.), *Gerberti postea Silvestri II Opera Mathematica (972-1003)*, Berlin 1899.

Bucher, Martin A./Spergel, David N., »Inflation in a Low-Density Universe«, *Scientific American*, Bd. 280, Nr. 1 (1999), S. 62-69.

Cajori, Florian, *A History of Mathematical Notations*, 2 Bde., Chicago 1928-1929.

Ders., *A History of Mathematics*, New York 1894.

Cardona, George, *Panini. A Survey of Research*, Den Haag 1976.

Carr, J. A., *The Life and Times of Archbishop Ussher*, London 1895.

Carter, Robert E., *The Nothingness Beyond God. An Introduction to the Philosophy of Nishida Kitaro*, New York 1989.

Casati, Roberto/Varzi, Achille C., *Holes and Other Superficialities*, Cambridge (Mass.) 1994.

Ceram, C. W., *Götter, Gräber und Gelehrte. Roman der Archäologie*, Berlin 1987.

Chiera, Edward, *Sie schrieben auf Ton. Was die babylonischen Schrifttafeln erzählen*, Zürich 1941.

Childe, Vere G., *Stufen der Kultur*, Stuttgart 1952.

Chow, Timothy Y., »What is a Closed-Form Number?«, in: *The American Mathematical Monthly*, Bd. 106, Nr. 5 (1999), S. 440-448.

Clark, Walter E., *The Āryabhaṭīya of Āryabhaṭa*, Chicago 1930.

Closs, Michael, »Mathematics of the Maya«, in: Selin, Helaine (Hg.), *Encyclopedia of Science, Technology, and Medicine in Non-Western Cultures*, Dordrecht 1997.

Cochrane, Louise, *Adelard of Bath. The First English Scientist*, London 1994.

Coe, Michael D., *Das Geheimnis der Maya-Schrift. Ein Code wird entschlüsselt*, Reinbek bei Hamburg 1995.

Ders., *Die Maya. Aufstieg, Glanz und Untergang einer indianischen Kultur*, Bergisch-Gladbach 1968.

Colebrooke, Henry T., *Algebra, with Arithmetic and Mensuration, from the Sanskrit of Brahmagupta and Bhaskara*, London 1817.

Cornell, Eric A./Wieman, Carl E., »The Bose-Einstein Condensate«, in: *Scientific American*, Bd. 278, Nr. 3 (1998), S. 40-45.

Cornford, Francis M., *Plato's Cosmogony*, London 1937.

Crosby, Alfred W., *The Measure of Reality: Quantification and Western Society*, Cambridge 1997.

Danzig, Tobias, *Number*, New York 1954.

Datta, B./Singh, A. N., *History of Hindu Mathematics. A Source Book*, Bombay 1962.

Dauben, Joseph W., *Abraham Robinson. The Creation of Nonstandard Analysis. A Personal and Mathematical Odyssey*, Princeton 1995.

Davis, Philip J./Hersh, Reauben, *Erfahrung Mathematik*, Basel/Berlin 1994.

Dickson, Leonard E., *Einführung in die Zahlentheorie*, hg. v. Ewald Bodewig, Leipzig 1931.

Ders., *History of the Theory of Numbers*, New York 1919.

Dilke, Oswald A. W., *Mathematik, Masse und Gewicht in der Antike*, Stuttgart 1991.

Donne, John, *The Complete Poetry and Selected Prose of John Donne*, New York 1941.

Emery, Monique/Monzani, P. (Hg.), *Jean d' Alembert. Savant et philosophe*, Paris 1989.

Fairbank, Jane D. u. a., *Near Zero. New Frontiers of Physics*, New York 1988.

Ferguson, George, *Signs and Symbols in Christian Art*, New York 1961.

Feynman, Richard, *Feynman-Vorlesungen über Physik*, München 1987.

Fischer, David H., *Historians' Fallacies. Toward a Logic of Historical Thought*, New York 1970.

Flegg, Graham, *Number. Their History and Meaning*, New York 1983.

Foucaux, Philippe E. (Übers.), *Le Lalita Vistara*, Annales du Musée Guimet, Bd. 6, Paris 1884.

Frankfort, Henri, *The Birth of Civilization in the Near East*, New York 1956.

Freud, Sigmund, »Psychoanalytische Bemerkungen über einen autobiographisch beschriebenen Fall von Paranoia (Dementia Paranoides)«, in: ders., *Studienausgabe*, Bd. VII, Frankfurt 1969, S. 133-201.

Fumerton, Patricia, *Cultural Aesthetics. Renaissance Literature and Practice of Social Ornament*, Chicago 1991.

Gamow, George, *Thirty Years that Shook Physics*, New York 1966.

Gardner, Martin, *Mathematische Hexereien. Denksportaufgaben, Kunststücke, Rätsel, Spiele, mathematische Zauberei*, Berlin u. a. 1979.

Genz, Henning, *Die Entdeckung des Nichts. Leere und Fülle im Universum*, München 1994.

Gibson, George A., *Napier and the Invention of Logarithms*, Glasgow 1914.

Gibson, Margaret, »Adelard of Bath«, in: Burnett, Charles (Hg.), *Adelard of Bath. An English Scientist and Arabist of the 12th Century*, London 1987.

Glover, Terrot R., *The Ancient World*, Harmondsworth u. a. 1948.

Gould, Stephen J., *Questioning the Millenium*, New York 1997.

Grant, Edward, *Much Ado About Nothing. Theories of Space and Vacuum from the Middle Ages to the Scientific Revolution*, Cambridge 1981.
Grattan-Guinness, Ivor, *The Norton History of the Mathematical Sciences*, Norton 1997.
Griffiths, David, *Einführung in die Elementarteilchenphysik*, Berlin 1996.

Hammond, Mason, »Note on the Inscription on Emerson Hall«, Harvard Archives HuB 1361.36 Box 9.
Hardy, Goodfrey H./Wright, E. M., *Einführung in die Zahlentheorie*, München 1958.
Haskins, Charles H., »Adelard of Bath«, in: *English Historical Review*, Jg. 26 (1911), S. 491-498.
Ders., *The Renaissance of the 12th Century*, New York 1958.
Hayashi, Takao, »*Bakhshālī* Ms.«, in: Selin, Helaine (Hg.), *Encyclopedia of Science, Technology, and Medicine in Non-Western Cultures*, Dordrecht 1997.
Heath, Thomas L., *A History of Greek Mathematics*, 2 Bde., Oxford 1921.
Henry, Charles, »Prologus N Ocreati in Helceph ad Adelardum«, in: *Abhandlungen zur Geschichte der Mathematik*, Leipzig 1880, Bd. III, S. 129-139.
Heyenoort, Jean van (Hg.), *From Frege to Gödel. A Source Book in Mathematical Logic*, Cambridge (Mass.) 1967.
Hill, George Francis, *The Development of Arabic Numerals in Europe Exhibited in 64 Tables*, Oxford 1915.
Hisamatsu, Hoseki S., *Die Fülle des Nichts. Vom Wesen des Zen*, Stuttgart 1994.
Homer, *Die Odyssee*, Deutsch von Wolfgang Schadewaldt, Hamburg 1958.
Houston, S. D., *Reading the Past. Maya Glyphs*, London 1989.
Hughes, John P., *The Science of Language. An Introduction to Linguistics*, New York 1962.
Huizinga, Johan, *Herbst des Mittelalters*, Stuttgart 1975.

Ifrah, Georges, *Universalgeschichte der Zahlen*, Frankfurt/New York 1988.

Jacobs, Harold, *Elementary Algebra*, New York 1979.
Jaffe, Michele, *The Story of 0. Prostitutes and Other Good-for-Nothings in the Renaissance*, New York (im Druck).
James William, *Some Problems of Philosophy. A Beginning of an Introduction to Philosophy*, London 1911.
James William, *The Varieties of Religious Experience*, New York 1902.
Jammer, Max, *Das Problem des Raumes*, Darmstadt 1960.
Joseph, George G., *The Crest of the Peacock. Non-European Roots of Mathematics*, London 1991.
Jung, Carl G., *Psychologie und Alchemie*, Solothurn 1994.

Kane, Pandurang V., *History of Dharmasastra (Ancient and Medieval Religious and Civil Law in India)*, Poona 1958.

Keller, Werner, *Und die Bibel hat doch Recht. Forscher beweisen die Wahrheit des Alten Testaments*, Gütersloh 1991.

Keynes, John M., »Newton, the Man«, in: Newman, James (Hg.), *The World of Mathematics*, Bd. 1, New York 1956, S. 277-285.

Kline, Morris, *Mathematical Thought from Ancient to Modern Times*, New York 1990.

Knott, Cargill G. (Hg.), *Napier Tercentenary Memorial Volume*, London 1915.

Koyré, Alexander, *Von der geschlossenen Welt zum unendlichen Universum*, Frankfurt am Main 1969.

Kramer, Samuel N., »Schooldays. A Sumerian Composition Relating to the Education of a Scribe«, in: *Journal of the American Oriental Society*, Bd. 69, Nr. 4, Oktober/November 1949.

Ders., *The Sumerians. Their History, Culture, and Character*, Chicago 1963.

Krauss, Lawrence M., »Cosmological Antigravity«, *Scientific American*, Bd. 280, Nr. 1 (1999), S. 53-59.

Lanczos, Cornelius, *The Variational Principles of Mechanics*, Toronto 1949.

Landes, Richard, *Relics, Apocalypse and the Deceits of History*, Cambridge (Mass.) 1995.

Lang-Kirnberg, Karl, *Die Herkunft der Null*, Micro-Bibliotheca Anthropos, St. Augustin bei Bonn, Anthropos. Institut, Bd. 41, 1968/69.

Laugwitz, Detlef, »On the Historical Development of Infinitesimal Mathematics«, Tl. 1, in: *The American Mathematical Monthly*, Bd. 104, Nr. 5 (1997), S. 447-455; Tl. 2, in: ebd., Bd. 104, Nr. 7, S. 654-663.

Leibniz, Gottfried Wilhelm von, *Mathematische Schriften*, hg. v. C. I. Gerhardt, Hildesheim 1971.

Lewis, Clarence I., Lanford, C. H., *Symbolic Logic*, New York 1932.

Libbrecht, Ulrich, *Chinese Mathematics in the Thirteenth Century. The Shu-shu chiu-chang of Ch'in Chiu-shao*, Cambridge (Mass.) 1973.

Mach, Ernst, *Die Mechanik in der Entwicklung*, Leipzig 1921.

Macrae, Norman, *John von Neumann. Mathematik und Computerforschung. Facetten eines Genies*, Basel/Berlin 1994.

Mahnke, Dietrich, *Unendliche Sphäre und Allmittelpunkt*, Halle 1937.

Margil de Jesus, Vater Antonio, *Nothingness Itself*, Chicago 1976.

McLeish, John, *Number*, London 1991.

McMullin, Ernan, *The Concept of Matter in Greek and Medieval Philosophy*, Notre Dame (Ind.) 1963.

Medawar, Peter, *The Art of the Soluble*, London 1969.

Medvedev, Fedor A., »Nonstandard Analysis and the History of Classical Analysis«, in: *The American Monthly*, Bd. 105, Nr. 7 (1998), S. 659–664.
Menninger, Karl, *Zahlwort und Ziffer*, 2 Bde., Göttingen 1958.
Meyerson, Mark, »The x^x Spindel«, in: *Mathematics Magazine*, Bd. 19, Nr. 3 (1960), S. 198–206.
Michelet, Jule, *Die Hexe*, München 1974.
Mitra, Rajendralala (Hg.), *The Lalita Vistara. Or Memories of the Early Life of Sakya Sinha*, Osnabrück 1980.
Monier-Williams, Monier, *A Sanskrit-English Dictionary*, Oxford 1899.
Morgenstern, Christian, *Gesammelte Werke in einem Band*, München 1989.
Morley, Sylvanus G., *The Ancient Maya*, Standford 1956.
Musil, Robert, *Der Mann ohne Eigenschaften*, Reinbek bei Hamburg 1991.

Napier, John, *Rabdologiae seu numerationis per virgulas*, 2 Bde., Edinburgh 1617.
Napier, Mark, *Memoirs of John Napier of Merchiston*, Edinburgh 1834.
Needham, Joseph, *Science and Civilisation in Ancient China*, Bd. 3: *Mathematics and the Sciences of the Heavens and the Earth*, Cambridge 1959. (Auf Deutsch die Kurzversion: ders., *The Shorter Science and Civilisation in China: Wissenschaft und Zivilisation in China*, Frankfurt am Main 1984.)
Neugebauer, Otto, *A History of Ancient Mathematical Astronomy*, Berlin/Heidelberg/New York 1975.
Ders., *Mathematische Keilschrift-Texte*, Berlin 1935.
Ders., *The Exact Sciences in Antiquity*, Kopenhagen 1957.
Nicholson, Benedict, *Joseph Wright of Derby*, London 1958.
Nissen, Hans J./Damerow, Robert K. E., *Frühe Schrift und Techniken der Wirtschaftsverwaltung im alten Vorderen Orient: Informationsspeicherung und Verarbeitung vor 5000 Jahren*, Bad Salzletfurth 1991.

Odenwald, Sten, »Beyond the Big Bang«, *Scientific American*. Website-Eintrag: »Cosmology and What Happened Before the Big Bang«.
Oken, Lorenz, *Gesammelte Schriften*, Berlin 1939.
Ore, Oystein, *Number Theory and Its History*, New York 1948.
Origo, Iris, *Im Namen Gottes und des Geschäfts. Lebensbild eines toskanischen Kaufmanns der Frührenaissance: Francesco di Marco Datini, 1330–1410*, München 1985.
Oxford Classical Dictionary, Oxford 1949.

Panofsky, Erwin, *Das Leben und die Kunst Albrecht Dürers*, München 1977.
Partridge, Eric, *Origins. A Short Etymological Dictionary of Modern English*, London 1966.
Pascal, Blaise, *Gedanken*, übers. v. Ulrich Kunzmann, Köln 1988.

Pingree, David (Hg. u. Übers.), *The Yavanajātaka of Sphujidhvaja*, New York 1978.

Ders., »The Mesopotamian Origin of Early Indian Mathematical Astronomy«, in: *Journal for the History of Astronomy* (hg. v. M. A. Hoskin), Bd. 4, Teil I, Nr. 9 (1973), S. 1-12.

Plath, Sylvia, *Die Glasglocke*, Frankfurt am Main 1968.

Platon, *Timaios*, hg. und übers. v. Hans G. Zekl, Hamburg 1992.

Pukui, Mary K., Curtis, Caroline, *Tales of the Menehune*, Honolulu 1985.

Quine, Willard v. O., *Quiddities. An Intermittently Philosophical Dictionary*, Cambridge (Mass.) 1987.

Rabelais, François, *Ausgewählte Schriften*, Berlin 1918.

Rangacarya, M., *The Gaṇitasārasangraha of Mahāvīracārya*, Madras 1913.

Reid, Constance, *From Zero to Infinity. What Makes Numbers Interesting*, San Francisco 1992.

Rencroft, Stephen/Swain, John, »The Casimir Effect«, *Scientific American*, Website, 22. Juni 1998.

Reynolds, Osborne, *On an Inversion of Ideas as to the Structure of the Universe*, Cambridge 1903.

Ders., *The Sub-Mechanics of the Universe*, Cambridge 1903.

Riddell, John, *Tracts, Legal and Historical, with Other Antiquarian Matter Chiefley Relating to Scotland*, Edinburgh 1835.

Rotman, Brian, *Signifying Nothing. The Semiotics of Zero*, Basingstoke 1987.

Ruegg, David S., »Mathematical and Linguistic Models in Indian Thought. The Case of Zero and Śūnyata«, in: *Wiener Zeitschrift für die Kunde Südasiens*, Bd. 22 (1978), S. 171-181.

Runciman, Steven, *Häresie und Christentum*, München 1988.

Sachau, Eduard, *Alberuni's India*, 2 Bde., London 1910.

Sacks, Oliver, *Der Mann, der seine Frau mit einem Hut verwechselte*, Reinbek bei Hamburg 1987.

Sarma, K. V., »Sphujidhvaja«, in: Selin, Helaine (Hg.), *Encyclopedia of Science, Technology, and Medicine in Non-Western Cultures*, Dordrecht 1997.

Ders., »Varāhamihira«, in: ebd.

Ders., »Yavaneśvara«, in: ebd.

Schele, Linda/Miller, Mary E., *The Blood of Kings*, New York 1986.

Schopenhauer, Arthur, *Die Welt als Wille und Vorstellung*, Zürich 1988.

Selin, Helaine (Hg.), *Encyclopedia of Science, Technology, and Medicine in Non-Western Cultures*, Dordrecht 1997.

Sen, S. N./Shukla, Kalikaprasada S., *History of Astronomy in India*, Neu-Delhi 1985.

Sengupta, Prabodhchandra, *The Khaṇḍakhādyaka. An Astronomical Treatise of Brahmagupta*, Kalkutta 1934.

Seutonius Tranquillus, Gaius, *Cäsarenleben*, Leipzig 1936.

Shennan, Francis, *Flesh and Bones. The Life, Passions and Legacies of John Napier*, Edinburgh 1989.

Smith, David E., »The Law of Exponents in the Works of the 16th Century«, in: Knott, Cargill G. (Hg.), *Napier Tercentenary Memorial Volume*, London 1915.

Ders., *History of Mathematics*, Dover 1923.

Ders./Karpinski, Louis C., *The Hindu-Arabic Numerals*, Boston/London 1911.

Ders., *Rara Arithmetica. A Catalogue of the Arithmetics Written Before the Year MDCI with a Description of Those in the Library of George Arthur Plimpton of New York*, Boston 1908-1939.

Solmsen, Friedrich, *Aristotle's System of the Physical World. A Comparison with His Predecessors*, Ithaca (N. Y.) 1960.

Spengler, Oswald, *Der Untergang des Abendlandes. Umrisse einer Morphologie der Weltgeschichte*, München 1922.

Staal, Frits, »The Sanskrit of Science«, in: *Journal of Indian Philosophy*, Bd. 23 (1995), S. 73-127.

Staal, Josephus F., »The Origin and Development of Linguistics in India«, in: Hymes, Dell (Hg.), *Studies in the History of Linguistics. Traditions and Paradigms*, Indiana 1974.

Strachey, Edward, *Bija Ganita. Or The Algebra of the Hindus*, London 1812.

Styazhkin, Nikolaj I., *History of Mathematical Logic from Leibniz to Peano*, Cambridge (Mass.) 1969.

Sutherland, James (Hg.), *The Oxford Book of Literary Anecdotes*, Oxford 1975.

Suzuki, Daisetzu T., *Koan: Der Sprung ins Grenzenlose: Das Koan als Mittel meditativer Schulung*, Bern 1988.

Ders., *Wesen und Sinn des Buddhismus. Ur-Erfahrung und Ur-Wissen*, Freiburg 1994.

Tarlé, Gregory/Swordy, Simon P., »Cosmic Antimatter«, in: *Scientific American*, Bd. 278, Nr. 4, (1998), S. 36-41.

Taylor, Alfred E., *Platon: Timaeus and Critias*, London 1929.

Teresi, Dick, »Zero«, in: *The Atlantic Monthly*, Bd. 280, Nr. 1 (1997), S. 88-94.

Thomas, Ivor (Hg.), *Selections Illustrating the History of Greek Mathematics*, London 1939.

Thompson, D' Arcy W., Besprechung von Thomas, Ivor (Hg.), *Selections Illustrating the History of Greek Mathematics*, London 1939, in: *Classical Review*, Bd. 16, Nr. 2 (1942), S. 75.

Thompson, John E. S., *The Rise and Fall of Maya Civilization*, Norman (Oklahoma) 1955.

Turner, Frederick J., »The Significance of the Frontier in American History«, in: *Annual Report of the American Historical Association for the Year 1893* (wieder abgedruckt: Bobbs-Merrill Reprint Series in History, H-214, Indianapolis).

Turner, Ralph L., *A Comparative Dictionary of the Indo-Aryan Languages*, London 1969.

Van der Waerden, Bartel L., *Science Awakening*, 2 Bde., Groningen 1954.

Van Peusen, Cornelis A., *Leibniz. A Guide to His Philosophy*, New York 1970.

Vardi, Ian, »Archimedes' Cattle Problem«, in: *The American Mathematical Monthly*, Bd. 105, Nr. 4 (1998), S. 305-319.

Waismann, Friedrich, *The Principles of Linguistic Philosophy*, London 1965.

Waite, Arthur E., *Der geheime Tarotschlüssel. Die klassische Deutungslehre vom Schöpfer des Rider-Waite-Decks*, München 1996.

Watts, Alan, *Nichts*, München 1984.

Wayner, Peter, *Disappearing Cryptography*, New York 1996.

Weinberg, Steven, *The Quantum Theory of Fields*, Cambridge 1995.

Wells, David, *The Penguin Dictionary of Curious and Interesting Mathematics*, London 1997.

Ders., *The Penguin Dictionary of Curious and Interesting Numbers*, London 1987.

Weyl, Hermann, *Philosophie der Mathematik und Naturwissenschaft*, München 1948.

Whitney, William D., *Indische Grammatik, umfassend die klassische Sprache und die älteren Dialekte*, Hildesheim 1980.

Windelband, Wilhelm, *Lehrbuch der Geschichte der Philosophie*, Tübingen 1912.

Woepcke, Franz, »Mémoire sur la propagation des chiffres Indiens«, in: *Journal Asiatique* 1863.

Woolf, Virginia, *Augenblicke*: Skizzierte Erinnerungen, Stuttgart 1981.

Woolley, C. Leonard, *Vor 5000 Jahren*, Stuttgart 1930.

Yam, Philip, »Exploiting Zero-Point Energy«, *Scientific American*, Bd. 277, Nr. 6 (1997), S. 872-885.

Zimmer, Heinrich, *Mythen und Symbole in indischer Kunst und Kultur*, Zürich 1951.

Zimmer, Heinrich, *Philosophie und Religion Indiens*, Zürich 1961.

Register

Lesen bildet
Meinung.
Mit uns
garantiert.
Frankfurter Rundschau
Unabhängige Tageszeitung
Die Zeitung zwei Wochen
zum Nulltarif.
08 00/8 666 8 66